Transcultural
Management
Society

生まれ変わる日本

Japan Renaissance: Creating Harmony Amid Diversity

―多様性が活きる社会へ―

馬越恵美子・内田康郎 編著／異文化経営学会 著

文眞堂

はしがき

　本書は，異文化経営学会の設立 20 周年を記念して企画されたものである。本学会の設立の経緯やその後の発展などは本書の後段であらためて紹介するが，20 年という節目に本書が社会に向けて発信したかったのは，「今こそ真の意味で多様性を活かそう」ということである。このメッセージの背景には，多様性を活かす機運は高まりつつあり，さまざまな取り組みも行われているが，実際に多様な人財を活かせているかというと，そう言い切れない日本の現状がある。

　2020 年に発表された経済協力開発機構（OECD）の調査によると，性的少数者（LGBTQ）の権利を守る法制度の進捗状況は，加盟 35 カ国中 34 位とのことだった。また，2023 年 6 月に世界経済フォーラム（WEF）が発表した「Global Gender Gap Report」（世界男女格差報告書）2023 年版によれば，日本のジェンダーギャップ指数は 146 カ国中 125 位と低く，さらに驚くべきことにその順位は 2006 年の公表開始以来，最低だったことが明らかとなった。このように今日の日本の社会においては，多様性が活かされているとは到底思えない状況となっている。

　だが，もともと日本は多様性に富んだ国としての特性を多く見出すことができるのも事実である。小さな島国でありながらも，各地域の自然環境が多様であり，その多様性の中で育まれてきた伝統文化や地域固有の伝統技術も大切に伝承されてきた。そして，こうした多様性をその地域の特色として調和を生み出す社会も形成されてきた。これまでの長い歴史の中で着実に発展し続けてきた日本の原動力にもなってきたと言えるだろう。

　こうした日本の原動力を企業経営という枠の中で捉えるとき，21 世紀に入ってからの 20 年あまりの間，さまざまな要因が企業経営のあり方に対して影響を及ぼすようになった。世界経済や国際政治の変調が事業活動の見直しを迫り，COVID-19 という未曽有のパンデミックが社会活動のあり方を変えた。

　また，地球環境の深刻化は企業統治のあるべき姿を問い直し，AI や IoT の一層の進展がイノベーション活動の進め方に影響を与えてきている。

　このような時代の大きなうねりはあるが，日本のこれまでの潜在能力を考えると，私たちは次への成長を目指すことができる，というのが本書のメッセージである。日本企業にとっての次の成長を考えるとき，多様性をどのように活かすか，どのようなマネジメントが求められるのかということについて本書で見ていくことになる。

　以上のような考え方の下，本書の企画に賛同していただいた日立製作所フェロー，ハピネスプラネット代表取締役 CEO の矢野和男氏より特別に寄稿いただくこととなった。人の幸せの本質は何かという視点の下，同氏の研究から明らかになった普遍的な法則について考察されている。その論考を本書の巻頭として置かせていただくこととした。

　それ以降，本書は大きく 5 つのカテゴリーから構成されている。(1) 異文化経営に関する学説，(2) 企業のあるべき姿，(3) 組織マネジメント，(4) リーダーシップ，(5) 市場，技術への対応，である。

　まず，最初のカテゴリーでは，第 2 章において異文化経営理論を整理することを目的に，近年の異文化経営研究の動向，また異文化経営論の限界について概観する。第 3 章では異文化経営論の中でも消費者の意思決定に影響を及ぼすカントリー・オブ・オリジン研究に焦点を当て，既存研究の論点を明らかにする。

　第 2 のカテゴリーである「企業のあるべき姿」について取り上げ，コーポレートガバナンス，インクルージョン，国際人的資源管理という視点から考察が加えられる。具体的には，第 4 章では多様性を活用する前にインクルージョンがあるべきという視点から I&D（インクルージョン＆ダイバーシティ）の本質について企業の事例から考察するとともに，社員のハピネスや経営理念の大切さを，事例を通して明らかにする。第 5 章においてコーポレートガバナンスの発展と変容を概観した後，近年のわが国におけるコーポレートガバナンス強化の動きとそれが企業経営にどのような影響を与えるかを考察し，また，第 6 章では日本企業の国際人的資源管理の現状を探るため，企業の事例を掘り下

げ，その最前線に迫る。

　続く第 3 のカテゴリー「組織マネジメント」のもとでは，第 7 章では国際プロジェクトチームに注目し，国際プロジェクトチームの特徴を明らかにした上でチームの存続期間と多文化マネジメントにおける信頼の役割について考察する。第 8 章ではパーソナリティ特性に注目し，パーソナル特性と組織文化を適合させる組織マネジメントについて考察する。第 9 章では，組織運営上の新たな課題として浮上しているタトゥーやボディピアスに対する人事部門の対応やあり方について論じていく。

　さらに，第 4 のカテゴリーとして「リーダーシップ」をとりあげ，「グローバルリーダーシップ」および「両利きのリーダーシップ」という視点で論じていく。具体的には，第 10 章においてグローバルリーダーシップの海外，日本国内での定義を確認した上で，必要なスキル・資質等を概観し，グローバルリーダーの育成に関する理論と実践を論じ，第 11 章において「両利きのリーダーシップ」の意味を理論的に明らかにした上で日本企業の可能性について述べていく。

　そして，第 5 のカテゴリーとして取り上げる「市場・技術への対応」では，第 12 章においてグローバル・マーケティングの視点から今日見られるセミ・グローバリゼーションの実態について論じ，第 13 章では異業種連携の中で進められるイノベーションの戦略的な意味を論じていく。

　なお，本書は冒頭で紹介したように本学会設立 20 周年を記念して企画されたものではあるが，単に論文集として出版するのではなく，これまで述べてきたような問題意識のもと，本書の趣旨に賛同された方々がそれぞれの専門分野を活かして執筆していただけるようお願いしたものである。日々の研究活動の忙しい中，本書の企画に賛同し快くご寄稿いただいた執筆者のみなさまに心より御礼申し上げる次第である。また，本書は企画の段階から池上重輔氏（早稲田大学）より貴重なアドバイスをいただき，さらに古川裕康氏，鈴木仁里氏（共に明治大学）のお二人からは実務面で献身的なご支援をいただいた。これら諸氏の協力が無ければ本書は実現されなかったと言っても過言ではないだろう。

　世界的に社会的分断が進む今日，本書が「多様性が活きる社会」の実現に向

けて，少しでもお役に立つことができれば，そしてそれが，社会が抱える課題の解決に資するものであれば，望外の幸せである。

　最後に，昨今の厳しい出版事情にもかかわらず，本書の企画に賛同され，公刊をお引き受けいただいた文眞堂の前野弘太氏に深甚なる謝意を表する次第である。

2024 年春

世界平和を願い，人々の幸せへの祈りを込めて

馬越恵美子

内田　康郎

目　　次

第1章

幸せで生産的な人・組織の「ファクターX」

1. はじめに

(1) 人間の普遍法則：幸せで生産的な人々

　本章では，多様な人や社会の背後に，人が幸せに，そして生産的になるための隠れた「統一法則」があることを紹介する。

　それは，異文化や異種の能力をもった人といかに協力し，そのような組織をいかにマネジするかという課題を考える上でも，中心となる命題となると考える。

　幸せで生産的な状態を実現するというのは，社会の最も重要なテーマである。私は，仲間たちと一緒に，これがどうすれば実現できるのかを約20年に渡り大量のデータを用いて研究してきた。

　幸せは人それぞれ異なり，生産性を高める方法は，仕事ごとに異なると考えている人が多いと思う。たしかに，幸せの姿は多様である。人の個性や特徴ごとに，それぞれ多様な幸せの姿がある。

　同様に，生産的な仕事の姿は多様である。仕事の種類が違えば，生産的な働き方や仕事の進め方はそれぞれ異なる。生産的な看護師の働き方と生産的なデザイナーの働き方は異なると考えるのはたしかに自然である。

　しかし，現実の姿が多様であるとしても，その背後に統一的な法則がないとはいえない。それどころか，多様な現実の背後に，統一的な法則があることを見出すことこそが「科学」の中核となる原理なのである。

(2)　科学的な理解とは

　約500年前に人類は進歩の歩みを大幅に加速した。これは「科学革命」と呼ばれている。この急速な科学の進歩を可能にした原理が，多様な現象の背後に，統一的な法則を見出すことができることに人類が気づいたことだった。

　火星とリンゴは，普通の見方では，異質な対象で比較の対象にもならないと思うのが普通である。だからこそ，この惑星と果物の動きが同じ法則に従うことを見出したニュートンの科学法則は社会を変え，宇宙の見方を変えたのである。ここで見つかった法則を活用することにより，自動車も飛行機も，コンピュータもスマートフォンも可能となったのである。

　しかし，このような便利なものが生み出されたこと以上に，もっと大事なことがある。それは，「統一的な法則によって多様な現実が説明される」ことがありうるのだ，ということに人類が気づいたことである。

　素朴に考えれば，「統一か，多様か」は二律背反の命題のように思われる。実は，そうではなかったのである。

　このために，ニュートンは革命的な世界の見方を生み出した。統一法則に，多様な個別条件を掛け合わせるという方法である。すなわち，統一法則に個別条件を掛け合わせることで多様な現実が説明できるのだ。

　物体の運動についての統一法則というのは，移動する速度の変化（加速度）が，その物体に加わる力に比例し，物体の重さに反比例すると表現される。

　一方の個別条件というのは，そもそもはじめに，物体はどこにいて，どれだけの速度で移動していたかという条件であり，物体の重さや物体に加わる力のことである。この位置と速度と重さと力という4条件は，物体の状況によって多様な条件がありうるのである。

　月とリンゴでは，この位置と速度と重さと力という4条件は全く異なる。だから，われわれは素朴には，月とリンゴを全く別のものに分類して認識しているのである。

　しかし，運動の法則は共通である。月もリンゴも，移動する速度の変化は，その物体に加わる力に比例し，物体の重さに反比例するのである。上記のように考えると，多様な現実が魔法のように統一的に説明できるようになったので

ある。統一的な法則は，数学的には「方程式」と呼ばれ，個別の条件は「初期条件」や「パラメーター」と呼ばれる。

大事なのは，現実は個別に多様だから，統一的に理解などできるわけがない，という素朴な見方が否定されたことである。多様なものも，実は統一的に理解ができるのだ，ということが分かったことである。

この統一性と多様性を矛盾させないで世界を理解する方法は，その後の科学の定番となった。

この定番の方法論は，物理現象に限らず，生命現象にも適用された。ひまわりとメダカと恐竜と人間は，どれも生き物ではあるが，その姿には共通点を見出す方が難しいぐらい違う。

だからこそ，これらの多様な生き物の背後に，進化と DNA という統一的な法則が，ダーウィンとワトソン・クリックにより見出されたことで，われわれが生命や地球をみる見方は大きく変わったのである。

DNA 上に表現された遺伝情報が突然変異などによって変化することで，生き物が進化するというのが統一法則である。これによって，ひまわりもメダカも生まれたという点は共通である。

一方，これら生物の違いは，DNA 上に表現された文字列の違いで説明される。多様な生物が，矛盾なく統一法則と個別条件の違いにより説明されるのである。ここでも，統一法則と多様性が矛盾せず説明されるのである。そして，この理解のおかげで，現在も感染症対策や癌治療などが急速に進歩しているのである。

再度強調しておく。大事なのは，現実が多様だからといって，統一的に理解などできるわけない，と考えてはいけないことである。

これを強調しているのは，人や社会を理解しようとする時に，ここがポイントになるからである。人も組織も多様だから，個別にそれぞれ理解する以外に方法はないのだ，と最初から諦めている人が多いと思う。そして，その背景に，科学のこの本質をきちんと理解していないという背景があると思うからである。

幸せで生産的な人や集団についても，現実は多様である。だからこそ，統一的な法則が見出せれば，人生や社会を大きく変える可能性がある。

ただし，自然や宇宙などの物理学が対象にする広範囲な自然現象が，急速に進歩してきたのに比べると，人や社会などの対象は，このような統一理解へのあゆみは遅いのが実情であった（人文科学や社会科学の分野で努力は行われてきたが）。物理学を中心とするハードサイエンスの急速な進歩と比べるとその進歩のスピードには明らかな差があった。

私は，この両者の違いを生み出している原因の一つが，観測できるデータ量の違いにあるのでは，と考えた。それは，2004年頃であった。しかしだからこそ，人や組織や社会に関する観測データを抜本的に増やすことで，この多様な現実とその背後にある統一法則の理解に迫れるのでは，と考えたのである。

2．データの威力

(1)　データで現実と法則を捉える

われわれが，この研究を始めた2000年代の初頭には，物理的な自然現象に関するデータに比べ，人や集団に関するデータは，圧倒的に少ない状況であった。

それには理由があった。そもそも，普段の生活や仕事の様子を計測できる技術がなかったのである。無理にデータを取ろうとすると，配線がまとわりつき，重いバッテリーを伴う計測機器を背中に背負ったりする必要があった。

ところが，2000年代の初頭，コンピュータの小型化や省電力化，インターネットや無線通信の高度化によって，人の普段の仕事や生活の状況を，データとして継続的に記録できる技術的な可能性が生まれていた。

私の研究グループはここに着目し，超小型のコンピュータを組み込んだウエアラブルセンサを世界に先駆けて開発することにした。その結果，このような人間の普段の生活や仕事の様子に関するデータを大量に収集することに成功した（矢野，2014, 2021）。

(2)　人間行動のデータを収集するシステム

このような人や集団に関するデータを継続的に収集できる技術を確立するの

は，それ自体未知の挑戦でもあった。私のチームでは，このための開発を一歩ずつ検証しながら推進してきた。

まず，計測装置を，人が身につけても負担のないレベルに小さくできる技術を確立する必要があった。そのために，キャラメルほどの超小型サイズの中に，各種センサとコンピュータ機能と無線通信機能と電池や電源制御を集積できる技術を開発した。この成果は，山下らによって「IPSN2006」に，2006 年に発表された（Yamashita et al., 2006）。

実は，このような超小型のウエアラブルセンサを使うことで，何の役にたつのかは，当時誰にも明らかではなかった。

そこで，実際に，人や組織に関するデータ収集ができることと，そのデータを使うことにより，組織の改善に活用できることを実証できないかと考えた。

荒らは，ドイツの銀行に協力してもらい，プロトタイプの装置を使って，銀行の従業員の業務中のデータを収集し，この解析結果を使って組織改編を行い，効果を実証した。この成果は，「ジャーナル・オブ・インフォメーションプロセッシング」に 2008 年に発表された（Ara et al., 2008）。

このデータ収集システムのユニークな点は，人と人との接触とその関係性をデータとして収集できることであった。これに用いていたのが，赤外線の送受信という仕組みであった。名札型のウエアラブルセンサに組み込んだ赤外線の送受信機で，複数の装着者同士で通信を自動で行うことで，人と人との接触を記録していたのである。

しかし，このプロトタイプの装置は，赤外線センサーが一つだったので，条件によっては，データが欠けることが多かった。

そこで，装置全体の消費電力を下げ，装置の小型化や軽量化を図った上に，センサを複数組み込むことで，変動する条件の中でもデータが欠けなく取得できる技術を開発した。この成果は脇坂らによって，「INSS2009（ネットワークセンシングに関する国際会議 2009 年）」に発表された（Wakisaka et al., 2009）。

このウエアラブル技術はさらに改良され，経営に関する権威ある雑誌である「ハーバード・ビジネスレビュー」にて，「歴史に残るウエアラブルデバイス」として紹介され，これを活用して得られた知見とともに，世界最大の学

会である米国電気電子技術学会 IEEE の最高位の賞の一つである 2020 IEEE
Frederik Phillips Award を受賞した（Wilson, 2013）。

⑶　人と人との関係性をデータにする

　ここで私が，その人と関わり合う周りの人との関係性のデータにこだわった
のには訳があった。

　私は大学院で，物質の特性を理論的に解明する研究に従事した。物質を構成
する原子の種類は，物質の特性に影響を与える。しかし，実は多くの場合に，
原子と原子の間の相互作用の違いがより強い影響を与えるのだ。私は，物理の
研究での経験からこの関係性や相互作用の重要性を認識していた。

　例えば，水と氷と水蒸気は，いずれも H_2O という水分子から構成されてい
る。したがって，構成する要素（分子）は全く同じである。しかし，読者もご
存じのように，3者（水・氷・水蒸気）は全く異なる特性を示する。

　この原因が，水分子と水分子との間の相互作用や関係性の違いに由来するの
だ。水分子と水分子との間の相互作用が3者で変わることで，氷と水と水蒸気
という全く異なる特性を示すようになるのである。

　このような背景知識を持っていた私は，人の集団を理解しようとする際に，
人を分子に対応させ，集団を物質に対応させるアナロジーで考えた。その結
果，人の集団を理解しようとする時には，人と人との相互作用や関係性が，決
定的に大事だろうと考えた。

　ところが，実社会において，組織や集団を理解しようとする時には，集団を
構成する個々人の特徴に注目する見方が主流で，人と人との相互作用や関係性
はあまり注目されていなかった。

　多くの組織では，個人の人事考課を行う。しかし，関係性に関する評価が行
われたということは聞いたことがない。これは，集団を個人のあつまりと捉
え，個人と個人をつなぐ関係性をあまり重視していないからだと思う。このた
め，組織のパフォーマンスは，構成する個人のスキルやパフォーマンスによっ
て説明されてきた。

　しかし，これは私が物理学で学んだ常識とは違っていたのである。そこでも
しも，この人間の関係性のデータを大量に集めることができれば，人間やその

集団をより正しく理解し，改善するための大きな原動力になると考えた訳である。

⑷　人の関係性を計測する

　このような背景から，人と人との相互作用に関するデータを収集することを考えた。その目的で開発したのが，胸に装着する名札型のウエアラブルセンサである。

　赤外線の送受信機能により，このセンサを装着した人同士が2～3メートルの範囲で面会すると，互いに識別番号を赤外線の通信により交換して，いつ誰と面会したかを装置内部に記録し，それをサーバーに通信し，蓄積できるようにした。

　この対面の検出に加え，人の身体運動のデータを収集することでコミュニケーションの実態をより詳しく捕捉することにした。このために，空間の3軸での動きを捉える加速度センサを装置に組み込んだ。これにより，その人の上半身の動きを波形データとして記録することができるようにした。

　具体的には，1秒間に50回の頻度でこの3次元の動きの波形データを記録することで，行動の特徴を捉えられるようになった。

　例えば，歩いている時には，2ヘルツ程度の周期的な上下振動が生じる。さらに，その振動の周期や振幅の変動には，疲労や加齢の影響が出る。さらに，人が落ち込んでトボトボと歩く時には，身体運動の振動周期や振幅に影響が出る。すなわち，心理的な変化までが反映されるのである。

　会話も身体運動に特徴が出る。会話に関するデータ収集と聞くと，話した中身を分析することをまず想定する人が多いと思う。実は，身体運動には，会話の中身以上に雄弁な情報が沢山含まれるのである。

　人は話すときに身体が動くし，熱意をもって伝えようとすると，この身体の動きも大きくなる。さらに，相手との共感を感じると，無意識に，相手と動きを同調させる本能を持っている。この新技術により，人の状況を継続的に詳細に計測できるようになった。

　これらの客観データに加えて，本人が主観的にどんなことを感じているかに関するデータも収集した。これは従来から，心理学や社会科学では，質問紙調

査によって調査されている。

　例えば，米国国立精神保健研究所の開発したCES-D（Center for Epidemiologic Studies Depression Scale）という質問紙調査では，その人が過去1週間に感じた，幸せ，楽しさ，希望，気分，食欲，睡眠，悲しさ，孤独，煩わしさ，憂鬱さ，倦怠感，恐れなど広範囲な体験を収集できる（この質問紙には4段階で答えてもらう）。

　これらの本人の主観的な体験を聞いたデータと，前記のウエアラブルセンサによる膨大な客観データを合わせて解析することで，従来の質問紙調査だけでは分からない知見が得られると期待したのである。

　私が，このデータを使って知りたかったことは一貫している。

　それは，幸せで生産的な人や集団とそうでない人や集団とを分けるものは何なのか，という問いである。われわれは，これらの大量のデータを17年にわたり収集し，これを解析することで，この問いに答えようと思ったのである。

　この重要な要因を，「ファクターX」と呼ぶ。次章では，この大量のデータから見つかったファクターXについて紹介する。

3. ファクターX

(1) よい人間関係

　幸せで生産的な人や集団とそうでない人や集団とを分ける要因，すなわち「ファクターX」があるとすれば，それはこの社会で最も重要な知見の一つと思われる。

　これに関する最も有名な有名な研究の一つは，ハーバード大学で，既に84年に渡って継続されている大規模なコホート研究である。

　このハーバード大学の研究は，「ハーバード成人発達研究」（Harvard Study of Adult Dvelopment）と呼ばれており，当初724人の被験者からスタートし，その後，当初の被験者の子どもや子孫に対象を拡げ，今も続けられている（Waldinger & Schulz, 2023）。被験者は，具体的には，質問紙調査や聞き取り調査に加え，脳計測や健康データや経済状況などの多量のデータを収集してき

ている。ボストンでの教育や経済状態，家庭環境や健康状態に関して，極端に異なる被験者を対象にした。

　その結論は極めてシンプルなものであった。それが「さまざまな境遇のある中で，普遍的に幸福な人生に寄与するのは，よい人間関係」だったのである。

　この被験者たちの人生は，当然のことながら，一人一人多様な形で展開していった。中には，富める人も貧しい人も，社会的地位の高い人も，平凡な人もいた。

　ところが，これらの環境条件は，その人たちの個々の幸せには，一概に影響があるとは言えなかったのである。

　重要なのは，これら一人一人が多様な境遇であったにもかかわらず，「よい人間関係」だけは，一貫して，その人の幸せを高める要因だったのである。しかも，この「よい人間関係」が幸せの普遍的な要因である，ということは，これ以外にも，世界各地でのさまざまな研究が同じ結論を示しているのである。

　ここで次の疑問が湧いてくる。「よい人間関係」とは，どんな人間関係なのかという問いである。

　われわれは誰一人として一人で生きている人はいない。何かの人間関係を持っている。しかし，その人間関係に，よい状態とそうでない状態があるとすれば，どんな状況をよい関係というのか知りたいと思うのは当然である。

　というのも，人間関係には，必ず煩わしい面もある。どんな仲のよい夫婦でも，けんかや行き違いが全くないことはない。たしかに全般には，よい人間関係が大事，ということは分かるが，もっと具体的な姿を解像度よく知りたいのである。

　そもそも，よい人間関係とは，人との会話やコミュニケーションが多い，ということなのか，多くの人と知り合い，ということなのか，ソーシャルメディアで「いいね」を沢山もらえることなのか，もっと親友のような深い関係がある方がいいのか，いろいろな解釈が可能なわけである。

　すなわち，この「よい人間関係」の姿をよい解像度よく明らかにすることで，本当の意味で，幸せを決める要因，すなわち「ファクターX」が明らかになると私は考えた。

⑵　人間関係を解像度を上げ理解する

　これこそが，私の研究グループが目指したことである。最新のテクノロジーを駆使し，より解像度の高い大量のデータを集め，解析することで「よい人間関係」とそうでない関係を分ける「ファクターX」を明らかにしようとしたのである。

　われわれは，前記したように，17年にわたり収集した大量の高解像度のデータを解析してきた。

　データは，極めて幅広い業種，業務に携わる多様な組織で収集した。名札型ウエアラブル端末を使い，普段仕事をしている時の人々の行動や人と人とのコミュニケーションを収集した。業種としては，コールセンター，ITサービス，公共システム開発，金融システム開発，ゲーム開発，装置メーカー，銀行，保険，自動車販売，物流倉庫，ホームセンタ，スーパーマーケット，病院，介護施設，学習塾，学校，省庁，地方自治体など極めて多様な職場が含まれる。業務についても，経営，企画，研究，開発，設計，デザイン，調達，人事，財務，生産，営業，サービスなどの，ほぼあらゆる業務が含まれている。

　計測したデータは既にのべ1000万人日を超えている。関係性のデータも含め10兆個を超えるデータを収集した。

　さらに，これらのセンサを使った行動データの収集に加え，その組織の業績や生産性を表す数値も収集してきた。これら数値と，センサにより取得した人間社会行動データを合わせて解析すれば，業績や生産性の高い組織の特徴が見つけられる可能性があると考えたからである。

　これらのデータを合わせて解析すれば，幸せで生産的な人や集団とそうでない集団を分ける要因，すなわち「ファクターX」を見つけられるのではないかと考えたのである。

⑶　ユニバーサルな要因

　このファクターXに関する研究は，2022年に，権威ある科学誌であるNature/Scientific Reports に発表した（Lee, 2022）。

　ここで見つかった法則は極めてシンプルで，実社会でも活用しやすいもので

ある。誰もが，よりよく幸せに生きる上で知るべき法則と私は考えている。

　この論文では，職業も業界も異なる 10 個の組織の 446 人の被験者の行動や
コミュニケーションの大量のデータを解析した。この中には，メーカーの設計
部・コールセンター・保険会社などの全く異なる職種が含まれていた。これら
の異種の職業や業界の集団で，共通に見られる特徴ならば，それ以外の職場に
もユニバーサルに見られる傾向である可能性が高いからである。その結果，
「よい人間関係」の姿が，より解像度よく明らかになったのである。

　ここで「よい人間関係」はどうやって定義したのか。われわれは，「よい人
間関係」とは，それに関わる人たちが「幸せ」な関係と考えた。人を不幸せ
にするような関係をよい人間関係とは呼ばないと思うので，これはとても自然
な考え方である。これは一方で，「悪い人間関係」とは，それに関わる人たち
が，「不幸せ」な関係とすることである。

　それでは，その人が「幸せ」か，「不幸せ」かは，どう調べたのか。このた
めに，世界的に広く用いられている質問紙調査「CES-D」を用いた。

　研究者によっては，幸せと不幸せを別のものとして扱う立場の人もある。
「幸せが減ること」と，「不幸せが増えること」は別のものとして扱うのであ
る。

　しかし，この幸せと不幸せを分けたり，別ものとして定義することには無理
がある。

　これは，幸せ・不幸せよりも定義が明確な温度で考えるとわかりやすくな
る。温度について語るときに「温かさ」と「冷たさ」を別のものとしてみて，
「温かさが増えること」と「冷たさが減ること」を分けることを考えよう。

　しかし，例えば，冬から春への季節による温度の変化は，「温かさが増え
た」のか，「冷たさが減った」のか。どちらとも言えるのではないか。これを
区別するのは，無理があるように私には思う。

　同様にして，例えば，自分の仕事を理解せず厳しいことばかり言っていた上
司が，ある時から自分の仕事を深い理解を示すようになったとする。この変
化は，「幸せが増えた」のか。それとも「不幸せが減った」のか。この両者を
区別するのは無理があると私には思う。

　言葉をこのように言い換えて質問紙で回答を求めたら，両者で回答は確かに

多少異なるかもしれない。しかし，言葉の言い換えによる印象の違いを調べているだけに過ぎないと思える。このような考えから，本書では，両者を区別しないこととする。

(4)　質問紙調査の意味

このような質問紙調査は，心理学や社会学などでは広く行われている方法である。

しかし，物理や工学などでの客観的で高精度な計測データに慣れている人から見ると，これはとても粗くて精度の低い手法に見えるのではないかと思う。物理学を専攻していた私には，当初そのような感じが強くあった。

しかしここで，科学における計測やデータの意味にたち戻って考えるのが大事である。

20世紀を代表する科学哲学者のカール・ライムント・ポパーはその主著『科学的発見の論理』において，「科学」と「非科学」を分ける境界を「反証可能性」と表現した。

その趣旨は，科学の方法論の中核には，計測とそれによるデータがあること。そして，そのデータや実験の役割は，仮説や命題を検証することではなく，反証することと論じたのである。そして，反証ができない命題を論じることは科学ではないとしたのである。

ここでポパーは，そもそも，データによって仮説の反証はできても，検証は原理的にできないというのである。

たしかに，データが仮に大量にあったとしても，そのデータを取得した条件とは異なる条件は無限に考えられる。仮に，ある仮説がデータに沿っていたとしても，その実験条件以外でも本当に正しいかは誰も保証できない。すなわち検証できない。したがって，仮説を検証したことにはならないのである。

一方で，仮説を反証することは，仮にデータが少数であっても常に可能である。仮説がデータに合わないことは，一個のデータでも可能だからである。

ここで質問紙調査に話を戻す。たしかに，質問紙調査では，精密な物理実験のような精度は期待できない。

しかし，よい人間関係や幸せなどの人生や社会にとって重要な命題に関し，

質問紙調査の結果は，間違った思い込みや偏見を反証することができる。物理実験のような有効数字での理論構築はできないとしても，人や社会に関することについては，それで十分大きなインパクトがあるのである。

⑸　コミュニケーションの多寡と幸せ

　このデータでの具体的な結果で説明しよう。

　例えば，読者の中には「職場での対面コミュニケーションが多いか少ないかが，働いている人の幸せ・不幸せに関係する」と考える人がいると思う。いかにもありそうである。これが仮説である。

　これが本当かどうかを調べるために，このデータを解析する。まず，人によって，対面のコミュニケーション時間の長い人もいれば，あまりコミュニケーションのない人もいることはデータから確認できる。そして，この被験者の中で，対面のコミュニケーションの多い人たちと少ない人たちとで，幸せ・不幸せの質問紙調査の結果に差があるかを見るのである。実際に見てみると，幸せ・不幸せの平均値は，両者で変わらない（ばらつきとして統計的に偶然でも起きてもおかしくないぐらいの値に収まっている）。

　したがって，「職場での対面コミュニケーションの時間が多いか少ないかが，人の幸せ・不幸せに関係する」という仮説は，この446人のデータだけで間違っていることが明らかになる。すなわち反証される。人類80億人の全体のデータを見なくても，このデータだけいえるわけである。

　質問紙調査の数字には，それほどの精度はない。しかし，科学的な方法論の神髄である「反証」という手段により，大きなインパクトが発揮できるのである。

　以上の対面コミュニケーションと幸せ・不幸せとの関係からも分かるように，われわれが素朴に経験から考えたことは，意外に先入観や偏見の影響を受け，間違っているものである。

　特に，間違いやすいのが，人に関わることである。人に関しては，われわれは日々沢山の経験をしている。なまじ，自分は「分かっている」と思っていることが多い分，思い込みや偏見の影響を受けやすいのである。ここにこそ，定量的なデータが威力を発揮するのである。

⑹ 「三角形」か「V字」か

　このようにデータを解析していると，一見関係ありそうなことが，実はデータを見ると関係なかったということは実はよくある。一方で，われわれが普段意識していないことなのに，大事なことがデータに隠れていることがある。

　それが本章のタイトルである「ファクターX」である。実は，それはコミュニケーションの量やつながりの数ではなく，別のところに隠れていたのである。

　ある人が，二人の人とよく会話する関係だとする。ところが，この二人同士に会話がないと，この3人の関係は，アルファベットの「V字」の形になる。

　一方で，この二人同士も会話をする関係だと，この3人の関係は「三角形」になる。

　3者の関係には，この「V字」と「三角形」の2種類があり，どちらかになる。

　ここで，その人の周りに「V字」が多いと「不幸せ」になりやすいのである。ここで不幸せとは，過去一週間を振り返って憂鬱さ・悲しさ・倦怠感・恐れ・煩わしさ・孤独などを感じやすいということである。さらに食欲の低下・不眠などを経験をすることが多く，幸せ・楽しさ・希望などを感じることが少ないことである。これらは評価に用いた使った質問紙CES-Dの項目である。この定義は，人が本能として誰しもが持っている生体反応を「幸せ・不幸せ」と捉える定義である。

　一方で，ある人の周りに「三角形」が多いと「幸せ」になりやすいのである。ここで幸せとは，不幸せの裏返しである。過去一週間を振り返って，幸せ・楽しさ・希望などを感じることが多く，憂鬱さ・悲しさ・倦怠感・恐れ・煩わしさ・孤独や食欲の低下・不眠などを経験をすることが少ないことである。

　人の周りには，複数のつながりがあるが，自分とつながっている二人に着目すると，必ず，このV字か三角形か，というどちらかになる。自分の周りに会話する相手が3人以上いる時にも，それは，三者関係に分解して考えることができ，三者関係が集まったものと見なすことができる。そして「V字」か

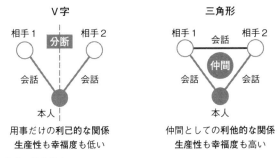

図1-1　ファクターXとは

「利他的な三角形の関係」が多い集団は，幸福度も高いことをから発見。

V字　　　　　　　　　三角形

相手1　分断　相手2　　　相手1　会話　相手2

会話　　会話　　　　会話　仲間　会話

本人　　　　　　　　　本人

用事だけの利己的な関係　　仲間としての利他的な関係
生産性も幸福度も低い　　　生産性も幸福度も高い

出所：筆者作成。

「三角形」のどちらがその人の周りに多いかが，人の幸せ，不幸せに決定的な影響を持つことがわかったのである。これこそが「ファクターX」である（図1-1）。

　ただし，「会話する関係」といっても，たまにしか会話しない相手もいれば，毎日頻繁に会話する相手もいる。この区別をしなくていいのか。

　データは，これは区別すべきだということを示している。データが示しているのは，その人が，たまにしか会話しない相手同士のつながりは考えなくてよいことを示している（論文では，ネットワーク解析で一般的に用いられている，「クラスター係数」という指標を，つながりの重みを考慮して3種類定義し，その相関の変化を解析することで，これを実証したが，専門的になるので詳しい説明は省略する）。

　たまにしか会話しない遠い関係の相手は，通常多数いる。これらの人の間に会話がないのは自然であり，問題はない。

　問題があるのは，自分とその二人は，よく会話する相手なのに，二人同士は会話しないような構造があることである。これがあなたを不幸せにしやすいということなのである。

　逆に，あなたがよく会話する相手二人が，二人同士でもよく会話する関係の時に，あなたは，幸せになりやすい（不幸になりにくい）ということなのだ。

(7)   会話中の身体の動き

さらに会話の頻度だけでなく，身体の動きも関係していた。加速度センサによって記録された人の上半身の動きのデータをあわせ見ると，会話中の両者の上半身がよく動いているつながりが「V字」か「三角形」かを見る時に重要であることがわかった。

例えば，プレゼンや講演を聴いているような時，聞いている人の身体はあまり動かない。このような時のつながっているというデータは結果に効いていないので，無視してもよいのである。

一方で大事なのは，熱心に互いに対話や議論しているようなつながりである。この時には，両者の上半身は，うなづきや手振りやジャスチャーでよく動く。このような時のデータは結果に大きな影響を与えていた（論文では，そのような時のつながりをデータから削除すると，結果が全く違ってしまうことを確かめた）。

以上より，その人がよく会話する相手，特に対話や議論を行うような相手，との三者関係に，「V字」が少なく「三角形」多いかが，幸せか不幸かを表す「ファクターX」だったのである。

この結論が，メーカーの設計部とコールセンターのような職業や組織が全く異なる人たちのデータから導かれたことが大変重要である。異質な人の集団に当てはめても，反証されなかったということは，より広い条件で普遍的（ユニバーサル）に成り立つ可能性が示しているからである。

ニュートンの物理法則は，リンゴと天体という全く異質なものに当てはめても，反証されなかったことが，この物理法則の適用範囲の広さを期待させた。同様に，このファクターXの法則が，職業や業種や業務が異なる集団に当てはめた時に反証されなかったことがその結果の適用範囲の広さを期待させるのである。

(8)   集団の幸せ・不幸せ

しかも，この「ファクターX」は，個人のレベルだけでなく，コミュニティのレベルでも幸せ・不幸せに関係していたのである。

　ここで，コミュニティとは，人のつながりが比較的密な集団のことである（「コミュニティ抽出」というアルゴリズムでデータから取り出すことができる）。組織の中で複数のプロジェクトが動いていて，プロジェクトのメンバーが互いに頻繁に会話しているとすると，プロジェクトごとに，コミュニティが形成される。データが示していたのは，コミュニティの中に「ファクター X」が多いかによって，コミュニティの平均的な幸せ・不幸せの総量に関係するのである。

　これは当たり前のことのように思うかもしれないが，そんなことはない。個人と集団では反対の結果になることも珍しくないのである。

　例えば，データを解析すると，「外向的な性格の人は，全員の平均よりも，幸せである」ということが示される。ところが，外向的な人が多い集団（コミュニティや組織全体）は幸せ度が高いわけではないのだ。おそらく，外向的な人の幸せは，その周りの人たちの不幸せで相殺されているため，集団レベルでは傾向が見えないのだと想定される。すなわち，外向的な人の幸せは，周りの人の不幸せという犠牲のもとに得られた部分があるということである。

　このように，個人では見えていても，集団になると消えてしまう特徴というのは，全体を幸せにする訳ではない。この三角形か V 字か，という「ファクター X」は，個人の幸せを高める（不幸を下げる）とともに，集団全体の幸せを高める（不幸を下げる）ものである。

　同様に，コミュニティが複数集まった組織全体の幸せ・不幸せの総量にも「ファクター X」が関係していることがデータによって示された。

　さらに，このファクター X と幸せ・不幸せとの相関関係は，個人よりコミュニティ，さらに組織全体というように人数の規模が大きくなるほど強くなる。

　個人ごとの幸せ・不幸せに関する質問紙の回答は，この三角形以外の個別事情が強く影響する。回答した日に，たまたま家族とけんかしたことなどが個人ごとの質問への質問結果に反映されるからである。一方でこれらは，三角形にはあまり影響しない。このために，幸せとファクター X との相関性が，個人レベルでは一般に弱くなる。

　集団の規模を大きくして平均をとると，個人ごとの個別事情の影響が集団の中で相殺される。このため，全員に共通に効いている要因が浮かびあがる。実

際に組織での平均値を見ると，ファクターXが100％変化すると，幸せ・不幸せの指標（CES-D）が71％も変化する程の強い影響があることが分かった（ここで，ファクターXも幸せ・不幸せの指標も，それぞれの標準偏差を100とする単位にした）。すなわち，組織平均でみると幸せ・不幸せの71％が，この三角形だけで決まっていることになる。

　このような慎重な解析によって，このファクターXは，人ごとの個別事情によらずユニバーサルに強い影響をもっていることがこのデータからも明らかになったのである。

(9)　V字の意味

　「V字」のつながりとは，何を意味するのか。

　「用事や経済的なつながり」が独立に複数ある場合に，V字が生まれる。例えば，お店には，沢山の顧客がいる。お店と顧客Aとの関係とお店と顧客Bとの関係を線で結ぶと，ここでもお店でつながるV字型になる。

　このように，2者間で用件を遂行する関係の集合として，集団や組織を設計すると，人と人とのつながりは，V字型の組合せになる。仕事上での，依頼，回答，報告，連絡，指示などの行為も，この2者間の「用件」として捉えることができる。

　多くの企業や経済活動は，そのように2者間の用件の関係を組み合わせたものとして設計されている。

　その一つが組織図である。組織図は，上司と部下という2者間の関係を組み合わせて構成される。この上司と部下という関係も，指示や報告という用件の関係と見なすことができる。このために，組織図はすべてV字型でだけでできているのが普通である。

　この「用件」の組合せで人の集団や組織を捉えるとき，われわれは無意識のうちに「V字型」の構造を生み出しているのである。

(10)　V字の憂鬱

　ところが，データは，このV字だけの関係（すなわち「用件のみの関係」）には，問題が起きやすいことを示しているのである。よく考えるとわれわれは

日常的にこれを経験している。

例えば，「二人の上司」という状況がある。例えば，ある人がプロジェクトに参加することになり，プロジェクトリーダーとよく会話する状況になったとする。ところが，この人は，出身組織のライン上にも上司がいて，この上司とも会話が必要な状況なのに，この二人同士は会話をしない状況を考える。この人はまさに V 字の構造におかれ，難しい状況におかれる。例えば，プロジェクトリーダーの指示で行ったことが，出身の上司には不利益に見える場合があったりする。そのような時には，落ち込んだり，憂鬱な気分になりやすくなる。

同様な状況は，企業内での資料の作成などでも見られる。担当者は，課長から指示を受けて，社長向けの資料を準備する。ところが，やっとのことで課長の了解が得られた資料を部長に見せると，課長とは全く違う方針を指示され，資料準備は振り出しに戻るケースはよくある。まさに課長と部長との会話不足の状況で，V 字構造に担当者が置かれているのである。それが不幸せへと導くのである。

このように V 字が不幸な状況を生みやすいのは，多くの人が経験していることである。データが示したファクター X の知見は，このような構造を示していると考えられる。

⑾　組織のサイロ化

この V 字の構造の問題は，組織の「縦割り」や「サイロ」という言葉でも，たびたび語られてきた。組織図に表現されているように，組織を上司部下という上下関係で捉えると，そもそも必然的に縦割りな構造になっている。

組織で対応しなければならない課題が，この縦割りの構造に収まるようになっていればいいのであるが，構造を跨がるような課題が次々と生じる。それぞれの立場では，このままでは，顧客や市場の変化に対応できないと感じていても，複数の部署が同時に動かないと対応できない構造では，それぞれの思いがあっても動き出せない。関係する複数の部署を上にたどっていくと社長で交わるが，そもそも，組織では情報は下から上には伝わりにくい構造になっている。したがって，目の前で変化を見ている人には，無力感が高まる構造になっ

ているのである。

　この縦割りやサイロ化の限界を越えるには，三角形が必要である。

⑿　幸せ・不幸せの原因は本人か

　そもそも，この研究では，とても基本的な問題提起を行っている。それは，「人の幸せ・不幸せは，本人だけの問題ではない」という問題提起である。

　例えば，こんな会話を聞いたことはないだろうか。職場にメンタルヘルスで休職者が出たときに「あの人は，生真面目な性格だからね」「問題を抱え込むタイプだからね」というような会話である。

　この会話は，その人のメンタル面での罹病という不幸は，本人にその原因があるということを暗に前提にしているところがある。

　今回の研究結果は，これとは違うことを示している。本質的な問題は，その人の周りの人間関係にあるのである。しかも，その人の直接のつながりだけではなく，その人が会話している相手同士のつながり，という本人が直接関わっていないつながりが大変重要なことを示しているわけである。

　この「ファクター X」の知見は，われわれに大きな視点の転換を迫る結果なのである。

［参考文献］

Ara, K., Kanehira, N., Olguín Olguín, D., Waber, B., Kim, T., Mohan, A., Gloor, P., Laubacher, R., Oster, D., Pentland, A., & Yano, K. (2008). Sensible Organizations: Changing Our Business and Work Styles Through Sensor Data. *Journal of Information Processing*, The Information Processing Society of Japan, Information and Media Technologies, 3 (3), 604–615.

Lee, J. H., Sato, N., Yano, K. et al. (2022). Universal Association Between Depressive Symptoms and Social-network Structures in the Workplace. *Scientifc Reports*, 12, 10170. https://doi.org/10.1038/s41598-022-14366-9

Wakisaka, Y., Ara, K., Hayakawa, M., Horry, Y., Moriwaki, N., Ohkubo, N., Sato, N., Tsuji, S., & Yano, K. (2009). Beam-scan Sensor Node: Reliable Sensing of Human Interactions in Organization. *Proc. 6th Int. Conf. Networked Sensing Systems* (INSS 2009), 58–61.

Waldinger, R., & Schulz, M. (2023). *The Good Life: Lessons from the World's Longest Scientific Study of Happiness*. Penguin Random House.

Wilson, H. J. (Sep 2013). Wearables in the Workplace. *Harvard Business Review*, 23–25.

Yamashita, S., Shimura, T., Aiki, K., Ara, K., Ogata, Y., Shimokawa, I., Tanaka, T., Kuriyama, H., Shimada, K., & Yano, K. (2006). A 15x15 mm, 1μA, Reliable Sensor-net Module: Enabling Application-specific Nodes. *Proc. 5th Int. Conf. Information Processing in Sensor Networks*,

383-390.

矢野和男 （2014）『データの見えざる手：ウエアラブルセンサが明かす人間・組織・社会の法則』草思社。
矢野和男 （2021）『予測不能の時代：データが明かす新たな生き方，企業，そして幸せ』草思社。

第 2 章

異文化経営論の理論と学説

1. はじめに

　本章は，異文化経営論の理論的背景や近年の諸学説について概観し，今後の動向を展望するものである。

　異文化経営論，あるいは異文化マネジメントと呼ばれる研究分野は，今日においては日本国内の実業界のみならず学術分野においても，より多く認識されるに至っている。異文化経営学会会長である馬越恵美子による「異文化経営論の展開」（2000），それに続く異文化経営学会の設立（2003 年，当時は異文化経営研究会）は，異文化経営論に対する社会的な認知が向上するきっかけとなった。では，どういった研究分野が，異文化経営論のルーツ，源流であるのか。本章では，異文化経営論の理論的な源流を整理し概観した上で，本研究分野の今後を，著者なりに展望する。

2. 異文化経営論の源流

　異文化経営論は，今日では確立された研究分野として呼ばれているが，他にも「異文化マネジメント（研究)」などとも呼ばれており，「英語では，"Cross Cultural Management"，"Intercultural Management"，"Cross-Cultural Comparative Management" または "Transcultural Management" と呼ばれている研究分野のことである」（馬越，2000）。この分野は，「経営学，とりわけ国際経営学に属し，単一の均質な属性（国籍・文化的背景・言語）ではなく，他民族，多国籍，多言語，多文化の人々が構成する組織の経営を対象と

する」（馬越，2000）ものであり，「世界中の国や文化における，組織内の人々の，行動の研究」（Adler, 1983）として認識されている。このうち英語で汎用されている "Cross-Cultural Management" という名称の源は，1983年秋号の *Journal of International Business Studies* のアドラー（Nancy J. Adler）の提案によって登場したスペシャルイシューをきっかけに，広く国際ビジネス研究の一分野の名称として認知されている」（高橋，2013）。

　異文化経営論には大きく分けて2つの特徴があると考えられる。第一に，国際経営論の諸研究とは異なり，異文化経営論は，実体を持たない概念である文化の表層に現れた物質，行動，事象を取り上げて定性的，定量的に分析し，「各国の文化が組織の機能に対して与える影響を研究している」（Adler 1991）という点において特徴を持つ。第二に，異文化経営論は，国際経営研究の一端を担っている研究分野とみなされているが，異文化経営論の源流，すなわち先行研究は，問題意識の発端からなるアプローチによっていくつかの研究分野に渡っており，必ずしも全ての研究が国際経営論や多国籍企業研究に端を発するものではない。その上，そのような研究分野がそれぞれに関連しあっている，すなわち学際的（interdisciplinary）であるという点においても特徴を持つ。そのいくつかを下記に紹介する。

　異文化経営論の先行研究の中でも「伝統的に大きな比重を占め」（馬越，2000），かつ多くの先行研究において根本的な背景を持つ「比較経営論（Comparative Management）」は，生産拠点の国際化に伴う生産現場での行動やその差異に関心を持ち，例えば Dore（1972）や Maurice et al.（1982）のように，複数国の経営管理や労働慣行の比較と背景の分析を行うものであり，その直接的あるいは間接的な背景として，国や企業文化の差異を示唆している。

　上掲のアドラー（Adler, 1983）は，「組織行動（Organizational Behavior）」の観点から，国際的あるいは異文化の観点から執筆された論文の少なさを指摘し，その上で1991年に *International Dimensions of Organizational Behavior* を発刊している。この Adler（1991）においては，異文化マネジメントの両輪として文化的多様性のメリットの最大化と，文化的多様性のデメリットの最小化を提示されているが，今日における異文化経営論の研究の多くは，ここで Adler の提示した文化的多様性のメリットの最大化による「異文化シナジー」

の創出を議論の前提としているように見受けられ，これが異文化経営論におけ
る基礎文献と言われる所以であると言えよう。

　一方，今日の異文化経営論を論じる上で欠かせない研究者であるホフス
テード（Hofstede）は，「組織心理学（Organizational Psychology）」の観点
から，4次元指標（1980），5次元指標（1991）そして6次元指標（2010）
を提示し，統計的に国別の文化，すなわち国民文化の差異を表出化させ
た（後にHofstedeは，これらの統計調査は，世界各国に所在するIBMの
社員を対象とした調査であることを明かしている）。また，より実務的な研
究として，例えばハムデン・ターナーおよびトロンペナールス（Hampden-
Turner & Trompenaars, 1997）は，経営コンサルタントの視点から上述の
Hofstedeのモデルを参考に7つの文化次元指標を提示している。また船川淳
志（Funakawa, 1997）は，米国でのグローバルマネージャーとしての経験か
ら，具体的なマネジメント手法について提示している。

　「組織社会学（Organizational Sociology）」は，社会学的観点から観察対象
となる組織や企業の活動を考察するものである。クロジエ（Crozier, 1964）
やディリバン（D'Iribarne, 1989）は，主にインタビューやエスノグラフィー
を通じて企業の海外における経営管理活動の実態を追っているという点
において，今日の異文化経営論の基礎の一端となっている。またChanlat
et al.（2013）は，異文化経営論は，組織の人類学（Anthropologie des
Organisation）でもあるとし，文化人類学や社会人類学との関連についても言
及している。

　我が国の学術界では，主に国際経営論の研究者によって開拓されており，林
吉郎が「異文化インターフェイス管理」（1985）において，林は異なった文化
間，とりわけ海外拠点において双方の文化の橋渡し役，すなわち「異文化イン
ターフェイス」の役割とその必要性を説いている。また，邦訳書では上述のア
ドラー（Alder, 1991）を，江夏・桑名が「異文化組織のマネジメント」（1998）
として，ホフステード（Hofstede, 1991）を，岩井・岩井が「多文化世界」
（1995）として発刊するなど，外国語文献を邦訳している。そして，異文化経
営学会の現会長である馬越恵美子による「異文化経営論の展開」（2000）が，
幅広い文献調査および実証調査の成果をもって，文化と企業経営との関わりと

その重要性を世に広く知らしめて以降，日本において企業経営と（国民）文化
との関わりに着目した学術分野としての異文化経営論が，注目を浴びることと
なった。

3. 近年の異文化経営論研究の様相

　今日の企業はグローバル化された競争環境の中で事業を営んでおり，とり
わけ自らグローバルに活動する企業は，企業の本国本社が所在する国に所在
する経営資源にこだわらず，国境を超えた経営資源の獲得および活用を前提と
している。こうした企業経営の概念を「メタナショナル経営」（e.g. Doz et al.,
2001；浅川，2006）と言う。このような事業経営においては経営資源や消費者
としてのヒト，ヒトが持ち合わせる知識そして文化や価値観も日常的に国際移
動することから，異文化接触は日常的な出来事となっている。そのため，異文
化経営論と呼ばれる分野の研究においても，前節で挙げたような，異文化接触
に起因する組織内部のマネジメント上の課題をいかに解決するかという従来の
問題意識には限定されていない。本節では，特に異文化経営学会に関わりの深
い研究者による研究を加えながら，近年の異文化経営論研究の動向を，特に人
的資源管理，マーケティング，イノベーション，組織マネジメントからのアプ
ローチを紹介する。

⑴　異文化経営と国際人的資源管理

　異文化接触は企業の海外展開によって海外で起きるものであった時代から，
経営資源とりわけ人的資源の国際移動の活発化によって国内においても日常的
に起こりうるようになると，国際人的資源管理の側面において，多国籍の，す
なわち異なった文化的背景を持つヒト（人的資源）をどのように戦略的に活用
するかという異文化マネジメントの観点が持ち込まれるようになる。例えば，
Black et al.（1998）は，多国籍企業ビジネスにおける海外派遣者に異文化マ
ネジメントの重要性を説いている。また，Chevrier（2000, 2013）は，いわゆ
るグローバルマネージャーによる多文化混成チームのマネジメントに資するオ
プションを提供している。

また，古沢昌之（2013）は『「日系人」活用戦略論』（2014年異文化経営学会学会賞受賞）において，上述の林吉郎（1985）の異文化インターフェイスに近い概念ではあるが，現実的かつより実務的な側面から，日本企業に対して，現地人材でもとりわけ日本文化と現地国文化を兼ね備えた日本人移民すなわち「日系人」を「バウンダリースパナー」として活用することを提言している。

(2) 異文化経営とマーケティング

グローバリゼーションは，企業にとっては経営資源の国際移動の活発化を相互に促すものであるが，同時に消費者である市民の国際移動も同時に促すことになることから，消費者が異なった文化に触れる機会が日常的になる。さらに，情報技術やソーシャルネットワークの発達によって，海外の情報が様々な形で目に触れることが可能になってきている。

企業活動だけでなく，消費者である市民の国際移動の活発化や情報入手の平易化によって，マーケティングにおいても，異文化の側面は無視出来ないものになってきている。例えば，ウズニエ（Uznier, 2012）は，異文化に適応するためのマーケティングだけでなく，異文化を利用するマーケティングについても提示している。

また，古川裕康（2016）は，『グローバル・ブランド・イメージ戦略』（2017年度異文化経営学会学会賞受賞）において，異なる文化圏ごとにマーケティングの最適化を探っている。また，寺﨑新一郎（2021）は，『多文化社会の消費者認知構造 グローバル化とカントリー・バイアス』（2022年度異文化経営学会学会賞受賞）で異文化に対する寛容さや多様性の賛美を意味する「消費者コスモポリタニズム」や，特定の国家に対する好意や愛着を意味する「消費者アフィニティ」などの概念を中心にした異文化マーケティングを論じている。

(3) 異文化経営とイノベーション

グローバルな競争環境下において，異質性や多様性の高い組織は，そうでない（同質性の高い）組織よりもイノベーションを創出しやすいと言われる。そのためには，文化的多様性のメリットの最大化によって異文化シナジーを生み出すことが求められる。

　したがって，文脈に埋め込まれた（海外から）入手した知識を他のロケーションで活用したり，異なった文化的背景を持った組織メンバーの持つ知識を融合させたり，イノベーションを創出するためには，ナレッジマネジメント（Pauleen, 2007）やイノベーションマネジメントといった分野においても異文化経営の観点が必要となる。

　また，林倬史（2006, 2008, 2010）は，企業がグローバル規模で競争優位性を獲得する為には，高い創造性，新たな知識の創造，大きなイノベーション効果を生む必要性があり，それを実現させるためには，異文化シナジーを最大限利用出来るリーダーシップを持ったプロジェクト・リーダーの必要性を説いている。

⑷　異文化経営と組織マネジメント

　上述したように，文化的多様性が生み出すシナジー効果は，企業に高い創造性・新たな知識の創造や大きなイノベーション効果を生むとされているが，そのシナジー効果を生む組織に必要な組織文化をいかに醸成させるのか，という組織マネジメントの観点から取り組む研究を紹介する。

　桑名（2010）は，異文化チームにおける組織文化のマネジメントについて，文化的多様性のデメリットを最小化させることを目論む組織文化の醸成に関する試みは，組織構成員に共通した価値観によって，結果として異文化シナジーの創出を妨げるような組織文化を生む恐れがあることから，多国籍企業であっても意識的に従業員の価値観や思考様式の多様性を確保しなければならず，その為には国の文化にとらわれない組織文化の構築によって，組織が集団思考の罠に陥らないことが求められるとしている。

　また，太田（2008）は，低コンテクストでのコミュニケーションの積み重ねによって異文化間でもコミュニケーション相手との高コンテクストな状況を生み出す「コンテクスト・マネジメント」を提示し，さらに太田（2016）では，この「コンテクスト」に加え「距離」，「埋め込み」という3つの変数を用いた異文化マネジメントの「CDEスキーマ」を提唱している。

　以上，近年の異文化経営論研究が多岐にわたっていることを簡単に紹介した

が，簡潔にまとめると，グローバル化する競争環境にいかに適応するかという競争戦略上の課題を受けて，企業内外における日常的な異文化接触における課題を解決し，あるいは活用することによっていかに企業の競争優位を構築するか，という問題意識を取り扱う傾向が見受けられると言える。

4.　異文化経営論イコール国民文化の限界

(1)　文化自体の多様性および文化の流動性

　これまで紹介してきた異文化経営論における研究が指し示す「文化」とは，暗黙のうちにイコール国民文化のことである。しかしながら，髙橋（2013）は，文化自体の多様性，そして文化の流動性という2点の理由から，異文化経営論において，国民文化に限定した議論を展開することには限界がある，と指摘している。

　第一に，Kroeber and Kluckholn（1952）が，多岐にわたる分野の文献による60以上の文化の定義を紹介したように，その研究分野や問題意識によってその定義は多様であるが，今日において共通して認識されている，集団で共有され，後天的に獲得されるもの（Hofstede, 1980, 1991 ; Hofstede et al., 2010）という大前提を踏まえるのであれば，文化は人々の集団やカテゴリ毎に存在するものであり，かつ人間は，「企業だけではなく，家族，地域社会をはじめとした複数の組織や集団に同時に属しており，国民文化だけが人間の行動を規定する価値観の核をなす文化と呼ぶに足るものであると断言できない」（髙橋，2013）。すなわち国民文化だけが，組織の経営に影響を及ぼすものではない。ましてや，経営に影響を与える文化として，組織自身が持っている組織文化を無視することは出来ない（馬越，2000）。また，国民文化を構成する「国民」自体が多様性を内包しており，例えばアメリカ合衆国，ブラジル，ベルギー，スイスをはじめとした多民族国家において，国民という集団によって共有されている国民文化が存在するかどうか自体が疑わしい。

　第二に，文化は変容するものである。「情報技術の発達によってより多くのレベルの文化の異文化接触が日常化している現代においては，国民文化もかつ

てない速度で急速に変容し，またバーチャルな組織化も相まって，人々の価値観はますます多様化，分散化してきている」（髙橋, 2013）。また Hofstede の4次元指標モデルでは，1970 年代の日本人の「男性度」は世界でも群を抜いて高かったが，今日においても同様に高いかどうかは疑わしい。

　このように，「国民文化」だけに注目してきた異文化経営論における限界を克服し，より多くの人々の持つ属性によって構成される文化（的多様性），さらには個々の人間が持つ多様性の側面に着目し，企業経営上の課題やそれに取り組む研究分野として，ダイバーシティ・マネジメントが存在する。

(2)　異文化経営とダイバーシティ・マネジメント

　そもそも，異文化経営論は，国民文化の相違という観点に限らず，他の集団やカテゴリの文化，さらには人々のあらゆる属性における企業経営上の課題を取り扱ってきた「ダイバーシティ・マネジメント」研究とも合流している。

　ダイバーシティ・マネジメントは，米国企業における人種問題の課題に端を発する研究であり，当初は，コンフリクトをいかに回避するかという考え方によるリスクマネジメントの一種として捉えられていたが，1990 年代あたりには，企業が社会の一員として果たすべき社会的責任の一つとしてみなされるようになり（谷口, 2005；有村, 2007），例えば女性，障害者や民族的少数派といったマイノリティへの雇用差別をしないことが求められたことへの対応が求められた。一方，今日では加えて，多様な労働力は企業の価値創造の源泉であるという発想のもと，組織が内包する多様性を企業の競争優位性に活用させようとする動きも見られることから，戦略的側面をも兼ね備えていると言える。馬越恵美子（2011）は，あらゆる属性の価値観や考え方を尊重かつ学習し，相乗効果を発揮することが企業の競争戦略上必要だと説いている。

　ただ今日のダイバーシティ・マネジメントにおいては，国民文化を前提に議論されてきた異文化経営論が扱う国籍や，上掲のような民族，年齢，性別，人種などの，いわゆるヒトの属性である「表層的ダイバーシティ」あるいは「デモグラフィ型ダイバーシティ」だけではなく，ヒトの態度，知識やスキルといった「深層的ダイバーシティ」あるいは「タスク型ダイバーシティ」のも含めた 2 つのダイバーシティの側面から論じられる（e.g. Harrison et al., 1998；

谷口，2005）。また，松田千恵子（2020）は，投資意思決定に取締役会の多様性が与える影響を論じているが，松田は「ジェンダー」「国際性」に注目されがちだと指摘し，「年齢」，また上掲のような「タスク型」のダイバーシティも，投資の意思決定や企業業績に影響を与えることを明らかにしようと試みている。

5. 今後の異文化経営論の展望

　本章では，異文化経営論の源流，近年の異文化経営研究の動向，また異文化経営論の限界について概観してきたが，以下に簡潔に総括する。

　第一に，異文化経営論は，分野の違い，すなわち問題意識の発端は違えど，企業経営における国民文化の相違とその課題に焦点を当てたことに端を発する研究分野であるということ。また，経営資源の国際移動の活発化すなわち企業経営の国際化によって生まれる異文化接触が生む諸課題が，それらの研究を生んでいる，ということ。第二に，近年は，従来のアプローチに限らず，企業内外における日常的な異文化接触における課題をいかに解決するか，さらにいかに活用するかという競争戦略的傾向が見受けられること。第三に，異文化経営論は，国民文化だけでなく，他のカテゴリーも対象としたようなダイバーシティ・マネジメントと合流していること。かつ近年では，表層的なダイバーシティだけでなく，深層的ダイバーシティにも言及し対象としていること，である。

　最後に，著者による異文化経営論の今後の展望を2点挙げたい。1点目は，とりわけ日本においてでああるが，既に表面化している少子高齢化時代が異文化経営に課題を与える可能性についてである。今後は，働き手不足は政府の政策の後押しの有無に関わらず，また業種に限定されず外国人へのニーズを増加させる。それは，異文化を内包した職場がより多くの職場において見受けられることに繋がる。国民文化の差異をはじめとした表層的ダイバーシティは言うに及ばず，深層的ダイバーシティに対するマネジメント上の課題は，より多くの職場で表出化し，異文化経営論やダイバーシティ・マネジメントの社会的必要性が増大していくと考えられる。

　2点目は，ソーシャルネットワークサービス（SNS）が異文化経営論に課題を与える可能性があるということである。マジョリティとマイノリティ間に限らず，マイノリティ同士の利害や価値観の企業活動上の衝突は，今日のようなSNSが「異様に」発達した今日においては地理的障壁を超えて容易に拡散され，いわゆるバーチャルも巻き込んだコンフリクトが表面化しやすい傾向にあるように見受けられる。ヘイトクライム，ヘイトスピーチといった犯罪行為に限らず日常的な会話内容がウェブ上に拡散され，例えばいわゆる「炎上」という形で，単なる一企業の活動における課題だけでなく，同じ文化やダイバーシティを共有する人々を巻き込んだコンフリクトに発展しがちである。ヘイトスピーチがSNS上で拡散され従業員の解雇に至ったり，企業自体の持つアンコンシャス・バイアスがSNS上での「炎上」に繋がり，企業の名声（Reputation）やブランド価値にも影響したりするような事例が散見される。決して国民文化を含んだ多様性がもたらす競争戦略上の貢献を否定するものではないが，コンフリクトが表面化しやすい今日においては，例えばダイバーシティ・マネジメントの初期段階にあったようなリスクマネジメントに対する社会的需要が増大するものと考える。

［参考文献］
Adler, N, J. (1983). Cross-Cultural Management Research: The Ostrich and the Trend. *Academy of Management Review*, 8-2, 226-232.
Adler, N. J. (1991). *International Dimensions of Organizational Behavior*. South Western Publishing.（江夏健一・桑名義晴編著［1998］『異文化組織のマネジメント（第二刷）』セントラルプレス。）
Black, S. J., Gregersen, H. B., Mendenhall, M. E., & Stroh, L. K. (1998). *Globalizing People Through International Assignments*. Prentice Hall.
Chanlat, J.-F., Davel E., & Dupuis, J.-P. (2013). *Cross-Cultural Management: Culture and Management across the World*. Routage.
Chevrier, S. (2000). *Le management des équipes interculturelles*. PUF, Paris.
Chevrier, S. (2013). *Le management intercultural*. PUF, Paris.
Crozier, M. (1964). *Le Phénomène Bureaucratique: Essai sur les Tendances Bureaucratiques des Systèmes d'Organisation Modernes et sur Leurs Relations en France avec le Système Social et Culturel*. Seuil.
Dore, R. (1972). *British Factory, Japanese Factory: The Origins of National Diversity in Industrial Relations*. University of California Press.
D'Iribarne, P. (1989). *La Logique de l'Honneur: Gestion des Entreprises et Traditions Nationales*. Seuil.
Doz, Y. L., Santos, J., & Williamson, P. (2001). *From Global to Metanational: How Companies Win*

in the Knowledge Economy. Harvard Business Review Press.

Funakawa, A. (1997). *Transcultural Management.* Jossey-Bass.

Hampden-Turner, C., & Trompenaars, F. (1997). *Riding the Waves of Culture: Understanding Diversity in Global Business* (2nd Edition). Intercultural Management Publishers. (須貝栄訳 [2010]『異文化の波―グローバル社会：多様性の理解―（第3刷）』白桃書房。)

Harrison, D. A., Price, K. H., & Bell, M. P. (1998). Beyond Relational Demography: Time and the Effects of Surface -and Deep- level Diversity on Work Group Cohesion. *Academy of Management Journal,* 41-1, 96-107.

Hofstede, G. (1980). *Culture's Consequences: International Differences in Work-related Values.* Beverly Hills: Sage. (万成博・安藤文四郎監訳 [1984]『経営文化の国際比較：多国籍企業の中の国民性』産業能率大学出版部。)

Hofstede, G. (1991). *Cultures and Organizations: Software of the Mind.* London: McGraw-Hill. (岩井紀子・岩井八郎訳 [1995]『多文化世界：違いを学び共存への道を探る』有斐閣。)

Hofstede, G., Hofstede, G. J., & Minkov, M. (2010). *Cultures and Organizations: Software of the Mind: Intercultural Cooperation and Its Importance for Survival.* (Revised and expanded 3rd Edition). McGraw-Hill.

Kroeber, A. L., & Kluckhohn, C. (1952). *Culture: A Critical Review of Concepts and Definitions.* Peabody Museum Press.

Maurice, M., Sellier, F., & Silvestre, J.-J. (1982). *Politique d'Education et Organisation Industrielle en France et en Allemagne: Essai d'Analyse Sociétale.* PUF, Paris.

Pauleen, D. J. (2007). *Cross-Cultural Perspectives on Knowledge Management.* London: Libraries Unlimited.

Usunier, J.-C., & Lee, J. (2005). *Marketing Across Cultures.* FT Press. (小川孔輔・本間大一監訳 [2011]『異文化適応のマーケティング』ピアソン。)

浅川和宏（2006）「メタナショナル経営論における論点と今後の研究の方向性」『組織科学』Vol. 40-1, 13-25頁。

有村貞則（2007）『ダイバーシティ・マネジメントの研究―在米日系企業と在日米国企業の実態調査を通して』文眞堂。

太田正孝（2008）『多国籍企業と異文化マネジメント』同文館出版。

太田正孝編著（2016）『異文化マネジメントの理論と実践』同文館出版。

桑名義晴（2010）「国際経営の革新と異文化経営」馬越・桑名編著『異文化経営の世界　その理論と実践』白桃書房，第2章。

髙橋俊一（2013）「グローバルビジネスと異文化マネジメント」林倬史・古井仁編著『多国籍企業とグローバルビジネス』税務経理協会，第10章。

谷口真美（2005）『ダイバシティ・マネジメント　多様性をいかす組織』白桃書房。

寺﨑新一郎（2021）『多文化社会の消費者認知構造　グローバル化とカントリー・バイアス』早稲田大学出版部。

林吉郎（1985）『異文化インターフェイス管理』有斐閣。

林吉郎（1995）『異文化インターフェイス経営』日本経済新聞社。

林倬史・林ゼミナール（2006）『イノベーションと異文化マネジメント』唯学書房。

林倬史（2008）「新製品開発プロセスにおける知識創造と異文化マネジメント―競争優位とプロジェクト・リーダー能力の視点から―」『立教ビジネスレビュー』創刊号，16-32頁。

林倬史（2010）「知識創造と文化的多様性のマネジメント」馬越・桑名編著『異文化経営の世界　そ

の理論と実践』白桃書房，第 4 章。

古川裕康（2016）『グローバル・ブランド・イメージ戦略：異なる文化圏ごとにマーケティングの最適化を探る』白桃書房。

古沢昌之（2013）『「日系人」活用戦略論：ブラジル事業展開における「バウンダリー・スパナー」としての可能性』白桃書房。

馬越恵美子（2000）『異文化経営論の展開』学文社。

馬越恵美子（2011）『ダイバーシティ・マネジメントと異文化経営』新評論。

松田千恵子（2020）「ボード・ダイバーシティは投資意思決定に影響を与えるか？」『異文化経営研究』Vol. 17, 63-78 頁。

吉原英樹（1989）『現地人社長と内なる国際化』東洋経済新報社。

第3章

国民文化から生じるステレオタイプ研究
──カントリー・オブ・オリジンに注目して

1. はじめに

　文化を国民文化の単位で捉えた場合，国外製品のカントリー・オブ・オリジンは，当該国のステレオタイプ・イメージの媒体として機能する。グローバル化による経営資源の多国籍化が進行する一方で，米中対立に端を発した国家の分断も生じており，依然として国民文化は消費者に根強く意識されている。こうした中，国民文化の媒体としてのカントリー・オブ・オリジンは未だ購買意思決定の重要な手がかりとして機能しており，異文化経営の論点の一つとして盛んに議論されている。しかしながら，カントリー・オブ・オリジンがなぜ，そしてどのように購買行動へと結びつくのか，その意思決定プロセスについては諸説あるのが現状である。こうした背景には，カントリー・オブ・オリジン研究のベースとなる理論について，十分な整理が行われてこなかった点が挙げられる。本章では，カントリー・オブ・オリジン研究のベースとなる理論や，代表的なリサーチ・モデルについて，研究の系譜を整理し，既存研究の論点を明らかにする。最後に，カントリー・オブ・オリジンを梃子にした製品・サービスの競争力向上を目指して，先行研究からの知見をもとにいくつかの方策を紹介し，締め括ることにする。

2. 国民文化の媒体としてのカントリー・オブ・オリジン

　文化を国民文化，つまり国家の単位で捉えた場合，国外製品の製造国や本社

所在地を示すカントリー・オブ・オリジン（country of origin，以下COO）
は，当該国のステレオタイプ・イメージを消費者へと伝達する媒体として，
消費者の購買意思決定に一定の影響を及ぼすことが知られている（寺﨑，
2019a）。こうした媒体としてのCOOは製品やブランド，カテゴリーのイメー
ジへと波及することで（Josiassen et al., 2013），店頭のみならず，ネット上に
おいても製品判断上の材料の一つとして役割を担っている。

　グローバルな流通網，コミュニケーション技術の発達により，現代の消費
者は日々，さまざまなCOOに晒されており，こうした傾向は新型コロナウ
イルスのパンデミック（世界的な大流行）においても変わらなかった。圓丸
（2023）は，パンデミックから3年間，日本国内に定着したズームやウーバー，
ティックトックといったサービスやアプリの多くは国外発であったとし，モノ
のみならず，サービスにおいてもさまざまなCOOが市場に浸透しつつあるこ
とを指摘している。もちろん，西側先進国を中心に先端半導体の対中輸出規制
が敷かれるなど，COOの浸透と国外製品の規制は振り子のように往来してい
る現状もある。とはいえ，グローバル化が止まらない限り，COOが意思決定
に及ぼす影響は今後も大きくはなっても小さくなることはあまりないものと推
察される。

　このように，現代消費者はさまざまなCOOに囲まれつつ暮らしているもの
の，COOがなぜ，そしてどのように購買行動へと結びつくのか，その意思決
定プロセスについては，その重要性に比してあまり議論が深まっていないよ
うに思われる。そこで本章では，COOが消費者の意思決定プロセスに及ぼす
影響をCOO効果と定義したうえで，1）COO効果を読み解くベース理論は何
か，2）COO効果の代表的なモデルにはどのようなものがあるのか，3）COO
を梃としたコミュニケーション方略にはどのような考え方が応用できるのか，
の3点について先行研究の現状と課題に触れつつ整理していく。

3.　COO 効果を読み解くベース理論

　前述の通り，COO効果がなぜ，そしてどのように購買行動へと結びつく
のかについては諸説ある。本節では，フロリダ大学のジョセフ・アルバ助

教とウェスリー・ハトチンソン助教の議論をもとに（Alba & Hutchinson, 1987），COO効果のベース理論として引用されることの多いハロー効果（halo effects），およびスキーマ・ベースの推論（schema-based inference）について説明していく。本論文を参照した理由は，これらの2つを同時に扱った文献が限られること，そして消費者行動のトップジャーナルであるジャーナル・オブ・コンシューマー・リサーチ掲載論文であり，質が担保されていることなどが挙げられる。

　アルバ助教らによれば，消費者行動における推論（inference）の方法は，非分析的推論と分析的推論に弁別され，前者にハロー効果が，後者にスキーマ・ベースの推論が相当するという。非分析的推論では既知と推論された事柄との間は非認知的に結ばれており，論理的には無関連的であることが多く，分析的推論はその逆として定義される。非分析的推論ないし分析的推論のどちらに分類されるかは程度によって判断されるとし，明確な基準は定められていない。しかしながら，両者を区別するポイントとして，推論の方法そのものではなく，推論のプロセスに注目することの重要性が強調されている。

　以上の議論を押さえたうえで，まずハローについて定義すると「ある概念から別の概念への感情の無差別な伝達」（p. 421）であり，ハロー効果とは構造化されていない，比較的にステレオタイプ的な推論であると説明されている。したがって，ある製品の評価は，その製品カテゴリーに対して何となく抱いたフィーリング，たとえば一眼レフカメラなのか，日本製なのかといった，確証はないがその印象によって下されることが多いという。

　対照的にスキーマ・ベースの推論は，製品カテゴリー特有の典型性（typicality）に関する知識にもとづき行われることから，ハロー効果に比べてより構造化された推論として扱われるという。以下，議論を分かりやすくするために，ワインという製品カテゴリーについてスキーマ・ベースの推論を考えてみよう。一般的にワイン・カテゴリーでは国内産よりも，フランスやイタリアといった国外産の方が高価格であり，品質面でも好印象を持たれていることが多い。ここで注意すべきは，ワインの価格や品質を評価する指標として同カテゴリー内の属性的な典型性が検討されているという点である。このようにスキーマ・ベースの推論では，ある製品カテゴリーにみられる価格や品質，デザ

インといった属性面に関する典型性にもとづき推論が展開される。つまり，何らかの認知的な指標の問われないハロー効果に比べて，スキーマ・ベースの推論はより認知的なプロセスによって行われるため，アルバらはこの点で両者を区別しているのである。

　本節ではアルバらの議論をもとに，COO 効果の背後にあるメカニズムにはハロー・ベースあるいはスキーマ・ベースの推論が想定されることを述べてきた。ただし，こうした 2 つの推論がどのように表記されるかは必ずしも統一的な見方があるわけではないことから，先行研究をレビューする際に注意が必要である。たとえば，ハロー・ベースの推論はヒューリスティック・ステレオタイプ（heuristic stereotypes）（Magnusson & Westjohn, 2021），連想ネットワーク理論（associative network theory）（Samiee & Chabowski, 2021），単にハロー（Laroche et al., 2005）など，その表記は一様ではなく，こうした点で読者の混乱を招いている。対照的にスキーマ・ベースの推論に関しては，ゲシュタルト心理学における間接モデル（The irradiation perspective of Gestalt psychology）（Diamantopoulos et al., 2011；古川・寺﨑, 2018）と表現される場合もある一方，そもそも COO 研究においてスキーマ・ベースの推論が取り扱われる機会はあまりなく，結果的に言葉の揺れはみられないのが現状である。

　このように，とりわけハロー・ベースの推論に関しては種々の表記が乱立しているものの，COO 効果のベース理論にスキーマ・ベースの推論を加えた 2 つの見方があることには相違ない。したがって，両者の基本的な考え方，分類のポイントを押さえたうえで，次節より COO 効果に関する代表的なモデルをいくつか検討していく。

⑴　ジョシアッセンらのオリジン・イメージのハロー・モデル

　コペンハーゲン・ビジネススクールのアレキサンダー・ジョシアッセン教授らは，ハロー効果及びスキーマ理論をベースに，（カントリー・オブ・）オリジン・イメージのハロー・モデル（The Halo Model of Origin Images, HMOI）を案出し（図 3-1），オーストラリア人を対象に，その有効性を検証している（Josiassen et al., 2013）。HMOI では，COO をベーシック・オ

リジン・イメージ（basic-origin image），プロダクト・オリジン・イメージ
（product-origin image），カテゴリー・オリジン・イメージ（category-origin
image）の3つに分けて捉えたうえで，それらが製品評価ひいては購買意図に
及ぼす影響について，パス解析による分析が行われている。

図3-1　オリジン・イメージのハロー・モデル

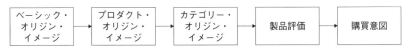

出典：Josiassen et al.（2013），p. 256.

　COO効果のベース理論について語られる場合，その多くがハロー効果を前
提として議論されるなか，HMOIではハロー効果に加えてモデル内に示され
た各概念間の関係性の妥当性を示すべく，スキーマ理論が取り上げられてい
る。ジョシアッセン教授らはスキーマ理論を取り入れた理由として，各COO
イメージがベーシック・オリジン・イメージからプロダクト・オリジン・イ
メージに，そしてカテゴリー・オリジン・イメージへと連鎖的に変化していく
様や，消費者がメンタル（心的）・スキーマを用いて製品を識別していくプロ
セスを描いてくれる点を挙げている。

　なお，本章の執筆者である寺﨑は，ジョシアッセン教授とは既知の仲であ
り，共同研究を通したコミュニケーションを日常的に行っている。その中で，
いつも議論の中心にあるのが「リサーチ・モデルの妥当性を担保する理論は
何か」という問いである。COOは国家や文化，科学技術のレベルといった多
面的な要素から構成される概念であるためか，消費者行動研究にみられるよう
な実験的なリサーチ・モデルの検証はそもそも難しいものと思われる。そのた
め，パス解析を通した検証に依存する場合がほとんどであり，結果として相関
関係は検証できても，厳密な意味での因果関係は同定できず，課題となって
いる。したがって，概念間の関係性を担保するには理論的な視点が不可欠で
あり，COO研究の多くはとりわけリサーチ・モデルの妥当性を中心に議論が
進められているのである。こうした限界があることを踏まえつつ，以下より
HMOIの詳細について説明してみたい。

　まず，ベーシック・オリジン・イメージとは「製品オリジン一般に紐づくイ

メージ」（p. 253）を意味する概念である。HMOI では，当該国からの人々の
イメージについて，感じの良さ，クリエイティブさ，信頼性，教育レベル，
能力等の項目によってベーシック・オリジン・イメージが測定されている。
ベーシック・オリジン・イメージに近い概念には，マクロなカントリー・イ
メージ[1]（macro country image）があるが（Martin & Eroglu, 1993），マクロ
なカントリー・イメージはその国の工業化や生活，福利厚生のレベル，政治シ
ステムといった項目で測定されることが多く（Oberecker & Diamantopoulos,
2011），人々のイメージに焦点を当てたベーシック・オリジン・イメージの捉
え方とはやや異なるものとなっている。著者の知る限り，ベーシック・オリジ
ン・イメージのように人々にフォーカスを当てた概念化は他になく，この点に
は留意しておく必要があるだろう。

　次に，プロダクト・オリジン・イメージとは「ベーシック・オリジン・イ
メージから派生した製品一般に紐づくイメージ」（p. 253）として概念化され
ている。HMOI では，当該国からの製品イメージについて，品質，ワークマン
シップ，名声，デザイン性，信頼性，技術レベルといった項目でプロダクト・
オリジン・イメージが測定される。なお，プロダクト・オリジン・イメージ
に近い概念にミクロな国家イメージがあるが（Oberecker & Diamantopoulos,
2011），測定項目の大半はプロダクト・オリジン・イメージと相違ないものと
なっていることから，これらは同義と捉えてよいだろう。

　最後に，カテゴリー・オリジン・イメージとは「ベーシック・オリジン・イ
メージから派生した特定の製品カテゴリー一般に紐づくイメージ」（p. 254）
として概念化されている。HMOI では，当該国からの製品カテゴリー・イメー
ジについて，伝統，生産者の熟練度合い，品質，良い選択となり得るか等の項
目でカテゴリー・オリジン・イメージが測定されている。カテゴリー・オリジ
ン・イメージのように，特定の製品カテゴリーにフォーカスした概念化は他の
COO モデルにはなく，オリジン・イメージを細分化して捉えるのに有益な論
点であるといえよう。

　以上のように，HMOI では「オリジン・イメージ」が 3 つに細かく分類さ
れているが，概念的な理解だけでは一体どのような捉え方なのか把握すること
は困難である。そこで，わが国を例に各オリジン・イメージについて説明して

みると，ベーシック・オリジン・イメージは日本人のイメージ，プロダクト・オリジン・イメージは日本製（メイド・イン・ジャパン）のイメージ，最後にカテゴリー・オリジン・イメージは例えば日本車のイメージへと置き換えることができるだろう。

　さらに，この具体化されたオリジン・イメージを HMOI に当てはめてみると，日本人のイメージが日本製のイメージへと派生し，日本製のイメージは日本車のイメージへと派生した結果，日本車のイメージが製品評価に，ひいては購買意図へと影響を及ぼすという因果連鎖が想定される。ここから示唆されるのは，日本人のイメージが直接的に日本車の製品評価や購買意図に影響を及ぼすのではなく，日本製のイメージ，ひいては日本車のイメージを媒介して消費者の認知や行動意図を変化させるという関係性である。こうした COO 効果の構造的な理解は，実生活を通して意識することはあまりなく，等閑視されがちな視点であるといえよう。とはいえ，HMOI にも限界がないわけではない。というのも，HMOI では COO が消費者にもたらす感情については触れられていないためである。したがって，こうした点を補完するモデルとして，第3節ではカントリー・イメージの高関与ヒエラルキー・モデルについて説明する。

⑵　補論：リバース HMOI という視点

　HMOI で示された因果連鎖は，ベーシック・オリジン・イメージがいかなる心的プロセスを経て購買意図に結びつくのかについて，私たちに有益な示唆を与えてくれる。しかしながら実際は，リバース HMOI ともいえる因果連鎖もないわけではない。本節では韓国を例に，こうしたケースを説明してみたい。

　韓国は2009年に大統領直轄の国家ブランド委員会を創設し，コンテンツを通した COO イメージの向上によって，韓国産の製品やブランドを広く国外に受け入れやすくする土壌を作ってきた（丸谷，2023）。こうしたプロセスをHMOI に照らし合わせると，実はリバース HMOI ともいえる因果連鎖になっていることに気がつくだろう（図3-2）。つまり，個別のコンテンツを視聴することで，そのイメージがドラマやゲームといったカテゴリー・オリジン・イメージに派生し，そのカテゴリー・オリジン・イメージが韓国製のプロダク

ト・オリジン・イメージに，ひいては韓国というベーシック・オリジン・イメージにポジティブな影響を及ぼしているのである[2]。

　こうしたリバース HMOI ともいえる現象を捉える際，参考としたいのがコペンハーゲン・ビジネススクールのユージーン・ヨッフェ教授とイスラエル・ネーベンザール教授らが発案したカントリー・イメージのハロー，サマリー・モデル（A Combined Halo-summary Model of Country Image）である（図3-3)。

　ここでカントリー・イメージのハロー，サマリー・モデルに示された流れを一つ一つ紐解いてみよう。まず，元々のカントリー・イメージ（≒ハロー）が，製品の購買や使用を通して価格や品質といったスペックへの理解を促進させ，カントリー・イメージが修正される。次に，修正されたカントリー・イメージ（≒サマリー）にもとづき製品スペックへの信念やブランド態度が形成され，購買意思決定が下される。このように，ハロー，サマリー・モデルで示

図 3-2　リバース HMOI

出典：著者作成。

図 3-3　カントリー・イメージのハロー，サマリー・モデル

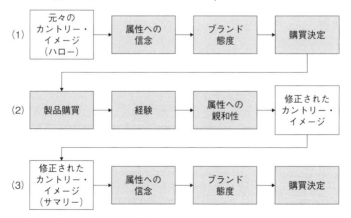

出典：Jaffe and Nebenzahl (2006), p. 42.

された関係性は，リバース HMOI ともいえる因果連鎖が想定されている。

　なお，ハロー，サマリー・モデル中に示された概念は必ずしも HMOI と対応するものではない。とはいえハロー，サマリー・モデルでは HMOI には含まれていない，製品の購買と使用を通した各種カントリー・イメージの変化が捕捉できるという点で，オリジナリティの高いモデルとなっている。ここで留意したいのは，HMOI 上のベーシック・オリジン・イメージはハロー，サマリー・モデルにおける元々のカントリー・イメージ（≒ハロー）ではなく，修正されたカントリー・イメージ（≒サマリー）に近い概念であるという点である。つまりベーシック・オリジン・イメージは，当該国からの製品が概ね普及した状態を想定したイメージなのである。こうした点はジョシアッセン教授らの HMOI では言及されていないが，注意すべき前提条件として理解しておく必要があるものと思われる。さらに，HMOI と異なり，カントリー・イメージのハロー，サマリー・モデルはブックチャプター上に示されたチャートに過ぎず，その後もヨッフェらによるモデルの検証は試みられていない。したがって次節では，ツーリズム研究のコンテクスト下で本モデルを検証した Terasaki et al.（2023）に触れることで，ハロー，サマリー・モデルの妥当性について説明を加えていく。

4.　ロスとディアマントポウロスによるカントリー・イメージの高関与ヒエラルキー・モデル

　カントリー・イメージに関するモデルは HMOI やハロー，サマリー・モデルに留まらない。他の有力なモデルには，ウィーン大学で当時大学院生だったカタリナ・ロスとアダマンティオス・ディアマントポウロス教授が提唱したカントリー・イメージの高関与ヒエラルキー・モデル（High-involvement Hierarchy Model of Country Image, HHMCI）（Roth & Diamantopoulos, 2009）が挙げられる（図 3-4）。ロスらは，合理的行為理論（Theory of Reasoned Action）（Fishbein & Ajzen, 1975）をベースに HHMCI をモデル化し，カントリー・イメージに関する情報処理メカニズムについて整理している。Sarver（1983）は合理的行為理論について，「信念から，態度，社会規

図 3-4　カントリー・イメージの高関与ヒエラルキー・モデル

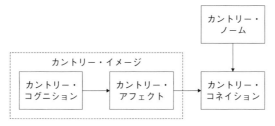

出典：Roth and Diamantopoulos（2009），p. 735.

　範，意図を経て，行動に至るまでの因果関係を説明する理論」（p. 155）と表現しており，HHMCIでは合理的行為理論をベースにカントリー・イメージから行動に至るまでの心的プロセスが分かりやすくまとめられている。

　HHMCIでは，カントリー・コグニション（country cognitions）がカントリー・アフェクト（country affect）を通してカントリー・コネイション（country conations，カントリー・イメージに付随した行動[3]）に影響を及ぼす媒介関係が図式化されている。HHMCIがユニークなのは，カントリー・イメージをカントリー・コグニションとカントリー・アフェクトの2つに弁別した点である。ロスらはカントリー・コグニションを「その国の政治制度や気候といった属性に関する知識を蓄積することで形成された信念」，カントリー・アフェクトを「その国に対する感情」（p. 735）と定義しており，前者はマクロな国家イメージに近い概念であることが窺われる。他方で，カントリー・アフェクトについては，そのアフェクト（感情）がポジティブなものか，ネガティブなものかについては言及されておらず，やや抽象度の高い表現に留められている。ただし，ロスらのリサーチ・コンテクストに鑑みるとポジティブなカントリー・アフェクトとして，特定の国家に対する好意や愛着を意味するアフィニティ（affinity）（Jaffe & Nebenzahl, 2006）が，ネガティブなアフェクトとして，特定の国家に対する反感や敵意を意味するアニモシティ（animosity）（Klein et al., 1998）がそれぞれ該当するものと捉えてよいだろう。

　また，HHMCIではカントリー・コネイションに直接的に影響を及ぼす概念としてカントリー・ノーム（country norms）が示されている。この概念についても具体的な定義づけはなされていないが，COO研究におけるノーム（規

範）とは一般的に消費者エスノセントリズムを意味することから（Terasaki et al., 2023），「外国製品を購入することへの適切性，実際には道徳性についての信念」(Shimp & Sharma, 1987, p. 280) と捉えて問題ないものと思われる。

　以上のように，HHMCI では HMOI で触れられていないカントリー・アフェクトがモデルに組み込まれており，こうした点で前者の方が後者よりも COO が消費者にもたらす心的メカニズムをより包括的に説明してくれる理論であるといえよう。なお，筆者の知る限りカントリー・コグニションとカントリー・アフェクトとの相互関係を説明する理論は HHMCI より他になく，その重要性に比してあまり研究が進められていない。

　とはいえ，HHMCI を援用した数少ない研究の一つに，前節末で取り上げた Terasaki et al.（2023）が挙げられる。Terasaki らの研究では，カントリー・イメージのハロー，サマリー・モデルおよび HHMCI という2つの理論的フレームワークをベースに，カントリー・イメージがどのように形成され，行動的なアウトカムに結びつくのかについて，包括的なモデルが提示されている（図3-5）。加えて，訪日経験のある米国人ツーリストを対象に回帰分析ベースの媒介分析を繰り返すことでモデルの検証が試みられている。

　Terasaki らのモデルでは，「イベントの発生後にポジティブに記憶され，回想されるツーリズム体験」(p. 13) を意味するメモラブル・ツーリズム・エクスペリエンシズ（Memorable Tourism Experiences, MTE）(Kim et al.,

図 3-5　カントリー・イメージの形成から再訪問意図に至る包括的モデル

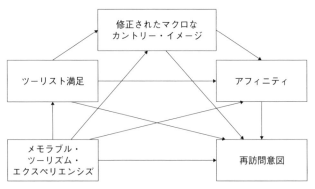

出典：Terasaki et al. (2023), p. 4.

2012）がツーリスト満足を変化させた結果，マクロなカントリー・イメージが修正され，その修正版のマクロなカントリー・イメージ（Revised Macro Country Image, RMCI）がアフィニティ，ひいては旅行先への再訪問意図に影響を及ぼすという，3つの媒介変数からなる因果連鎖モデルが提示されている。

　アンドリュー・ヘイズのプロセス・マクロ（PROCESS macro）（Hayes, 2018）を用いた間接効果の検定結果から，MTE から再訪問意図に至るまでの因果関係は，ツーリスト満足，RMCI，アフィニティによって結ばれることが明らかになっている。加えて興味深いことに，訪日を通して RMCI がプラスに転じても，対日アフィニティの萌芽なしに再訪日意図は生じないことが明らかになっている。つまり，カントリー・イメージを再度インバウンドに結びつけるには，HHMCI でいうところのカントリー・コグニションのみならず，カントリー・アフェクトという，エモーショナルな要素が喚起されることが必要なのである。

　Terasaki らの研究では，ツーリズムを対象にオリジナルのリサーチ・モデルが検証されているが，そのモデルのベースになった2つのモデルはもともと製品を対象に提示されたものである。しかしながら，旅行先も広義では「製品」と捉えられることから（Wang, 2021），Terasaki らのモデルはプロダクト・マーケティングにも応用可能な知見が含まれているものと思われる。したがって今後の研究では，プロダクトを対象としたモデルの検証が期待される。

5. カントリー・オブ・オリジンとマーケティング・コミュニケーション

　COO イメージに関する研究では構造方程式モデリングなどを用いて近接する概念間の因果や媒介関係を検証することに主眼が置かれてきた。一方で，概念間を調整する変数，つまりどのような条件のもと，どのような COO 効果が期待されるのかについては，あまり研究が進められておらず，その重要性に比してマーケティング・コミュニケーション上の知見が不足している。本件について，筆者が HMOI の発案者であるジョシアッセン教授に尋ねたところ，「何

らかの実験的なアプローチを用いた COO 研究を発信できれば，本領域のさらなる発展に結びつくと思われる」との回答があった。ジョシアッセン教授は COO 研究の泰斗として知られることから，COO 研究にマーケティング・コミュニケーション上の示唆を求める方向性には大きな期待が寄せられるものと考えている。

　こうした問題意識のもと，架空の米国製マウスウォッシュ（実験2）およびフランス製スキンケア・サプリメント（実験3）を用いたマーケティング・コミュニケーション研究を行ったのが Terasaki et al. (2022) である。Terasaki らは日本人消費者の対米ないし対仏アフィニティの度合いに応じた効果的な製品特長の示し方について，コロンビア大学のトーリー・ヒギンズの発案した制御焦点理論 (Higgins, 1997) の視点から検証している。例えば実験3では，日本人消費者の対仏アフィニティが高くなるほど COO が身近に感じられ，細かな製品特長にまで目が向かった結果，「5つの有効成分が辛いカサカサ乾燥から肌を守る」といった予防焦点的な製品特長の方が，「5つの美容成分がみずみずしい潤いを与える」などの促進焦点的な製品特長よりも高い評価が下されることが明らかになっている。一般的に，ある国に対するアフィニティが高くなるほどポジティブな気分になり，促進焦点的な製品特長の方が予防焦点的な製品特長よりも受け入れられそうである。しかしながら，Terasaki らの示した結果はむしろ逆の関係性となっている。その背後にあるメカニズムとして Terasaki らは，対米ないし対仏アフィニティが高くなるほど COO に対する心理的距離が近くなり，その心理的な近接性が解釈レベルを低次に導くと想定されることから，予防焦点的な製品特長（≒具体的）の方が促進焦点的な製品特長（≒抽象的）よりも好意的に評価されるという関係性を案出し，実験を通してこうしたメカニズム（図3-6）を証明したのである。

　COO に注目したマーケティング・コミュニケーション研究は黎明期にあり，本書で網羅できるほどの知見は積み上げられていない。しかしながら，実務的な展開にまで視野を広げると，コミュニケーション方略に資する COO 研究には潜在的な需要が潜んでいるものと思われる。今後は実験心理学といった周辺領域の成果を活かした応用研究に期待が寄せられるだろう。

図3-6　外国へのアフィニティが制御焦点，製品評価に影響を及ぼすメカニズム

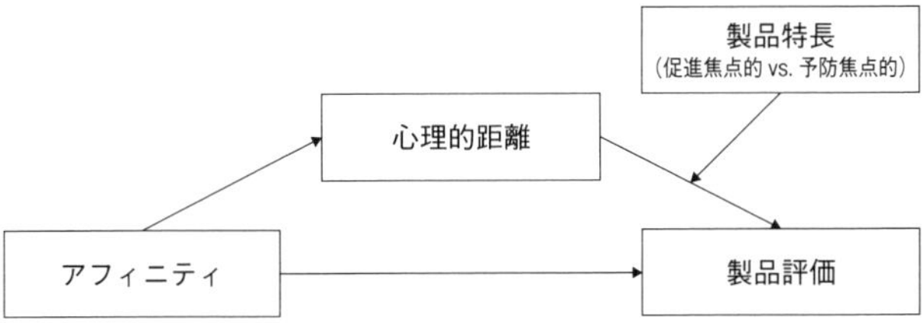

出典：Terasaki et al. (2022), p. 350.

6. 結語および今後の研究

　本章では，カントリー・オブ・オリジン研究のベースとなる理論や，代表的なモデルについて，研究の系譜を整理し，既存研究の論点を示してきた。さらに第5節では，カントリー・オブ・オリジンを梃子にした製品・サービスのコミュニケーション方略について，心理学理論との接点に触れつつ，説明を試みた。COO研究は製品・サービスを対象にしたものから，ディスティネーション（旅行先）にまで広がっており，インバウンド・ビジネスが注目を集める昨今，その重要性はますます高まっていくものと推察される。今後の研究では，既存の理論やモデルをベースとしつつ，インバウンド・ビジネスへの応用を見据えた研究が期待される。

[注]
1　「人がある国に対して抱いている記述的，推論的，情報的な信念の総体」(p. 193) を意味する。
2　韓国の事例のように，わが国は戦略的にCOOイメージを自国製品の輸出促進へとつなげたわけではないが，近年，訪日を通して日本の製品やサービス品質の高さを実感し，帰国後もそれらを購入することで，輸出が促進されるという好循環がみられるようになってきた（寺﨑，2019b）。こうした好循環はインバウンド・アウトバウンド・ループ（Inbound-outbound Loop, IOL）（池上，2021）としてフレームワーク化され，早稲田大学インバウンド・ビジネス戦略研究会を中心に実務的なアプリケーションを目指して議論が進められている。IOLをリバースHMOIのコンテクストに置換すると，インバウンドを通したコト消費が結果として日本のベーシック・カントリー・イメージにプラスに働くとも捉えられるだろう。
3　例えば「その国を訪問したり，その国からの製品を購入したりすること」(Roth & Diamantopoulos, 2009, p. 735)。

［参考文献］

Alba, J. W., & Hutchinson, J. W. (1987). Dimensions of consumer expertise. *Journal of Consumer Research*, 13 (4), 411-454.

Diamantopoulos, A., Schlegelmilch, B., & Palihawadana, D. (2011). The relationship between country-of-origin image and brand image as drivers of purchase intentions: A test of alternative perspectives. *International Marketing Review*, 28 (5), 508-524.

Fishbein, M., & Ajzen, I. (1975). *Belief, Attitude, Intention and Behavior, An Introduction to Theory and Research*. MA: Addison-Wesley. and research. Reading, MA: Addison-Wesley; 1975.

Hayes, A. F. (2018). *Introduction to Mediation, Moderation, and Conditional Process Analysis: A Regression-based Approach* (2nd ed.). The Guilford Press.

Higgins, E. T. (1997). Beyond pleasure and pain. *American Psychologist*, 52 (12), 1280-1300.

Jaffe, E. D., & Nebenzahl, I. D. (2006). *National Image & Competitive Advantage: The Theory and Practice of Place Branding*. Copenhagen Business School Press.

Josiassen, A., Lukas, B. A., Whitwell, G. J., & Assaf, A. G. (2013). The halo model of origin images: Conceptualisation and initial empirical test. *Journal of Consumer Behaviour*, 12 (4), 253-266.

Kim, J. H., Ritchie, J. B., & McCormick, B. (2012). Development of a scale to measure memorable tourism experiences. *Journal of Travel Research*, 51 (1), 12-25.

Klein, J. G., Ettenson, R., & Morris, M. D. (1998). The animosity model of foreign product purchase: An empirical test in the People's Republic of China. *Journal of Marketing*, 62 (1), 89-100.

Laroche, M., Papadopoulos, N., Heslop, L. A., & Mourali, M. (2005). The influence of country image structure on consumer evaluations of foreign products. *International Marketing Review*, 22 (1), 96-115.

Magnusson, P., & Westjohn, S. A. (2021). The effects of stereotyping on place/country image perceptions. In N. Papadopoulos, & M. Cleveland (eds). *Marketing Countries, Places, and Place-associated Brands: Identity and Image*. Edward Elgar, 174-191.

Martin, I. M., & Eroglu, S. (1993). Measuring a multi-dimensional construct: Country image. *Journal of Business Research*, 28 (3), 191-210.

Oberecker, E. M., & Diamantopoulos, A. (2011). Consumers' emotional bonds with foreign countries: Does consumer affinity affect behavioral intentions? *Journal of International Marketing*, 19 (2), 45-72.

Roth, K. P., & Diamantopoulos, A. (2009). Advancing the country image construct. *Journal of Business Research*, 62 (7), 726-740.

Samiee, S., & Chabowski, B. R. (2021). Knowledge structure in product-and brand origin-related research. *Journal of the Academy of Marketing Science*, 49, 947-968.

Sarver, V. T. (1983). Ajzen and Fishbein's 'theory of reasoned action': A critical assessment. *Journal for the Theory of Social Behaviour*, 13 (2), 155-163.

Shimp, T. A., & Sharma, S. (1987). Consumer ethnocentrism: Construction and validation of the CETSCALE. *Journal of Marketing Research*, 24 (3), 280-289.

Terasaki, S., Ishii, H., & Isoda, Y. (2022). Influence of consumer affinity toward foreign countries on consumers' regulatory focuses. *Journal of International Consumer Marketing*, 34 (3), 346-356.

Terasaki, S., Hara, T., & Ikegami, J. (2023). Mediating role of the country image in enhancing memorable experiences and revisits: an Analysis of US tourists in Japan. *Tourism Recreation Research*. Doi: 10.1080/02508281.2023.2185733

Wang, S. (2021). An inquiry into country image components and their effects on perceived destination image and travel intentions. *Tourism Recreation Research*, 46 (3), 422-433.

池上重輔 (2021)「『持続可能な観光立国日本』とインバウンド・アウトバウンド・ループ」(IOL)」池上重輔監修，早稲田大学インバウンド・ビジネス戦略研究会著『インバウンド・ルネッサンス：日本再生』日本経済新聞出版。

圓丸哲麻 (2023)「書評『多文化社会の消費者認知構造：グローバル化とカントリー・バイアス』寺﨑新一郎著，早稲田大学出版部，2021 年」『立命館アジア・日本研究学術年報』4，186-189 頁。

寺﨑新一郎 (2019a)「カントリー・オブ・オリジン研究の生成とカントリー・バイアス研究への展開」『立命館経営学』58 (4)，61-82 頁。

寺﨑新一郎 (2019b)「ツーリズムを考察する視点」池上重輔監修／早稲田インバウンド・ビジネス戦略研究会著『インバウンド・ビジネス戦略』日本経済新聞出版社。

古川裕康・寺﨑新一郎 (2018)「原産国イメージと便益ベースイメージ研究の関係性」『JSMD レビュー』2 (1)，23-28 頁。

丸谷雄一郎 (2023)『グローバル・マーケティング［第 7 版］』創成社。

第4章

インクルージョン&ダイバーシティ&ハピネス
──企業4社の事例を中心に

1. はじめに

　異文化経営論は，企業のグローバル展開において，海外で現地社員を活用することに焦点を当てることからはじまった。そして，社内の多様性を活かすダイバーシティ・マネジメントも不可分であると考えられ，その領域も取り込んできた。いわば異文化経営論とダイバーシティ・マネジメントは車の両輪である。本章ではまず，インクルージョンとダイバーシティの意義と日本社会，とりわけ企業におけるインクルージョンの軌跡を考察する。次に，一般的に女性の活用がなかなか進まないと言われている理系の企業におけるダイバーシティへの取り組みを紹介する。さらに，多様性を活用するためには，インクルージョンが先にあるべきではないか，との視点から，インクルージョンに果敢に取り組む企業の事例を紹介する。さらに，インクルージョンの先にあるのは何か。それはエンゲージメントとハピネスである。つまり，ダイバーシティとインクルージョンにより，人々が自分の個性を発揮して，人生を活き活きと積極的にエンゲージできるようになり，組織と個人のハピネスが実現していく，と考えられる。そこで，「幸せ」や「善」を掲げている企業を紹介する。本章では各社の具体的な取り組みに加えて，それぞれの企業のトップマネジメントに直接，ヒアリングを行い，その背景に秘められた思いや今後の展開を探っていく。

2. インクルージョン 0.0 〜インクルージョン 4.0 の軌跡[1]

(1) なぜ，インクルージョンなのか

　最近，ダイバーシティとともにインクルージョンという言葉を耳にすること
が多くなった。喜ばしいことである。まずインクルージョンがあってこそ，ダ
イバーシティが活かされると，筆者はかねてから研究や体験を通じて痛感して
いる。インクルージョンとダイバーシティへの道はまだまだ続いており，真に
それが実現するには途方もないほどの長い時間がかかる[2]。

　ではそもそも，なぜダイバーシティなのか。なぜ，多様性を活用しなければ
いけないのか。均一の方が効率がいい，同じ考えの人，同じ属性の方が，仕事
がやりやすい，こういう本音をよく聞く。それでも広く世界を見渡すとグロー
バル企業では多様性の活用が当たり前になっている。多様性がなければイノ
ベーションは生まれず，競争力をつけることはできない。これは世界の常識に
なっている。ちなみに，EU では，欧州議会が 2022 年 11 月に，欧州全域の企
業役員における男女比を高めるためのクォータ制を導入する法律を承認した。
域内の上場企業は，2026 年 6 月までに，社外取締役で 40% 以上，または，執
行・非執行を含めて全取締役で 33% 以上を，少数派の性別にすることが義務
付けられた[3]。また，日本でも，2023 年 4 月に岸田首相が，政府の男女共同参
画会議で，企業の女性登用を加速させるため東京証券取引所の最上位「プライ
ム市場」に上場する企業の役員に占める女性の比率を 2030 年までに 30% 以上
にするという目標を示し，女性版骨太の方針 2023（女性活躍・男女共同参画
の重点方針 2023）（令和 5 年 6 月 5 日）にこの方針が明記された[4]。ただし，
振り返ってみれば，2012 年から 2022 年の 10 年間で上場企業の女性の役員数
は 5.8 倍に増加しているものの，未だ役員に占める女性の割合は，9.1%（2022
年 7 月末時点）にとどまっている。したがって，この 30% というハードルは
極めて高いと言わざるをえないが，日本はクォータ制の導入には踏み込もうと
していない[5]。

　多様性については，活用すべきだと建前では言っても，本音ベースでは半信

半疑で，ましては自分の会社では無理だと思っている人が少なからずいる。しかし，多様性を包含した組織やチームの「集合知」が優れていることについては，多くの事例がある[6]。ただひとことで多様性と言っても性別，人種，年齢などの「人口統計学的多様性」に加えて，ものの見方や考え方が異なる「認知的多様性」がある。通常は人口統計学的多様性が高いと認知的多様性が高くなることが多い。背景が異なれば，考え方も違うのは当然であろう。市場も多様化，ビジネスはグローバル化している現在，組織内に多様性を包含し，その多様性を活かすのは当たり前ではないだろうか。特に日本では人口はどんどん減少し，労働人口も増える兆しはない。そこで新たな働き手としてこれまで十分に活用できていなかった女性と外国人と高齢者を活用するのは当然の帰結である。中でも人口の半分を占める女性を使わない手はない。そのことに気付いている企業は積極的に女性を採用している。例えばLIXILでは，他の企業が採用しないうちに優秀な女性を集めようという戦略的発想で積極的に女性を登用している[7]。

　ここでポイントとなるのがインクルージョンである。多様性だけあってもインクルージョンがなければ活かすことができない。インクルージョンとは誰しもがその属性に関わらず尊重され，その能力と個性を十分に発揮できる環境があることである[8]。それでは，これまで日本社会のインクルージョンはどのように進展してきているだろうか。1970年代から今日までの50年近く，日本でキャリアを積み上げてきた筆者は，ある意味では日本のインクルージョンの進展を肌で感じてきた生き証人である。インクルージョンが皆無であった時代から，インクルージョンが社会に定着しつつある現在までの道のりを辿ってみたい。

(2)　日本社会のインクルージョンの軌跡

①　インクルージョン 0.0

　率直に言って，1970年代は日本の企業社会にはインクルージョンはなかった。女性は大学を卒業すると大企業に就職し，数年後にいわゆる寿退社することこそが女性の幸せの道と公然と言われてきた。また多くの女性もそれを受け入れたことも事実である。ごく一部の例外を除いて，女性にとっての就職と

は，扶養者となる夫に対する"永久就職"であった。まさにインクルージョンの無い「インクルージョン 0.0」の世界である。

②　インクルージョン 1.0

　さて，1980 年代になり，1985 年に男女雇用機会均等法が成立したことで，ようやくインクルージョンの兆しが見えてきた，いわば「インクルージョン 1.0」の時代である。法律が制定されたことはいいが，中身を見ると，企業の募集や採用，配置などに関する男女間の均等な取り扱いは「努力義務」にすぎなかった。ましては，女性管理職や女性役員などは想定外であった。

③　インクルージョン 2.0

　1990 年代になり，女性に社会進出がさらに進み，ついに 1997 年に男女雇用機会均等法が改正された。この改正では女性であることを理由とする差別的扱いの「禁止」が定められた。これは大きな進歩で，「インクルージョン 2.0」の到来である。ちなみにそのころの学界はどうかと言えば，例えば経営学関連の学会で理事として活躍する女性は皆無に近く，制度上，インクルージョンが進んでいても，職場のカルチャーはインクルーシブとは言い難かった[9]。2003 年に異文化経営学会を立ち上げたときも，賛同者はごくわずかであり，今日の異文化経営学会の盛況ぶりを予想する人は筆者を含め，いなかった。

④　インクルージョン 3.0

　さて，時代は進み，安倍首相の唱えるアベノミクスが世界にとどろいた。2013 年に首相は成長戦略スピーチで「女性が輝く日本」を高々と打ち上げた。そして，2015 年にはコーポレートガバナンス・コードが制定。このころから，多様性の活用，女性の登用が本格化する。そして筆者自身も 2014 年 6 月に東証一部上場企業の社外取締役に就任。まさに青天の霹靂である。この「インクルージョン 3.0」は大きな転換点である。さらに追い風としてコーポレートガバナンス・コードの改訂（2021 年 6 月）がある[10]。原則 2-4 には，女性の活躍促進を含む社内の多様性の確保が謳われている。すなわち，「上場会社は，社内に異なる経験・技能・属性を反映した多様な視点や価値観が存在すること

は，会社の持続的な成長を確保する上での強みとなり得る，との認識に立ち，社内における女性の活躍促進を含む多様性の確保を推進すべきである」。その後，取締役や役員などの意思決定層に女性を，という声が日々高まっていて，実際の数字もその進捗を裏付けている。ただし，企業には依然として男社会のカルチャーが根強くある。

⑤　インクルージョン4.0

　目指すところ，それは「インクルージョン4.0」。そこでは意思決定層を含めあらゆるところで，男女差が50：50に近づく世界である。男女だけではない。すべての人が属性に関わらず，活躍できる世界，当たり前に混ざりあう世界。ジェンダー，国籍，性的志向すべてを含めて完全にインクルージョンがある世界である。「インクルージョン4.0」。そこではもはやインクルージョンを語る必要もない。インクルージョンがあるからこそ，エンゲージメントが進み，人々はポジティブになり，ハピネスにつながるのである。そこには企業の理念も深く関わってくる。

　それでは実際に企業はどのように取り組んでいるのだろうか。特にトップマネジメントの関わり，その本気度はどの程度なのだろうか。これを探るため，筆者がご縁をいただいた企業4社の事例を紹介する。企業がどのようにダイバーシティとインクルージョンに取り組んでいるか，社員を含めステークホルダーのハピネスを実現しようとしているのか，また経営理念を継承に努力を重ねているのか，具体的な事例を用いて明らかにしたい。

3. 非鉄金属業界で生え抜きの女性社長が進めるダイバーシティ戦略　SWCC ㈱の事例[11]

(1)　SWCC について

　創業以来，長年に渡り昭和電線と呼ばれていたが，2023年4月1日に現在のSWCC株式会社に名称を変更した。SWCCのホームページを開くとまず目

に飛び込んで来るのが次のフレーズである。

「いま，あたらしいことを。いつか，あたりまえになることへ」。

さらにこう続く。

「時代は，変化でできている。私たちが，変化をしないわけにはいかない。インフラだけじゃない。電線だけでもない。つないでいるのは，昨日や，今日や，明日のこと。この先も，人が和やかに生きるために。いつかの，愛すべきあたりまえのために。人を想う品質と信頼で，応えていく。だから，情熱と輝きをたやさない。挑戦をやめない。いま，あたらしいことを。いつか，あたりまえになることへ」。

　これが SWCC パーパスである。そしてこの SWCC を率いるのが，代表取締役社長 長谷川隆代氏。長谷川氏は鉄鋼・非鉄金属業界初の女性社長。しかも，生え抜きである。2023 年 1 月末時点で東証プライム市場の女性社長比率は 0.8%。いかに稀有な存在であるかがわかる。

　同社は 1936 年の創業以来，電線・ケーブルを世の中に送り出し，インフラ製品を通して人々の生活を支える企業であることを目指してきた。SWCC の 4文字は，旧商号「昭和電線電纜株式会社」の英文表記 Showa Electric Wire & Cable Co., LTD. から文字をとったものであり，今後は新たな商号のもと，「エネルギー・インフラ」「電装・コンポーネンツ」「通信・産業用デバイス」の基盤事業 3 セグメントをより強化・深化させていくという。

　Change & Growth SWCC 2026 と題した中期経営計画では，2026 年度業績目標として，売上高 2,150 億円，営業利益 150 億円，営業利益率 7% 以上，ROIC10% 以上を掲げている。

⑵　SWCC におけるダイバーシティ＆ガバナンスの取り組み

①　SWCCarat プロジェクト

　長谷川社長の音頭のもと，2021 年 4 月に社長直轄 PJ である女性活躍推進プロジェクトが発足した。その背景には，当社の女性社員比率は 15%，女性管理職比率は 4%，課長職以上の女性の比率は 1% と，ダイバーシティ活用には程遠い現状があった。さて，このプロジェクトの愛称は，SWCCarat（カラット）。女性に限らず，すべての従業員が SWCC の中で輝くことを宝石の単位で

あるカラットで表現している。ひとりひとりが，価値観や個性を大切にし，能力を十分に発揮できる，輝ける環境。つまり，全ての方が管理職を目指すことが目的ではなく，自由な働き方を選択できる，働きがいのある職場環境を目指している。

　当社の女性たちの課題としては，自分の経験知識に自信が持てない不安，育児や介護と両立しながら今と同じ働き方を続けるのは難しいという不安があった。そこで，まずはマインドセットを変え，キャリア形成を支援し，女性のネットワークを拡充する必要があり，女性母数の拡大も必須であった。このプロジェクトのメンバーは全員が兼務で，所属は，総務・人事・財務・経理・企画・技術などで，年齢や経験の異なるメンバーから構成された。

　2021年の1年目には，女性社員への意識調査，数値目標の設定，社長の講演会の実施，などを行い，2年目となる2022年には年代別研修を行い，中堅社員（30代〜）の研修では，キャリア形成支援の強化とリーダーとしての働き方を前向きに捉えることを目指した。参加者に対して行った研修後の意識調査では，自信がなかった自分が前向きになれた，とのポジティブな結果が得られた。また，若手社員（20代〜）の研修では，キャリア形成支援の強化に加え，早い段階で自らのキャリアを考えるきっかけづくりを目指した。若い世代では自信がない，ということはなく，それよりも，どうキャリアを描くかに関心が寄せられた。さらに，経団連・内閣府・文科省との共催で，女性中高生の理工学生の育成イベントに賛同し，リコチャレ（理工チャレンジ）にも参加。当社で製造する製品や技術を通して，女性技術者がどのように活躍しているかを紹介した。

② 　当事者意識の大切さ

　こうしてプロジェクトの活動は広がったが社内では，必ずしも広く理解を得られたわけではなかった。女性活躍推進PJの目指す姿は何なのか，単に女性管理職比率を上げたいのか。伝える場が十分でなかったとの反省から，性別を問わずすべての従業員を対象にこの活動の説明会を実施したり，インスタグラムを運用して，社内，社外を問わず，女性活躍推進を広くアピールし，優秀な人材確保につなげたいと努力している。今後はさらにアンコンシャス・バ

イアスを取り除くよう，男性社員の意識改革にも取り組んでいく。つまり，この活動は女性のためだけではなく，ダイバーシティを活用することにより，違和感をエネルギーに変え，経営の成果につなげていく。実際に当社が2023年1月に行ったダイバーシティが当社にもたらす効果に関するアンケート調査では，（設問：部門に総合職の女性が在籍している，女性ライン長であることにより，そうでなかった場合と比べて変化があると感じたか）働き方改革が進んだ，異なる視点や意見により議論が活発になった，気が付かない想定を考えるようになった，採用面の応募増加につながっているなどの，良い変化が指摘された。その一方，女性のみのイベントや講習に違和感を覚える，特別のことをせずに男女平等にしてほしい，などのネガティブな回答もあった。今後の課題としては，ダイバーシティ＆インクルージョンに対して（男性を含めすべての社員が）当事者意識を持ち，理解を深める，キャリアパスを明確にする，女性社員の母数を拡大する，などがあげられている。

　当社のおかれている非鉄金属業界はまさに男社会。そこで，当社が果敢に推進するダイバーシティ活用は，先駆的な試みであり，筆者も拍手を惜しまない。ダイバーシティ推進の道のりは長い。長谷川社長が率いるSWCCのさらなる発展が楽しみである。

⑶　長谷川社長が語る
目の前のチャンスを活かしてこそ多様性を活かせる[12]

①　ジェンダーを問わず活用する

　鉄鋼・非鉄金属業界と言えば，まさに男社会，その業界初の女性社長である長谷川氏は就任以来，果敢にダイバーシティ活用に取り組んでいる。「長谷川社長が女性だから御社はダイバーシティの取り組みが進んだのでは，と聞かれることはありませんか？」と単刀直入にぶつけてみた。

　「女性活躍という表現は本来あまり好きではありません。そもそも，女性社長という仕事はないですよね。社長という仕事はあるけれど。女性管理職という仕事もないです。その仕事に就いたということだけ。そこに女性とつけるのは何かおかしいのではないですか」。

　なるほど，そのとおりである。考えてみれば女性比率とか女性枠という言い

方もおかしい。ただ，筆者から見る限り，長谷川社長のように，ジェンダーに関係なく活躍するのが当然，と心底思って，自らもそのような人生を送ってきた企業の男性トップはまだあまりいないのではないだろうか。そのように思ったとき，女性である長谷川氏がこの業界の社長に就任したことは意義があると思わざるをえない。

　「小学校のころの夏休みの宿題に自由研究がありましたね。あれが好きでした。実験とか大好きだったんです。中学でも高校でも化学や物理が楽しくて面白くて…」。そういえば，小学校のときは男女関係なく同じことをしていたが，それがどこかで変わってしまうのだろうか。「中学，高校と進むうちに，数学が苦手，物理が苦手，と言うと，女子の場合は仕方ないわね，と。男子なら，それは困る，しっかり勉強しなさいということになりますね。親や教師のアンコンシャス・バイアスではないでしょうか。才能は男性も女性は基本的に同じなのに，育つ過程で，女の子はこうしなくてはならない，男の子はこうしなくてはならない，と。そういう刷り込みで，技術は男性の仕事ということになるのですね。社会で面々と引き継がれている女性観とか男性観が根強くあるのではないでしょうか[13]。ですから，今は過渡期なので，女性枠を作る，ということも仕方ないのかもしれません」。

②　国籍という多様性の経験

　長谷川氏は他社で社外取締役もされているが，そこでのご経験も伺ってみた。「H社は日本企業ですが，本社はシンガポールにあって，経営陣も多国籍で共通語が英語なので，どの人がどの国籍かということはあまり関係ないです。英語を聞いていて，ああ，この人はもしかしたら，オランダの人かもしれない，とアクセントで気づくくらいですね，ただ，この企業でも女性活用はそれほど進んでいないので，国籍よりもジェンダーの方が難しいのかもしれません」。一言にダイバーシティといってもジェンダーだけでなく国籍を含むあらゆる属性の多様性が問われることは言うまでもない。

③　経営者として人間としての資質が問われる

　長谷川氏と話をしていると女性ということではなく，経営者としての資質と

人間としての魅力を強く感じるのだが，ご両親はどういう教育をされたのだろうか。「母も父も何も言いませんでした。実験に熱中しているときも，理系に進むときも，就職するときも。それがよかったのかもしれませんね。そして，就職した後も，甘やかされませんでしたので，自分の分野を開拓するべく，研究して論文を書いて，海外の学会で発表する機会を自ら求めていきました。そこではジェンダーとはまったく関係なく，研究者，科学者として勝負するので，鍛えられたと思います」。なるほど，そういった挑戦の機会と自由な家庭教育が今の長谷川氏を作っているのだと納得した。

④　目の前のチャンスを掴む

　企業の方から，女性を上のポジションに引き上げようとしたのに，女性に尻込みされた，との悩みをこれまでどれだけ多く聞いたことか。自分にとってチャレンジだと思う仕事をオファーされたら女性はどう対応したらいいのか，長谷川氏に伺ってみた。

　「開き直ればいいんですよ。とにかく目の前に来たチャンスをものにすること。相手はできないと思えばオファーはしないので，オファーしてきたということはできると思ってくれている。だから与えられた仕事にベストを尽くすこと。必ずそこから学ぶことがありますし，経験になります。そして引き上げた人も，見守っていくことが大切です。その人が落ち込まないように，適宜，手を差し伸べていく，そういう見守りも必要です」。

　純粋に楽しいと思えることを大切に積み上げてきたからこそ，今日の長谷川氏がある。そうであれば，興味を精一杯伸ばしていける環境がいかに大切であるかがわかる。長谷川氏はこれからもジェンダーの枠を超えた異能の社長として，日本社会の起爆剤になっていくに違いない。

4. すべての人が自分らしく活躍するインクルージョンを極めるアクサの事例[14]

⑴　アクサの日本における保険事業について

　アクサというと日本では，自動車保険のアクサダイレクトが有名であるが，より事業規模の大きい生命保険事業は，日本において前身の日本団体生命およびウインタートウル・スイス生命の事業基盤を継承したことで大きく発展した。ちなみに，アクサ生命保険㈱の2022年度の保険料等収入は8,060億円，基礎利益は650億円，従業員数は7,678名である。90年にわたり企業福利のパイオニアとして培われた日本団体生命のDNAと変額保険やユニット・リンク保険のパイオニアとして長期分散積立投資による資産形成をリードしてきたウインタートウル・スイス生命のDNA，アクサ生命が1994年の創業以来培ってきたライフマネジメントコンサルテーションが融合し，基盤を拡大してきたところに特徴がある。機関設計としては生損保事業が持株会社であるアクサ・ホールディングス・ジャパン㈱の傘下にある。

　アクサは，1817年にフランスのノルマンディ地方で創業し，現在のアクサグループはパリを本拠に世界51の国と地域に事業を展開し，9,300万人の顧客を有する世界的な保険および資産運用グループである。パーパスを基軸に世界共通のバリューとビジョンを共有し，パーパスを体現するための経営戦略にサステナビリティを組み込み，グループ全体のKPIを定め，日本においても生損保，資産運用の事業を展開している。

　パーパス（存在意義）：Act for human progress by protecting what matters. すべての人々のより良い未来のために。私たちはみなさんの大切なものを守ります。

　バリュー：Customer First（お客さま第一）Courage（勇気）Integrity（誠実）One AXA（ひとつのチーム）

　ビジョン：Payer to Partner 保険金・給付金をお支払いする「ペイヤー」の役割を超え，より良い人生，より良い社会づくりに寄り添う「パートナー」と

なる。

⑵　インクルージョン＆ダイバーシティ（I&D）の取り組み

①　真のインクルージョンを目指して

　これまで長年に渡り，M&A によるビジネスの地理的分散を進める過程で，経営統合後（PMI：Post Merger Integration）の企業プロフィールを調整する過程においてグループ入りした多様なチームメンバーが混ざり合い，持てる能力を存分に発揮できるよう，果敢に，かつ戦略的に I&D を進めてきた。筆者の知る限りにおいて，日本ではこの分野でトップを走っている。多様な意見を経営に反映させるために，アクサグループ全体では，2023 年末までに，トップシニアエグゼクティブのグループである，Global Leadership Network の女性比率 50％を目指している。加えて，「エグゼクティブグループ」の女性比率を 2024 年末までに 40％とすることを目指している。特に，「エグゼクティブグループ」の女性比率については，全グループ目標に基づいてアクサグループ内の各社の達成目標が設定されており，アクサジャパンでは 2022 年の目標22％に対して 25％を達成した。

　アクサグループでは，2021 年に I&D ポリシーを改定し，ジェンダー，LGBTQ+，障害，出身，年齢，メンタルヘルスを 6 つの重点分野と特定し，お互いの理解者になること，すべての従業員が受け入れられ，成功のためのサポートを得られる職場づくりの重要性を改めて宣言した。アクサジャパンにおいても，これに呼応する形で，刻々と変化する社会的課題や多様化する顧客の期待に応えるために，オープンでフラット，多様性に富んだインクルーシブな企業カルチャーの醸成に取り組んでいる。国際的な記念日である国際女性デー（3 月），IDAHOBIT（5 月）[15]，国際障害者デー（12 月）だけではなく，4 月に開催される東京レインボープライドでのパレードへの参加や，2015 年から毎年行われているアクサの I&D を象徴するイベント「インクルージョンカンファレンス」などを通じて，従業員一人ひとりが I&D がもたらす力を理解し，自分事としてとらえる機会としている。

②　I&D の推進とエンゲージメントの向上

　なぜ，アクサはこれほどまでに I&D を推進するのだろうか。アクサは，誰
もが自分らしくいられること，そして，一人ひとりが持てる力を十分に発揮で
きる職場環境を構築するための土台として，職場における「インクルージョン
（包括性）＆ダイバーシティ（多様性）」の一層の推進が極めて重要と考えてい
るからである。「インクルーシブな職場環境」とは，多様な従業員一人ひとり
が尊重され，個々の持つスキル，経験，考え方などが相互に受容され，すべて
の人がビジネスの成功に向けて最大限の力を発揮できる環境である。多様な人
材が混ざり合って，多様な視点を社内に取り入れることが出来る環境は，イノ
ベーションの源泉となり，社会の課題に対応した商品やサービスの開発につな
がる。そのような企業は顧客から選ばれ，結果としてのサステナビリティを高
めることができるとの考えに基づいている。

　アクサジャパンは，従業員サーベイで測定している職場の推奨度を表す
eNPS スコアの上昇傾向が継続しており，2023 年 6 月には過去最高のスコアと
なった。これは従業員のワークエンゲージメントが強化されていることを示し
ている。また，アクサのインクルーシブな職場環境作りの進捗状況を把握する
問いかけについても上昇傾向にあり，従業員一人ひとりが自分らしく受け入れ
られる職場づくりが続いていることの証左である。

　グループが目標として掲げている，女性 Global Leadership Network（GLN）
のパイプライン強化に関して，アクサジャパンでは次のように取り組んでい
る。① GLN や海外エグゼクティブとのラウンドテーブル，アセスメントの実
施，リーダーシップ研修の受講など，アクサにおけるキャリアアップにつなが
るさまざまな育成機会の提供。②女性管理職に対する役員によるメンタリング
プログラムの実施や，その部門の役員が「キャリアスポンサー」として該当者
の育成をサポートする仕組みの徹底。③中長期でのキャリア形成支援に取組め
るように，従業員の自主的なネットワーク（Employee Resource Group）と
連携し，育児・介護と仕事との両立などに関する情報提供を行う。

　ジェンダーにかかわらず活躍できる職場づくりに向け，働き方の改革に取組
んでおり，トップからの働き方改革に関するメッセージを配信し，2021 年か
ら，全社で本格的に「スマートワーキング」に移行した。新しい働き方「ス

マートワーキング」は，全社共通の運用方針として，オフィス勤務を月8日以上としながら，業務特性や必要性に応じて，在宅勤務・フレックスタイム・時差出勤・直行直帰といった働き方を適切に組み合わせる柔軟な働き方を実践することを指す。さらに，こうした働き方により捻出した時間を自己の成長に活かせるように，デジタルラーニングプログラムの活用を推奨している。

③　多様な人材を活力に

　アクサはトップダウンのメッセージだけではなく，ボトムアップでの働きかけとして，各部門長である役員の戦略的パートナーとして，各部門毎にカルチャーアンバサダーを選任し，部門の課題に応じたカルチャーアクションを企画・遂行し，多様な人材が活躍できる職場風土を醸成している。これに加えて，2017年から従業員の自主的なネットワークであるERG（Employee Resource Group）の活動を会社が支援し，多様な人材が自主的に活躍の場を広げることができるようサポートしている。女性・ワーキングペアレンツ・LGBTQ+・聴覚障害・多様な国籍・介護をテーマにした6つのERGが形成され，社内外での啓蒙活動や，より働きやすい職場環境の構築に向け，課題提起や社会啓発，会社への発案・提言を行うことを活動内容としている。また全社的なInclusion Conferenceを開催し，経営課題のひとつとして，役員をはじめ，従業員が多様性やインクルージョンへの理解を深める機会を提供している。

　また，障害者雇用の推進にも積極的で，本社内の各部門や営業拠点に障害を持つ従業員が数多く在籍している。筆者がはじめてアクサを尋ねたとき，まず，エレベーター内で盲導犬を連れた女性に遭遇し，彼女が正社員として国際関係でバリバリ働いていることに感銘を覚えた。今ではそういう姿もあたり前に感じられるが，その出会いは筆者にとっては衝撃的であった。つまり，『あたりまえに混ざり合う』企業文化の醸成に向け，長年，さまざまな取り組みを実施しているからこそ，当たり前に混ざり合うことがまさに当たり前になっている。

　さらに，年間を通して「インクルーシブ」な職場環境構築の大切さをCEOが従業員に直接伝える（国際障害者デー等）機会があり，障害者による障害を

理解するための講座 DIP（Disability Inclusion Program）や手話ランチ会（手話に触れる機会を増やす交流ランチ）も実施されている。さらに，障害者アスリート従業員の活躍を支援し，東京パラリンピック 2020 では，ブラインドサッカーの男子日本代表キャプテンとしてアクサの従業員である川村怜選手が出場し，活躍したことは記憶に新しい。

　また，LGBTQ+ フレンドリーな職場環境づくりも行っている。アクサ生命を例に取ると，2015 年に経営陣と従業員を対象に LGBTQ+ に関する研修をスタートさせ，2017 年に ERG「アクサ・プライド・ジャパン」が立ち上がった。近年では社内講演会を開催して当事者やドラァグクイーンをはじめとしたゲストスピーカーを招聘し，啓発活動のインパクトも高まっている。2018 年には LGBTQ+ への理解と賛同を表明するステッカーを社内配布，2019 年には営業担当者を対象に LGBTQ+ 検定の研修および資格取得の推進を開始し，2020 年には会社公式サイト上で LGBTQ+ 当事者の顧客の視点に立った FAQ 掲載も開始した。また，東京レインボープライドにも 2017 年から参加し，2022 年からはアクサジャパンとしてグループ全社での参加へと規模を拡大している。アクサジャパンの保険会社 3 社では，福利厚生制度において，従業員の多様化する家族形態に対応するために，従業員の配偶者を公的な婚姻相手のみならず，内縁関係やパートナーシップに基づくものを含めることとしている。2022 年には，LGBTQ+ への取組の評価指標である「PRIDE 指標」において最高位の「ゴールド」を 3 社が同時に取得した。このように，今では社内外に理解者（アライ）を増やすための活動を発信している。

(3)　安渕社長が語る
なぜアクサではインクルージョンを企業戦略に組み込むのか[16]

①　外資系でなくてもできる

　確かにアクサの I&D の取り組みは日本で最先端を行っていると言っても過言ではないが，それが外資系だからできるのであって，日本企業の場合は同じように進めることは難しいのではないかという声をよく聞く。そこでまず安渕社長にこのことを伺ってみた。

　「I&D を狭い意味で男女だけでとらえているところが多いのではないでしょ

うか。もっと広い意味でとらえると，経験，能力というダイバーシティ，一人の方がいろいろな経験をしている個人のダイバーシティもある。例えば，製造業であれば外国人はすでに社内にいるでしょうから，その方たちをどうインクルージョンするか，という外国の方のインクルージョンもあります。日本でよくあるのは年齢で物事を決めてしまうこと，能力を無視して，年齢だけで測れば，それはダイバーシティを無視していることになります。同じ年齢でも能力の高い人もいればそうでない人もいる。それを見極めることが大切で，ダイバーシティを広く捉えることです。うちにはこういうダイバーシティがある，というように，それぞれの会社にとってのダイバーシティがあるはずです」。

② **具体的には何をしたらいいのか**

「方策は沢山あります。ガバナンスという意味で取締役や経営陣の構成を考えて，まずはトップから変えていくのがひとつ。さらには会社全体でチェックしてみる。つまり，採用，育成，評価，昇進にダイバーシティの観点を組み込んで次のリーダーを作っていく。そのプロセスにおいて，例えば採用基準はどうなっているか，採用実績や候補者のバランスはどうなのかをチェックしてみる。同じように男女を採用しているのに，もし男性ばかりが昇進していたとしたら，それはなぜなのかを問いかけてみる。どうしても日本のシステムは過去に男性が作ってきたものなので，社員教育も男性中心に行われてきていて，受けているのも男性，講師も男性ということがよくあります。また，就業規則，福利厚生はどうなっているか。例えば，時短ですが，これは明らかに女性が早く家に帰って，男性は残って仕事をするという前提になっていたりします。時短を取るのはほとんどが女性というバイアスです。そうではなくて男女を問わず，どういう働き方がいいのかを考えていくことが大切です。それにはなんといっても経営トップのコミットメントが必須です」。

③ **中途採用をうまく活用できるか**

「非常に強い同質性の集団に外から入ってくる場合，受け入れ側の期待を明確にして，入ってくる人をサポートするシステムを作っていかないとうまくいかないでしょう。例えば，社内の97％が新卒採用で3％が中途採用だとした

ら，その3%を活かす方策がありますか，本気で活かそうとしていますか，ということになる。新しい人を受け入れて，いいところを活かして活躍できるような組織はインクルージョンができているいい組織です」。

④　中小企業の場合も無理ではない

「徐々に働く仕組みを変えていくこと，必ずどこかで誰かが産休を取る人がいるとの前提で，バックアップしていく体制を作る。そうすれば優秀な女性も来てくれる。あそこは女性が入っても活躍できない会社だという烙印を押されてしまえば来てくれないでしょう。例えば育休でしたら，女性だけではなく男性もとるし，男性にもさまざまなライフイベントがある。いろいろな人生のサイクルをサポートしていく。メンバーが人生を主体的にマネージしていけるように時間をかけて変えていったらいいと思います。そのスピードは会社によって違います」。

⑤　女性は使いにくい，というのは企業の本気度が低いから

ダイバーシティは建前ではいいが，本音を言うと女性は使いにくいし，効率が下がるというデメリットが大きいという考え方を聞くことがあるが，それについてはどうか最後に伺ってみた。

「これは単にマジョリティがマイノリティとは仕事がしにくい，と言っているに過ぎないのです。同質集団の方がいい，というのは一種の信念で，実は効率というのは会社の単なるひとつの切り口に過ぎないのです。例えば新商品を出す場合，新しいアイディアを出すとか変化に対応していくところは効率とは違う軸です。マーケットが変わり世界が変わり，顧客が変わっていく中で，効率だけで会社はやっていけるでしょうか。ダイバーシティに富んだマネジメントチームの方がより沢山の新商品を生み出すという調査結果もあります。イノベーションによって変化に対応する力を涵養することが大切です。大きな企業でも自分の存続を脅かされるような商品が市場に出てくるかもしれないし，小さい会社だとなおさら，市場の動きに合わせて迅速に変わっていかなければならない。効率だけで経営が成り立つでしょうか。イノベーションによって新しいものを生み出していく，その源泉は多様性からもたらされるのではないで

しょうか」。

　「ダイバーシティが経営にとって大事であることはグローバルにはもはや異論を唱える人はいません。これは社長が誰であっても変わらないことです。他社がやっているから，ではなく，自社はどうするか，どのような未来のビジョンを描くのか，どうやって社員が働きやすい環境を作っていくのか。要は，経営トップがどれだけ本気であるかです。その本気度の高い会社にはジェンダーを問わず優秀な人財がどんどん集まってくるでしょう」。

　安渕氏の話を聴いていると，これが世界のスタンダードであることがよくわかる。そのあるべき姿に向かって諦めずに声を上げていくことの大切さを痛感する。これはまさに終わりのない戦いであり，正道であることは間違いない。

5. みんなの幸せ同時達成："ハピネス"を経営指標に据えるダイヘンの事例[17]

(1) ダイヘンについて

　株式会社ダイヘンは，今から100年ほど前の1919年，「故障が多く値段も高い輸入変圧器では日本の産業発展の役に立たない」との強い危機感を持った創業者小林愛三が変圧器の専門製作会社として設立した。

　その後，1934年に変圧器の原理を応用した電気溶接機に進出し，日本の産業基盤構築，高度経済成長に寄与した。そして1980年代には産業用ロボット，半導体製造装置向け高周波電源の生産を手掛け，現在では再生可能エネルギーの最適制御を行うエネルギーマネジメントシステムやEV用のワイヤレス充電システムなどへと事業を拡大している。

　大阪市に本社があり，支社や工場など国内に11拠点，関係会社は国内14社，海外19社で，社員は3,800名（連結）である。業績はリーマンショック以降総じて右肩上がりで，直近2022年度の売上高は前期比15.4％増の1,852億円，営業利益は16.7％増の165億円となり，共に過去最高を更新した。

　開発型企業を標榜し，「脱炭素社会の実現」や「国土強靭化」「労働力不足の

解消」といった社会課題の解決に資するダイヘンならではの製品の創出に努めている。

⑵　みんなの幸せとは？

①　その背景

　創立100周年が10年後に迫った2009年6月，田尻哲也氏（現会長）が社長に就任し，新体制へと移行。社長就任後，ダイヘンの強み・弱み，問題点や課題を整理するとともに，「会社とは何か」について掘り下げることから始めた。1990年代以降，日本では「会社は誰のものか」との議論が繰り返されたが，「会社は株主のものであり，その存在目的は株主の利益を最大化すること」との見方が大勢を占めるようになった。

　しかし，株主の利益つまり時価総額の最大化を目的にすれば，手段を選ばず，短期の売上高・利益の極大化を目指すようになり，会社が間違った方向に進みかねない。現にリーマンショックのような世界的経済破綻を招いたのは行き過ぎた株主至上主義・短期志向であり，また，粉飾などの不正行為に手を染め事業が立ち行かなくなった会社も数多くあった。

　「それでは一体会社は何のためにあるのか」と田尻氏は考え抜いた結果，やはり創業者の考えた通り「お客様に喜んでいただき世の中のお役に立つこと」そして，その事業活動を通じてステークホルダー（顧客・社員と家族・株主・サプライヤー・地域社会）に等しく幸せを感じてもらうことであり，それが会社の究極の目的との答えに辿り着いた。

　「みんなの幸せ」という言葉の出典はおよそ40年前に遡る。

　1985年12月，当時の小林啓次郎社長が新社名記念式典で「私は常々，私たちは何のために働くかということに思いをいたしますが，究極のところ，みんなの幸せのためと考えております」とのスピーチに当時大変感銘を受けたことを思い返した田尻氏は，2012年，その中の「みんな」という概念を，「会社を取り巻くお客様，社員と家族，株主，資材取引先，地域社会の方々のことである」と解釈し，これを用いて会社の目的を「みんなの幸せ同時達成」と定義づけた。

②　幸せの目標値設定

　「みんなの幸せ同時達成」を会社の目的と定めたが，これを単なる美辞麗句に終わらせないために，具体的な数値目標を明示した「幸せの目標値」を社内だけでなく社外にも発表して本気で取り組む決意を新たにした。

　まず，顧客に対しては，他社には真似できないダイヘン独自の価値を持つ「ならでは製品」（社会課題解決型製品）を連続して創出するために必要な開発費を毎年度売上高の5％投入することを約束することにした。

　創業の精神である「品質優良　価格低廉　納期迅速」は当然だが，それ以上にダイヘンの「ならでは製品」が顧客の事業価値の向上に貢献するとの信念に基づき，「ならでは製品」を連続して創出・提供できるよう，どんな苦しい時でも売上高の5％の開発費を投入することを顧客への利益還元と考えた。

　同時に「ならでは製品」の売上高構成比を40％以上にするという目標も加えた。

　その結果，数多くの「ならでは製品」を創出し，2022年度の「ならでは製品」の売上高は全体の4割を超える800億円になった。

　「ならでは製品」の売上増により，全社売上高も営業利益も順調に伸びた。

　次に，社員には，営業利益80億円以上，かつ対前年度5％以上増益の場合に，6月，12月の定例賞与に加え，7月に「3回目の賞与」を支給することにした。これにより，同社社員の平均賃金は同業他社を上回るようになった。

　株主に対しては，長年，業績が悪くても1株あたり15円（2018年，5株を1株に併合：併合前3円），良くても35円（同7円）程度の「安定配当」を実施してきたが，「3年平均利益に対する配当性向30％以上」を目標値とする安定性にも配慮した緩やかな業績連動制に移行した。増益基調の持続により単年度配当性向が低下するようになったため2022年度から還元方針を「（単年度）配当性向30％以上」に変更した（その結果，2023年度は7期連続増配となる165円を予定）。

　資材取引先には，同社と一緒になってやり遂げたコストダウンの成果を折半，つまりコストダウン成果の50％を還元するということを目標値とした。

　ダイヘンの事業所は全国に点在しており，周囲の地域の方々との良好な関係を保つため，以前より清掃活動や夏祭りなどを積極的に実施してきたが，もっ

と意味のある地域社会への恩返しができないか時間をかけて検討した結果，過酷な生活を強いられている子供達の福祉に少しでも役立つようにと，毎年の営業利益の1％を各事業所がある市町村の関係部署や慈善団体等に配分・寄付することにし，2018年度より寄付を始めた（2023年度は約1.6億円）。

　この様にして各ステークホルダーに対する明確な「幸せの目標値」が設定され，会社の目的「みんなの幸せ同時達成」は抽象的なスローガンではなく具体的・定量的で，社員が誇りをもって目指すところとなったのである。

⑶　DAIHEN WAY

　ダイヘンは，「社員」とは理念の実現のために苦楽を共にする「仲間」であり「共同事業者の魂」を持った人であると定義している。

図4-1　DAIHEN WAY―ダイヘングループ社員の価値観・行動指針―

DAIHEN WAY
―ダイヘングループ社員の価値観・行動指針―

1．私たちは、企業人である前に、より良い社会を目指す良き市民であります。

2．私たちは、「世の中のお役に立つために」という創業の志を永遠に受け継ぎます。

3．私たちは、「みんなの幸せ同時達成」を目指すパートナーです。

4．私たちは、内輪の都合や慣習ではなく、世の中の声で判断します。

5．私たちは、いつも勉強し、考え抜き、ストレートに意見を交わします。

6．私たちは、仲間同士声を掛け合い挨拶し、互いを敬います。

7．私たちは、家族や仲間と夢を語り合います。

2015年5月12日制定
2020年7月　1日改定

©2015 DAIHEN Corporation

出所：ダイヘンの資料。

　会社の理念・志を理解し，自らが高く掲げた役割を果たすために勉強し，考え抜き，周りにコミットして，ともにやり遂げた創業期の社員の主体性に普遍的な「社員の原点」があると考えたからである。

　この考え方に立ち，「社員」を「みんなの幸せ同時達成」の実現を目指すパートナーとして位置づけると共に，ダイヘン社員としての基本的な価値観・行動指針について議論し，「DAIHEN WAY」を制定した。

　この様に長年，ハピネスを会社の目的に据えているダイヘンのこれからの発展が大いに期待されるものである。

⑷　田尻会長が語る
なぜ，株主至上主義ではなく「みんなの幸せ」なのか[18]

　ダイヘンを率いてきた田尻氏が「みんなの幸せ」に行きついたその心のうちを知りたいと思い，直接，お会いしてヒアリングをする機会をいただいた。

①　小林啓次郎社長との出会い

　「実は忘れられないことがあるんです。1978年に大学を卒業して入社して間もないころ，自分にとっては単純作業ばかりをやらされて，嫌気がさしていました。そんなある日，会社の近くの駅のプラットフォームで（創業者の息子で第5代社長である）小林啓次郎氏がこちらに歩いて来られるのが見えました。新聞で顔を隠したのですが，ばれてしまい，『君は総務の田尻君だね。暗い顔をしているなあ』と。社長が新人の自分の顔と名前を憶えていることにまずびっくり。社長は続けてこう言った。『つまらないと思っても，目の前のことを一生懸命やることだ。いつか必ず，君がやりたいと思う仕事ができるようになるから』。社長は自分のことをわかってくれている。嬉しかったですね。このとき，自分の心に赤々とした灯がともったのを今でも覚えています。それ以来，与えられた仕事に一所懸命に取り組んで，やがて，その通り自分がやりたいと思う仕事をすることができるようになりました。あの日の出来事があって今の私があると言えます。当時多くの社員がいる中で，一社員それも新人社員の細かいことまで把握されていることに感激し，それ以来ずっと社長を尊敬していました」。

　そして，7 年後，尊敬する小林啓次郎社長が「私たちの働く目的は『みんなの幸せ』のためだ」と語るのだが，田尻氏はその言葉に深く感銘を受け，耳に残ったという。

②　母と教育者の思い

　どうして小林啓次郎社長の言葉が耳に残ったのか。その答えは田尻氏の母親，恩師との大切な思い出にあった。

　「母が小さいころから，『小さい事でもいいから世間様のお役に立つ人になってね』と繰り返し繰り返し，言っていました。それは自分が社長になっても，晩年になってもずっと言い続けていました。そして，もうひとつ，大学のゼミの教授が，西田幾多郎の『学問も事業も究竟の目的は人情（人々の幸せを願う心）のためにするのである』と事あるごとに話されていたことも頭に残っており，それらが『みんなの幸せ』の共感に繋がりました」。

③　株主至上主義の時代を経て

　その後，1997 年，アメリカの財界ロビー団体であるビジネス・ラウンド・テーブルは「株主至上主義」の方針を明らかにした[19]。田尻氏はこのころ，小林氏が 1985 年に語った「みんなの幸せ」と世の中のトレンドである「株主至上主義」のギャップに悩んだという。やがて執行役員となった田尻氏は 2001年の役員研修会で「株主だけでなく全ステークホルダーに同時に資する経営」を提案するも，賛同する者はおらず，一笑にふされた[20]。「このときは心底，憤慨しました。でもこれに奮起し，岩井克人先生の『会社は誰のものか』をはじめ，書籍や論文を読み漁り，社外の勉強会に参加し，徐々に自分の中で会社の存在意義や目的が理屈を伴う"形"になっていったと思います」。そして2009 年，折しもリーマンショック（2008 年 9 月）の余波の中，社長に就任した田尻氏は 2012 年に，社長になってはじめての中期経営計画で「みんなの幸せ同時達成」「幸せの目標値」を正式に制定し今日に至っている。

　このときは反対する人はいなかったのですか，と伺うと，「誰一人反対しませんでしたね」と笑みをたたえて語る田尻氏。そこに並々ならぬ決意と思いが感じられる。

　田尻氏という経営者は創業者一族ではないが，創業者の思いを具現化した起業家精神にあふれる人情家かつ理論家である。社員を愛し，ステークホルダーを大切にし，社会の課題を解決する製品を次々に生み出した田尻氏の今日の姿の背景に，母と恩師と小林啓次郎氏があったのだ。

6．創業者の理念を継承しグローバルに事業を展開する YKK[21]

　1934 年に創業された YKK を知らない人はいないだろう。ファスナーのメーカーとして世界に名を馳せ，その後は窓を中心とした建材事業も好調に伸びてきた。さて，2023 年 4 月に日本経済新聞に掲載された YKK 相談役・吉田忠裕氏の「私の履歴書」は大きいな反響を呼んだ。初回は題して「創業者の息子として育つ　父母から実子のような愛情」そして，次のように続く。

　「私は，YKK を創業して『ファスナー王』と呼ばれた吉田忠雄の一人息子として生まれた。後を継いで 2 代目社長となり，建材事業の子会社，YKK AP の社長も兼務してグローバル化を推進した。今，YKK グループは非上場だが，日本を含む 72 カ国・地域で事業を展開しており，売上高は 9000 億円に近づいている。ひとつだけ訂正したい。私は忠雄の実子ではない。（中略）私は長兄の久政と妻ミサホの子だった。だが私は出生時から忠雄の子として育てられた。実子ではなく，養子であることを明かすのはこれが初めてになる」。

　実際に筆者は黒部事業所で吉田忠裕氏と会って話をしたことがあり，忠雄氏に似ていると思ったので，なおさら驚いた。黒部には，「丸屋根展示館」という記念館がありそこでは今なお，創業者吉田忠雄に映像と肉声を通じて，"会う"ことができる。現在でもそこに通い，励まされている YKK の社員がいるということ，それは何を意味しているのか。そこに筆者は「理念」の継承を感じるのである。

⑴　YKK の理念の継承

①　「『善の巡環』他人の利益を図らずして自らの繁栄はない」

　これは創業者吉田忠雄の企業精神で，YKK グループの基本姿勢を表現したものである。企業は社会の重要な構成員で，共存してこそ存続でき，その利点

を分かち合うことにより社会から存在価値が認められる。吉田忠雄は，事業を進めるにあたり，その点に最大の関心を払い，互いに繁栄する道を考えた。事業活動で発明や創意工夫をこらし，常に新しい価値を創造することにより事業の発展を図り，それが顧客や取引先の繁栄につながり社会貢献できるという考え方である。これが「善の巡環」で事業活動の基本であり，今日まで脈々と受け継がれてきたYKK精神である。

② 「更なる CORPORATE VALUE を求めて」

　さらに経営理念として，「更なる CORPORATE VALUE を求めて」を掲げて，顧客に喜ばれ，社会に評価され，社員が誇りと喜びを持って働ける会社であるために，商品，技術，経営の質を高めていく。そして，実践において常に根底にあるのが「公正」で，これを価値基準として経営判断を行っている。

　「失敗しても成功せよ／信じて任せる　品質にこだわり続ける　一点の曇りなき信用」これがコアバリューである。それぞれの関係は図 4-2 のとおりである。

　サステナビリティや SDGs や ESG が大きく取り上げられるようになるより

図 4-2　YKK 精神・企業理念・コアバリューの関係

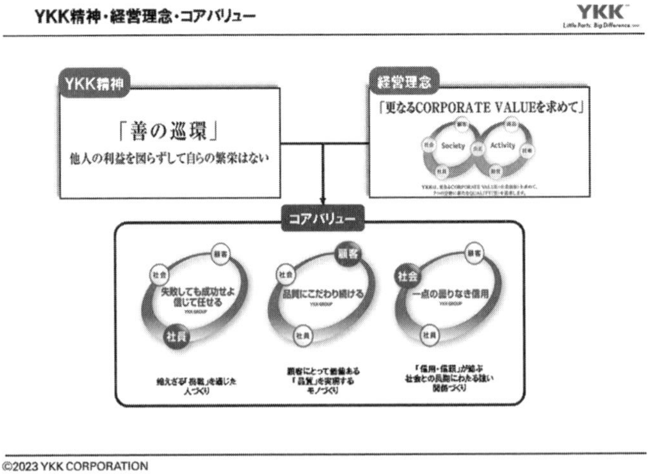

　出所：YKK の資料。

ずっと前から，YKK はサステナブルな経営を行ってきた。創業者の思想がこれを物語っている。

③　YKK サステナビリティビジョン

吉田忠雄は 1965 年に次のように語っている[22]。

『事業とは橋を架けるようなもの』（1965 年 7 月）

「事業というものは，自分が利益を上げるだけではなく，世の中に貢献する，人類社会に役立つということを大きく織り込んでやらない限り，それは決して繁栄しないと思います。その土地の産業に寄与し，その土地の経済に寄与し，それによって，その土地の人々の暮らしを豊かにすることができれば，こんな幸せなことはありません。発展途上国には豊かな文明のめぐみを，先進国にはさらに新しい豊かさを運ぶ YKK の"橋"づくりはこの先も続いていくことでしょう」。

さらに，1971 年にはいみじくも，次のように警鐘を鳴らしている。

『工夫で活かせばゴミも立派な資源に』（1971 年 1 月）[23]

「まず，自分の身近からゴミをどう上手に処理するかを考え，みんなで実行することが大切なのではないでしょうか。もし，今のままに地下資源を掘り続け，木を切り倒し，魚を捕り，魚の住めない海を広げ続けることは，人類の破滅を意味することになります」。

さらに，人材の活用についても次のように提唱している[24]。

『大樹より森林の強さを』（1970 年 7 月）

「経験を積んで年輪を重ねた太い木も，若くて細い木もあります。背の高い木，低い木もあります。それぞれの個性によってその得意とする能力を発揮して上手に働き，だれに支配されるのでもなく一緒に前進します」。

この思想に呼応するように，YKK では「YKK サステナビリティビジョン2050」を提唱し，SDGs とも関連付けて，気候，資源，水，化学物質，人権において，具体的な目標を策定している。

④　経営理念の浸透活動

筆者が感銘を覚えるのは，現在もなお，YKK グループでは経営理念浸透活

動・経営理念研究会を定期的に行って，理念の継承を確かなものにしていることである。

　経営理念浸透チームによる活動は，次の３つである。1) 理念の現場への落とし込みと主体的な活動へ向けて社長をオーナー，執行役員・国内関連会社社長をチームリーダーとし，経営理念実行メンバーを組織ごとに選出（海外・国内）する。2) 実行メンバーが中心となり，その組織・職場に合った年間の活動を計画し実行する。3) 社長への活動内容を報告する。

　持続的な経営理念の在り方としては，変えないものとしては，YKK 精神「善の巡環」の本来の意味を継承し続ける。そして，変えるべきものとしては，時代や世代に合わせ，経営理念に新たな解釈を加えて，伝える。つまり，経営理念の本質を理解し実践し続けるためには，時代や世代に合わせて伝えることが重要だという。この考えを基に，毎年，さまざまな部署から人を募り，チームを編成して，具体的な活動を行っている。ここに YKK の揺らがない底力が感じ取ることができる。例えば，2021 年度の経営理念研究会では，研究テーマとして，「コアバリューの再解釈と浸透ツールの制作活動」を取り上げ，浸透ツールとしてポスターを制作している。そこで表現していることは，・コアバリューはそれぞれ独立したものではなく，繋がりあっている　・コアバリューと森林集団も繋がりあっている　・自分だけじゃない，“みんな”がこうなる　というメッセージである。これを社内のあらゆる年代の人にもわかるように，可視化し，イラストを用いて，親しみやすくインパクトのある仕上がりにしている。メンバー同士が普段はそれぞれの部署に勤務していてつながっていなくても，この活動を通じて，つながっていくことも大きな成果ではないかと筆者は思う。

　このように理念を継承していく活動を，地道に重ねていくことが，社員のエンゲージメントを高め，社員が前向きに仕事に取組み，YKK が自分の会社だと感じて，仕事に自分事として向き合うことで，ひいては社員のハピネスにつながるのではないかと筆者は思う。

(2)　猿丸会長が語る
YKK の理念は海外に未来に確実に継承されていく[25]

　猿丸雅之会長は，創業の吉田家のトップが二代続いた後，2011 年に創業家以外から起用された初の社長である。そのプレッシャーは相当のものではないかと伺うと，まさか自分が選ばれようとは思ってもいなかったが，それまでの経営を継承していこうと自然体で引き受けたと語る猿丸氏。ご自身の軸をしっかり持たれ常に平静さを保たれるジェントルマンである。

①　海外で知ったグローバルマーケット

　YKK というと長期間，海外に駐在することがよく知られているが，猿丸氏はどうであったのか，まずお伺いした。「1975 年に入社以来，ニューヨークに14 年，駐在。当時のアメリカは縫製の全盛期。一番厳しいときにビジネスを覚えられたのが一番の財産です。1980 年の半ばに経済が大きく変化し，労働集約型のビジネスが先進国から途上国にどんどん移行していった時期にニューヨークにいて，昨日までのお客さんが海外に行ってしまうという事態に直面。朝起きてみたらマーケットが半分になってしまった・・・。そこでグローバルマーケティンググループという部署を立ち上げ，企画する側の先進国と縫製する側の途上国の両方に対応し，顧客のニーズに対応したのが自分のキャリアの根幹です。個別のマーケットを徹底的にサポートするという従来の YKK のビジネスと，世界のプレイヤーに呼応するビジネスの両方に取り組んでアメリカとアジアを行き来しました」。

②　理念は確実に海外に浸透

　これだけ，海外でのビジネスが多いと，果たして YKK の企業精神である「善の巡環」はどこまで海外に浸透しているのか，日本発で日本語で書かれたこの考え方は果たして海外で受け入れられているのか伺ってみた。
　「海外でもまったく日本に負けないくらい浸透していると思います。我々も鋭意，出版物や SNS を駆使した浸透活動をしています。アメリカは統括会社の前社長はアレックス・グレゴリーと言いますが，彼はアメリカ人ですが，

『善の巡環』を語らせたら日本人外国人を問わず，トップクラスの人間です。理念を深く理解していて，1972年の入社以来，日本で研修を通じて，創業者の薫陶も受けていて，その後，経営理念浸透活動を積極的に行ってきました。彼は『善の巡環』を基に，"25 Fundamental Behaviors" を生み出し，例えば，Do the right thing, always. とか簡単なことですが大切なことをわかりやすく表現し，ポケットカードにしました。毎週，そのうちのひとつを取り上げて，日本人やローカルを問わず，マネジャーが自分の経験を，こんなことがあります。こんな失敗がありました，と書いて，イントラネットで流して，みなで共有する。この活動がもう5年も継続しています。例えばアメリカの経営理念浸透活動の担当者が中国の担当者と意見交換をしたり，など。そういう意味では，少なくとも，中間管理職以上は海外でも浸透していると思います。

　それに加えて，大谷（現YKK社長）と私は海外に行くと，必ず『車座集会』を開きます。6人から10人と現地社員と差しで話をします。自由討議の中で，自分の考え方とか経験を通して，理念を理解してもらうようにしています。彼らに疑問を言ってもらい，それに答えることにより，YKKの考え方を知ってもらっています。この活動は国内外を問わず，2021年度は年間延べで1500人くらいと話しました」。

　このような地道な努力によってYKKの理念は次のマネジメントにも継承されているのだと，感慨深く思い，これは必ずやエンゲージメント向上に資するものであると感じた。ちなみに車座の集会はポジションや年齢を問わず，いろいろな従業員が参加しているという。まさにインクルージョンが担保されている。

③　経営判断に活かす

　最後に，実際に「善の巡環」をどう経営判断に活かしている事例を伺ってみた。

　「例えば，すでに縫製工場を海外に移転してしまっている欧米で新規事業を考える上で何を軸にするか。それは，我々の技術を使ってどう社会貢献と雇用維持を図るのか，ということです。アメリカでは，車両（シート），そして軍関係の衣料や資材のビジネス，さらには，医療関係など。業態を変えて，貢献

することができます。またこれまでとは異なった新しい事業を考える上で，単に合理的な判断には走らないように，担当者に釘を刺しています。要は，創業者の銅像に向かって『この新規ビジネスは善の巡環に則っています』と胸を張って言えるかどうか，です。世の中の困りごとを解決するために，当社の技術を使う，またそれによって雇用も維持できる。効率のいい商売を見つけて投資するのではなく，メーカーですから，モノを作ることにより，雇用も多く維持できると思います。また，アジアの新興国では，例えばせっかく買ったジーパンのファスナーが品質が悪くて壊れる，ということにならないように YKK のファスナーを使っていただけるように，コストダウンをしています。これは低価格にして，できるだけ多くの方に品質のよい YKK の製品を使っていただけるためであって，売上増，利益増のためではないのです。まさに吉田の善の巡環は『実践哲学』です。これからもこの理念は継承されていくでしょう。なぜなら，『善の巡環』は社会や経済の変化に左右されるものでないからです。イスラム圏であれ仏教圏であれキリスト教圏であれ，どこにあっても世界共通でわかりやすい。これからも解釈の仕方は変わっても，根本は変わらないでしょう」。

　YKK の理念はこれからも 50 年，100 年と受け継がれ，YKK は世界中の人々のために役に立つ企業であり続けると願い，そう期待したい。

7.　おわりなき道を行く

　章の冒頭でも触れたように，インクルージョンを深化させることにより，エンゲージメントが高まる。エンゲージメントが高まるということは仕事等に前向きに取り組む（ポジティブ）ことである。ポジティブな人は，人生の幸福感（ハピネス）を感じることできる。なぜなら，幸せとは前向きな状態であるからである[26]。そのような人々が集う職場は明るく，希望に満ちているに違いない。そういう企業が多い国には，優れた人財が集まるだろう。
　インクルージョンは終わりのない道であり，そのフロンティアは広がっている。女性，国籍，年齢，障害からはじまって，LGBTQ+ も含め，さらには今

後，いまだ未知の領域であるニューロダイバーシティ[27] も視野に入れる可能性があることを認識するべきだろう。

　これからも，異文化経営学会が掲げるパーパスやロゴにあるように，すべての人があらゆる枠を越えて，生き生きと羽ばたく社会の実現に向けて，たえまない努力が社会の隅々で重ねられていくことを願い，本章の帰結とする。

[注]
1　馬越恵美子（2023）「インクルージョン 4.0 を目指して」世界経済評論 IMPACT。
2　ダイバーシティとインクルージョンに equity（公平性）を加えた DEI という表現もある。
3　https://esgjournaljapan.com/world-news/23272
4　https://www.gender.go.jp/kaigi/danjo_kaigi/siryo/pdf/ka70-s-1.pdf
5　ダイバーシティやインクルージョンの対局にあるのが「差別」である。差別の経済学では，統計的事実として，例えば，経営者における女性の割合が低いことから，女性は経営に適性がないという偏見が事実として認識されてしまうことがある。これを避けるため，クォータ制により，一定期間，女性取締役の比率を義務付けることにより，女性は男性と同じように優秀な能力を持っていることを示すことで偏見をなくすことができると考えられる（本田桂子・伊藤隆敏（2023）『ESG 投資の成り立ち，実践と未来』日本経済新聞出版）。
6　マシュー・サイド（2021）『多様性の科学』㈱ディスカヴァー・トゥエンティワン（*Concerning: Rebal Ideas* 2019 Syed, Matthew, Hodder & Stoughton, London）に多くの事例が掲載されているので参照されたい。
7　WCD（Women Corporate Directors）日本支部での LIXIL 瀬戸欣哉社長の講演（2023）による。
8　日本の職場における LGBT を研究した Joel Anderson は，日本では社会における LGBT の許容度が低く，法整備も遅れていることを指摘している（Anderson, Joel Understanding the workplace experiences of LGBT+ individuals in Japan; An intersectional approach, 2022 Ph. D. Thesis, J. F. Oberlin University）。
9　1993 年に日本企業の欧州現地法人を調査する機会を得た筆者は，現地社員を活かすには「多様性を許容し，異質性に配慮しつつ，チャンスの平等性を確保する」ことが必須であると痛感し，これを「マインドウェア」と命名した。それを基に当時所属していた慶應義塾大学大学院の Discussion Paper に英語で小論を書き，1994 年に同時通訳の仕事を通じて知己を得た GE のジャックウェルチ会長（当時）に手渡したところ，アメリカに帰国後，すぐにファックスを送って下さり，論文のロジックを褒めてくださった。これに意を強くして出版を決意し，初めて世に出した著書が，馬越恵美子（1995）『ホワイトカラー革新〜マインドウェアの提唱と新異文化経営論』新評論である。これを基に増補新版『心根〔マインドウェア〕の経営学〜等距離企業の実現を目指して』（2000）新評論，さらにダイバーシティの観点を加えて一新した『ダイバーシティ・マネジメントと異文化経営』（2011）新評論を上梓した。
10　東京証券取引所（2021）『コーポレートガバナンス・コード』。
11　本論は，SWCC の資料を基に筆者が執筆し，当社に確認をしていただいたものである。
12　この部分は 2023 年 8 月 4 日に SWCC 本社（川崎）で筆者が行った長谷川隆代社長へのヒアリングを基に筆者が執筆し，当社に確認をしていただいたものである。
13　OECD（経済協力開発機構）が加盟国の大学など高等教育機関の卒業・修了に占める女性の割合を調べたところ，2021 年時点で日本は平均を大きく下回り，自然科学・数学・統計学の分野

で 27%, 工学・製造・建築で 16%であることが分かった。いずれも加盟 38 カ国の最下位である（2023 年 9 月 18 日付日本経済新聞朝刊）。

14　本論は, アクサの資料を基に筆者が執筆し, 当社に確認をしていただいたものである。

15　International Day Against Homophobia, Transphobia and Biphobia.

16　この部分は 2023 年 8 月 4 日にアクサ生命保険本社（東京）で筆者が行った安渕聖司社長へのヒアリングを基に筆者が執筆し, 当社に確認をしていただいたものである。

17　本論は, ダイヘンの資料を基に筆者が執筆し, 当社に確認をしていただいたものである。

18　この部分は 2023 年 8 月 2 日にダイヘン本社（大阪）で筆者が行った田尻哲也社長へのヒアリングを基に筆者が執筆し, 当社に確認をしていただいたものである。

19　当時, 筆者は博士論文を執筆中であった。グローバルに展開するアメリカ企業を調査するうちに, やがて, アメリカ企業のベストプラクティスが世界を席巻するであろうという確信を持った。異なる文化が織りなす異文化経営ではなく, ビジネスの共通性を追求する経営文明論を唱えたのもこのころである（詳しくは, 馬越恵美子（2000）『異文化経営論の展開』学文社を参照されたい）。

20　時を同じくして, 筆者は 2001 年 9 月にアメリカで同時多発テロに遭遇。それをきっかけに米国至上主義的経営のほころびを感得し異文化のフロンティアの広がりに目覚めた筆者は, 帰国後, 2003 年 3 月に異文化経営学会を設立した。

21　本論は, YKK の資料を基に筆者が執筆し, 当社に確認をしていただいたものである。

22　吉田忠雄（1979）『折りおりに』YKK。

23　同上『折りおりに』YKK。

24　YKK 吉田忠雄生誕 100 年事業プロジェクト編（2008）吉田忠雄生誕 100 年記念出版『YKK 創業者吉田忠雄とその経営哲学「善の巡環」を語る』YKK。

25　本論は 2023 年 8 月 30 日に YKK 本社（東京）で筆者が行ったヒアリングの内容を基に執筆し, 当社にご確認いただいたものである。

26　矢野和男氏の研究によれば, 幸せは, 生産性や創造性を高め, 離職を防ぎ, 株価も高める（詳しくは, 矢野和男（2021）『予測不能の時代』草思社を参照されたい）。

27　ニューロダイバーシティ（Neurodiversity）とは Neuro（脳・神経）と Diversity（多様性）という 2 つの言葉が組み合わされて生まれた「脳や神経に由来する個人レベルでのさまざまな特性の違いを多様性と捉えて相互に尊重し, 社会の中で活かしていこう」という考え方。（経済産業省令和 3 年度産業経済研究委託事業「イノベーション創出加速のためのデジタル分野におけるニューロダイバーシティの取組可能性に関する調査」令和 4 年 3 月（令和 5 年 3 月改訂）。

［参考文献］

Anderson, J.（2022）. Understanding the workplace experiences of LGBT+ individuals in Japan; An intersectional approach, Ph. D. Thesis, J. F. Oberlin University.

Magoshi, E.（1994）. Trans-Cultural Management of Japanese Multinationals, Discussion Paper Graduate Student No. 9401, Keio Economic Society.

https://esgjournaljapan.com/world-news/23272

https://www.gender.go.jp/kaigi/danjo_kaigi/siryo/pdf/ka70-s-1.pdf

経済産業省令和 3 年度産業経済研究委託事業「イノベーション創出加速のためのデジタル分野におけるニューロダイバーシティの取組可能性に関する調査」令和 4 年 3 月（令和 5 年 3 月改訂）。

サイド, マシュー（2021）『多様性の科学』㈱ディスカヴァー・トゥエンティワン（*Concerning: Rebal Ideas* 2019 Syed, Matthew, Hodder & Stoughton, London）。

東京証券取引所（2021）『コーポレートガバナンス・コード』。

『日本経済新聞』2023 年 9 月 18 日付朝刊。

本田桂子・伊藤隆敏（2023）『ESG 投資の成り立ち，実践と未来』日本経済新聞出版。

馬越恵美子（1995）『ホワイトカラー革新』新評論。

馬越恵美子（2000）『異文化経営論の展開』学文社。

馬越恵美子（2000）『心根〔マインドウェア〕の経営学』新評論。

馬越恵美子（2011）『ダイバーシティ・マネジメントと異文化経営』新評論。

馬越恵美子（2023）「インクルージョン 4.0 を目指して」世界経済評論 IMPACT。

矢野和男（2021）『予測不能の時代』草思社。

吉田忠雄（1979）『折りおりに』YKK。

YKK 吉田忠雄生誕 100 年事業プロジェクト編（2008）吉田忠雄生誕 100 年記念出版『YKK 創業者
　　吉田忠雄とその経営哲学「善の巡環」を語る』YKK。

第5章

コーポレートガバナンスとサステナブル経営
──その現状と未来

1. はじめに

コーポレートガバナンスに関する考え方は，歴史的にもさまざまな変容を見せており，近年では特にその傾向を強くしている。我が国では，2015年のコーポレートガバナンス・コード（以下 CG コード）導入以降特に議論が高まり，企業経営にも変化を促している。

こうした状況を受け，本章ではまずコーポレートガバナンスの発展と変容を概観した後，近年の我が国におけるコーポレートガバナンス強化の動きとそれが企業経営に与える影響を考察する。近年は，サステナビリティへの取組みもコーポレートガバナンスとの結びつきを強くしており，この点についても検討を加える。

2. コーポレートガバナンスの発展と変容

(1) コーポレートガバナンスの定義と歴史

① 株主による経営者への規律付け

コーポレートガバナンスとは何か。企業統治とも訳されるが，英米以外の先進国でも英語がそのまま使われる例がある通り，もともと極めてアングロ・サクソン的な概念である。定義を一言でいえば，「経営者（常勤で会社の業務執行に当たる者）に対する監督（規律付け）の仕組み」（江頭，2016）といえよ

う。この「監督」が誰の利益のために行われるのかという点については，米国では株主の利益のためであることがほぼ自明の前提となってきた。

　現代に続く株式会社におけるコーポレートガバナンスへの要請は，株式会社が巨大化した 20 世紀初頭に米国において顕在化した。Berle and Means (1932) は，多数株主を有する近代的な大企業における「所有と経営の分離」を指摘，経営者が株主の利益よりも自分自身の利益を追求する懸念に言及した。こうした経営者と株主との利害対立問題は，エージェンシー理論に受け継がれる。経営者が自己の利益を優先させたり，株主を裏切ったり (Jensen & Meckling, 1976) といったモラル・ハザードに陥ることでエージェンシー・コストが発生する。コーポレートガバナンスはまさに，経営者と株主との間におけるエージェンシー・コストの発生を抑止し，経営者が株主に対してその投資に見合った適正な収益を還元する制度的な仕組みを整えようとするところにその原点があり（花崎，2014），「経営者を規律付ける」ことをまずは株主の利益のために行うものとして発展してきたといえよう。

②　ステイクホルダー資本主義

　株主利益を最優先とした経営者への規律付けは，米国において特に 1970 年代以降活発に行われてきた。しかし，21 世紀に入ると限界も露呈し始める。象徴的な出来事が 2001 年に起きたエンロン事件であり，その後さまざまな改革を図ったにも拘らず 2008 年にリーマン・ショックが引き起こされ従来型コーポレートガバナンスの限界は決定的となった。

　一方で，新しい動きも出てくる。リーマン・ショック以降，金融市場の崩壊を目の当たりにした英米を中心とする投資家は，短期志向（ショートターミズム）を反省し，より長期的な投資行動を意識し始めた。企業経営者の側も，2019 年に米国大手企業で構成される非営利団体「ビジネス・ラウンドテーブル」が従来型株主資本主義の問題点を指摘し，あらゆるステイクホルダーにコミットする旨の声明を発表した。この流れは，翌 2020 年にダボス会議（世界経済フォーラム）にて「ステイクホルダー資本主義」として採り上げられ，企業は株主の利益を最優先するべきとする「株主資本主義」に代わり，企業はあらゆるステイクホルダーの利益に配慮すべきという考え方が注目を浴びるよう

になってきた。

　Monks and Minow（1995）は，コーポレートガバナンスを「株式会社の方向付けや業績を決定するにあたってのさまざまな参加者間の関係である。その第一次的参加者は，株主，経営者（Chief Executive Officer をリーダーとする），取締役会である。その他の参加者として，従業員，顧客，供給業者，債権者および地域社会が含まれる」と定義しているが，近時では株主以外のステイクホルダーへの注目をさらに高め，「企業の目的は利潤の最大化のみならず，利害関係者との相互作用における利害関係者のための価値創造である」（Freeman, 2007），「コーポレートガバナンスはその会社の消費者，従業員，供給者，社会の包括的な厚生を促進させる」（Mayer, 2018）といった議論も盛んとなっている。

③　サステナビリティを重視した投資活動

　投資家および企業の変容には，国際機関も大きな影響を与えている。1990年代には急速に進んだ投資や企業活動のグローバル化がその負の側面を顕在化させてきた。2006 年には当時の国際連合事務総長である K. Annan が金融業界に対して責任投資原則（PRI, Principles for Responsible Investment）を提唱，機関投資家の意思決定プロセスに環境／社会／企業統治に関する課題（ESG, Enviroment, Social, Governance）を受託者責任の範囲内で反映させるべきとし，ESG 投資の大きな潮流が生まれた。もともと金融業界においては社会的責任投資（SRI, Social Responsible Investment）の伝統があったが，宗教的な要素もあり大きな広がりは持たなかった。それに比べて ESG 投資は，前述した時代背景などから爆発的な広がりを見せ，現在では財務情報と非財務情報を統合した企業の将来を見極めて投資を行う ESG インテグレーション，環境や社会課題へのインパクト創出と財務的なリターンの両立を狙うインパクト投資，その他さまざまな規範やテーマに基づく投融資が生まれている。また，環境や社会への好影響を謳いながら実はそうではない「ESG ウオッシュ」といった問題も指摘されるようになってきた。ただ，環境や社会における持続可能性（サステナビリティ）を企業活動の持続可能性と重ねあわせて投資を考える流れはもはや不可逆的なものといえよう。

④　サステナビリティと企業経営

　企業の側も単に利益追求だけでは済まなくなってきた。既に 1950 年代か
ら主に欧米において，利益追求に加え，法律の遵守，環境への配慮，コミュ
ニティーへの貢献などを求める「企業の社会的責任（CSR, Corporate Social
Responsibility）」を要請が強まってきた（Agudelo et al., 2019）。この動きは，
Porter and Kramer（2006, 2011）による「共有価値の創造（CSV, Creating
Shared Value）」の提唱を契機に，本来のビジネスにおいて環境や社会の問題
を解決するとともに自社の利益も生み出すサステナビリティ活動へとつなが
る。

　企業活動のグローバル化に伴う課題を，国家や国際機関だけでは解決でき
なくなってきていたことから，K. Annan は 1999 年の世界経済フォーラムに
て国連グローバル・コンパクト（UNGC, United Nations Global Compact）
を提唱し，企業に対してもその解決に参画するよう求めた。2015 年には，国
連サミットにおいて持続可能な開発目標（SDGs, Sustainable Development
Goals）が採択され，17 のゴールと 169 のターゲットを通じて，2030 年までに
持続可能でよりよい世界を目指すとされた（図 5-1）。企業においては，経済

図5-1　サステナビリティを巡る枠組み

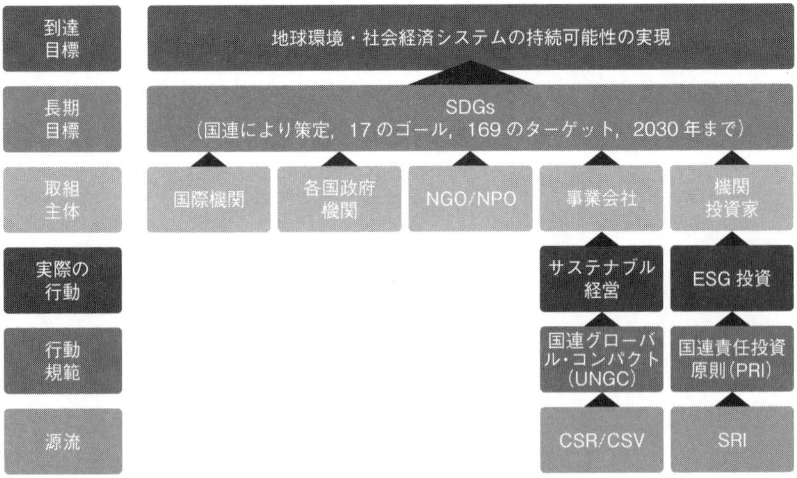

出所：筆者作成。

的な企業価値の向上とともに，環境や社会との関わりの中で自社の存在意義を見つめ直し社会的価値の実現を両立することが，サステナブル経営といった言葉とともに希求されるようになってきた。また，資本主義のありかたを問い直すこうした一連の変化を受けて，改めて株式会社とは何か，それは何を目指すのか，といった議論が活発となってきている。

(2)　我が国におけるコーポレートガバナンス

①　エクィティガバナンスへの移行

　我が国においても1960年代より公害の発生などに伴う社会的な問題への企業責任がクローズアップされて以降，バブル経済の発生と崩壊を受け多発する企業不正等への対応，さらには2000年代以降の長期にわたる経済停滞を受けた企業への成長や価値向上への要請といったコーポレートガバナンスを巡る問題が多く指摘されてきた。

　ただ，我が国のコーポレートガバナンスを特徴づける最大の要素の一つは，メインバンクガバナンスからエクィティガバナンスへの移行であろう。戦後以降，1970～1980年代を中心として，我が国においては主要取引銀行（メインバンク）との強固な関係が企業におけるコーポレートガバナンスの中心であった。「メインバンクは，融資先企業の筆頭株主になることで取締役を派遣し，経営の意思決定に強い影響を及ぼした。また，取引先との『株式持ち合い』という特殊な関係を形成することで，外国人投資家を含むその他の株主から受ける影響を極力抑えていた。こうした背景から，この時期の日本企業は，欧米企業と比較して安定した環境で経営を行うことができた」（高浦・藤野，2022）。

　一方，プラザ合意など1980年代後半からの環境変化は，内需拡大に引き続くバブル経済とその崩壊を生み出し，多くの銀行の淘汰を含む金融危機をもたらした。メインバンクガバナンスを含む日本の経済システムの閉鎖性への批判が諸外国から強まったことなどから1990年後半には資本市場の規制緩和が行われ，その後2000年代にかけて，コーポレートガバナンスのありかたを含む一連の法改正が立て続けに行われてきた。

　こうした四半世紀におよぶエクィティガバナンスへの移行を決定づけたのは，2015年に導入されたCGコードである。もともとは，2013年に打ち出さ

れた日本再興戦略（いわゆるアベノミクス）における「三本の矢」の一つである成長戦略の促進のために打ち出されたのがコーポレートガバナンスの強化であった。そのため，我が国のCGコードにおいては，経営者の暴走を防ぐ規律付けの意味合いを「守りのガバナンス」と称する一方で，慎重な経営者の背中を押し，企業に退蔵する現預金等を成長投資に振り向けさせるという「攻めのガバナンス」が強調されるという独特の内容を含むものとなり，コーポレートガバナンスの意義を「会社の持続的な成長と中長期的な企業価値の向上を図る」とする主張にもつながっている。

②　コーポレートガバナンス改革の実質化

　矢継ぎ早になされてきたコーポレートガバナンス改革だが，企業価値向上との関係を立証する研究は多くはない。全体として改革は道半ばであり，未だ「『形式』にとどまっているのではないか」（経済産業省，2020）との見解が多くを占めている。

　こうした状況を受けて，近時コーポレートガバナンスの実質化が叫ばれるようになってきた。直接の契機は，2022年4月に行われた東京証券取引所におけるプライム・スタンダード・グロースの三市場への移行と，その後のフォローアップによる実質的な株式市場改革への動きである。2023年3月に，東証は「資本コストや株価を意識した経営」を上場企業に要請した。東証の動きを受けて，CGコード等を議論する金融庁のフォローアップ会議も，23年4月に「アクション・プログラム」を公表し，CGコードの更なる改訂については形骸化を招く恐れが指摘されていることを認めたうえで，コーポレートガバナンス改革の実質化に取り組むことを明示した。同「アクション・プログラム」では，企業における課題として (1) 資本コストを踏まえた収益性・成長性，(2) 人的資本を含むサステナビリティ課題への取組み，(3) 独立社外取締役の機能発揮等，の3点を挙げている。次章ではその詳細と企業における対応の現状に触れる。

3. 我が国のコーポレートガバナンスを巡る諸課題

(1) 資本コストを踏まえた収益性・成長性

① 「執行」のバージョンアップ

　上記のアクション・プログラムは今後の施策について以下のように述べている。「資本コストの的確な把握やそれを踏まえた収益性・成長性を意識した経営（事業ポートフォリオの見直しや，人的資本や知的財産への投資・設備投資等，適切なリスクテイクに基づく経営資源の配分等を含む）を促進する」（金融庁，2023）。ここにはさまざまな要素が含まれているが，経営のあり方そのものに踏み込んでいる点が強く感じられる。これまでコーポレートガバナンスに関する議論は，「監督」機能に関する内容が多かった。後述するように「監督」の議論が収束したわけではないが，CG コードの遵守といった形式対応ではなく，実質的な「執行」における意思決定のありかたを，「監督」機能を前提とした仕様にバージョンアップさせることが求められていると言えよう。そして，これには取締役会の機能の見直しが不可欠である。

　最も重要なのがプランニングからモニタリングに至るマネジメントサイクルである。プランニングが無ければモニタリングはできない。「監督」側が最重要視するプランニングは企業理念と，それを具体化するにあたっての経営戦略である。「執行」たる経営者が行うべきは，持続可能な成長と中長期的な企業価値向上を達成するために，企業の目指す究極の目標あるいは存在意義を定め，そこに至る道筋を明確に発信することである。この基本線が示されることにより，「監督」側はそれに沿ったモニタリングを行うことができる。CG コードの原則 4-1 が，「取締役会は，会社の目指すところ（経営理念等）を確立し，戦略的な方向付けを行うことを主要な役割・責務の一つと捉え，具体的な経営戦略や経営計画等について建設的な議論を行うべき」と謳う所以である。

② 取締役会における経営戦略の議論

　然るに，取締役会で経営戦略を議論する時間は全体のわずか2割に過ぎない

図5-2　取締役会で各議題に割いている時間の割合

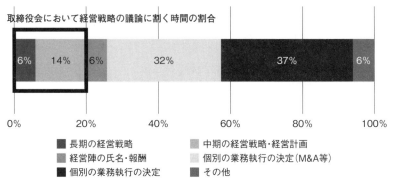

取締役会において経営戦略の議論に割く時間の割合

| 6% | 14% | 6% | 32% | 37% | 6% |

■ 長期の経営戦略　　　　　　　　　■ 中期の経営戦略・経営計画
■ 経営陣の氏名・報酬　　　　　　　 個別の業務執行の決定（M&A等）
■ 個別の業務執行の決定　　　　　　■ その他

出所：経済産業省（2021）より筆者作成。

（図5-2）。CGコードが述べる「主要な役割・責務の一つ」を担う時間としてはあまりに不足だろう。残りの時間を個別の業務意思決定に充てている割合が多いのは，我が国の取締役会が未だモニタリングボード化していないことの表れでもあるが，仮にマネジメントボードやアドバイザリーボードであったとしても，企業理念から経営戦略に至る「拠って立つ基本の軸」を示すことは経営者としての最優先課題である。株主はもちろん，従業員をはじめとするすべてのステイクホルダーを意識した経営が求められる現在では，企業の存在意義や経営戦略を「拠って立つ基本の軸」として広く共通の理解のもとに置くことは必須と言えよう。

③　サステナビリティとリスクマネジメント

　経営戦略の議論を前提として，CGコードでは3つの分野について取締役会における具体的な議論を求めている。「サステナビリティ」「リスクマネジメント」「事業ポートフォリオマネジメント」である。以下，順にみていく。
　経営戦略にサステナビリティ要素を統合することは今や必須だが，これも実効性ある議論は少ない。松田他（2023）の研究結果からは，企業内では未だ社会的責任や倫理・道義的な問題と位置付けられやすく，将来に向けた成長機会やリスク・リターンとのつながりを期待する投資家との認識ギャップが窺える（図5-3）。

図5-3　企業・投資家別に見たサステナビリティを重視する理由

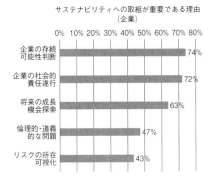

サステナビリティへの取組が重要である理由
（企業）

- 企業の存続可能性判断　74%
- 企業の社会的責任遂行　72%
- 将来の成長機会探索　63%
- 倫理的・道義的な問題　47%
- リスクの所在可視化　43%

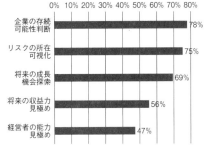

サステナビリティへの取組が重要である理由
（投資家）

- 企業の存続可能性判断　78%
- リスクの所在可視化　75%
- 将来の成長機会探索　69%
- 将来の収益力見極め　56%
- 経営者の能力見極め　47%

出所：松田他（2023）。

　CGコードとともに公表されている「投資家と企業の対話ガイドライン（改訂版）」（金融庁，2021）においてはサステナビリティ委員会の設置について言及されているが，欧米では「監督」側に置かれ，「執行」がサステナビリティについて意を用いた経営を行っているのかをモニタリングする役割が主流である。一方，日本では「執行」側に置かれることが多い。もちろん，執行側に置いたサステナビリティ委員会での十分な議論を上手く取締役会での議論と連動させている先進企業もある。ただ，執行側に置いたサステナビリティ委員会で，現場の形式的な報告に膨大な時間をかけている企業も目につく。

　経営戦略が十分に議論されたとしても，それがリスクマネジメントと連携していないとモニタリングは困難になる。基本線として示された経営戦略が，経営に深刻な影響を与えるほど下振れするリスクについては，取締役会での十分な認識と議論が必要だ。内部統制や内部監査といった，「執行」側にモニタリングを依拠している分野も同様である。しかし，これらについても取締役会における議論は少ない。

④　経営管理と事業ポートフォリオマネジメント

　さらにモニタリングを困難にするのが，経営戦略がシナリオとして定量化されず，目標や指標が曖昧であることだ。将来の目標値や，そこに至るマイルストーンが数値として定められていることは，モニタリングを行うには不可欠に

も拘らず，日本企業においては経営管理の高度化がコーポレートガバナンス強化に必要であるとの認識は薄いように思われる。

　複数の事業を有する多角化企業では，この弱点は事業ポートフォリオマネジメントの不備として一層深刻となる。事業ポートフォリオは株式市場で投資家が運用する投資ポートフォリオとバッティングするため，投資家からはひときわ厳しい眼が向けられる。「執行」側としては事業の撤退や経営資源配分の変更など厳しい意思決定を余儀なくされることも多い。ゆえに「監督」機能が一層必要になる分野にも拘わらず，そのためのデータインフラの整備は道半ばである。事業別の定量シナリオを策定・活用できている企業は11.9%のみ，アクション・プログラムで求められているような，資本コストを踏まえた収益性を管理できている企業など約7%に過ぎない（図5-4）。日本企業における経営管理の弱さは明らかであり，円滑なモニタリングや議論の障壁となっているといえよう。

　ここまでに挙げた「経営戦略」「サステナビリティ」「リスクマネジメント」「事業ポートフォリオマネジメント」について，CGコードが取締役会での議論を要請していることに関する遵守率はいずれも9割前後（東京証券取引所，2023）と高い。しかし，実際に企業を調査してみると，例えば取締役会で事業ポートフォリオの議論を行っている企業は3割程度に過ぎない（松田，

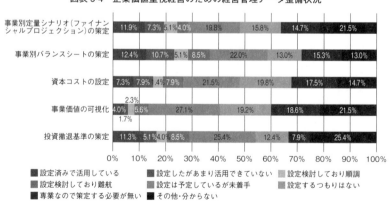

図表5-4　企業価値重視経営のための経営管理データ整備状況

出所：松田（2022）。

2022)。まさに「形式」と「実質」のギャップを表す結果である。コーポレートガバナンスの実効性強化にあたっては，まずこれらの実質的な議論がなされているのかというところから始める必要があると思われる。

⑵　人的資本を含むサステナビリティ課題への取組み

①　サステナビリティに関する情報開示義務化

　アクション・プログラムにおいて次に掲げられているのは，人的資本を含むサステナビリティ課題についてである。企業においては既に有価証券報告書におけるサステナビリティ関連情報開示の義務化への対応が必要になっていることで，サステナビリティ情報開示への取組は熱を帯びている。しかし，先にも述べた通り，サステナビリティ活動は企業理念や経営戦略の中に組み込まれていなければならず，そのことは情報開示の枠組みにおいても明確化されつつある。国際サステナビリティ基準審議会（ISSB, International Sustainability Standards Board）は 2023 年 6 月に，サステナビリティ関連開示の国際標準ともなる IFRS S1 号および IFRS S2 号を公表した。そこでは気候関連財務情報開示タスクフォース（TCFD, Task Force on Climate-related Financial Disclosures）の提示した「ガバナンス」「戦略」「リスク管理」「指標と目標」の枠組がそのまま援用されている。前述のプランニングからモニタリングに至る流れとも合致する枠組みであり，今後，サステナビリティへの取組みにおいて，前述の経営戦略，リスクマネジメント，そして経営管理を統合した取組みとそれを一連のものとして監督するコーポレートガバナンスのあり方が問われることは必須だろう。

②　マネジメント人材の育成

　サステナビリティに関する取組のうち，人的資本改革に関してはさまざまな施策が百花繚乱状態にあるが，コーポレートガバナンス的な観点から改めてみた場合，圧倒的に優先順位の高い要素は「マネジメント人材の育成」と「中核人材における多様性の確保」であろう。

　コーポレートガバナンスが有効に機能するかどうかは，ひとえに「マネジメントの覚悟」にかかっていると言っても過言ではない。したがって，当然なが

ら最も重要なのは「有能なマネジメントを選ぶこと」である。昨今，取締役会以上に注目されているのは指名委員会の実効性である。指名委員会の最も重要な役割はトップの後継者計画および選解任の議論だが，日本のように内部登用が主流である場合，より広い役員層までスコープを広げての議論が必要と思われる。トップ層に至るまでのキャリアデベロップメント，タフアサイメントを含むトレーニングの方向性などを十分に吟味できるからだ。役員層の育成計画は人事部門に任せることは不可能である。経営トップが関与し，外部の視点も入れた場で議論することが必要であり，指名委員会は適した場であると考えられる。

　ただし，内部登用者に関する議論は，それらの経営者候補が外部人材市場でも十分に経営者として通用することを担保する方向に働くべきであり，内輪の論理で甘い登用を許すものであってはならない。また，最近多く聞くのは，独立社外取締役が人事権を掌握したかのように振舞う「勘違い」である。独立社外取締役の機能はあくまで「監督」であり，外部人材との比較も含めて適正なプロセスが踏まれ，企業理念や選任基準に合致した人材が選任されているかをチェックすることにある。こうした独立社外取締役の機能も含めて，指名委員会の実効性は今後より注目を浴びることになるだろう。

③　中核人材における多様性の確保

　多様性については女性取締役の登用が先行し，アクション・プログラムにおいても2030年までに女性役員比率を30％以上に高めるとの数値目標が示された。女性取締役の有無は機関投資家の判断基準にも組み込まれている。ジェンダーギャップ指数125位の我が国としては当然取組むべき分野である。ただ学術的には，女性取締役登用と業績との相関は無いという結果も多い（Joshi & Roh, 2009；Huang & Kisgen, 2013等）。有力な理由としては「Tokenism（お飾り）」が挙げられる（Farrell & Hersch, 2005；Parotta & Smith, 2013等）。一方，松田（2020）によれば，「お飾り」でない多様性の確保は業績につながる。同じ条件で比べたところ，女性社外取締役の存在は業績と無関係であったが，実力で勝ち上がってきた女性執行役員の存在は業績にプラスの影響を与えた。また，ジェンダーなど属性にまつわる多様性をデモグラフィ型多様性と

呼ぶ一方，スキルやノウハウ，知見や経験などの多様性をタスク型多様性と呼び，こちらは業績にプラスの影響をもたらすという研究（Horwitz & Horwitz, 2007 等）もある。形式ではなく，意思決定の成功確率を上げるための経営人材確保という観点から多様性に取り組む必要がある。

⑶　独立社外取締役の機能発揮等

①　独立社外取締役を巡る現状

　アクション・プログラムの3点目は，正確には「独立社外取締役の機能発揮（取締役会，指名委員会・報酬委員会の実効性向上）」と題されている。取締役会や各種委員会の実効性向上については既に述べたので割愛し，ここでは独立社外取締役の機能に焦点を当てる。

　独立社外取締役が機能発揮するには，まず独立社外取締役の水準の底上げが求められる。取締役会において重箱の隅をつつくような発言で無駄に時間を費やしたり，自らの体験談だけを滔々と語り周囲を辟易させたり，前述のように指名委員会で人事権を握ったかのように横柄に振舞ったりする独立社外取締役も後を絶たないと聞く。プライム上場企業においては独立社外取締役の取締役会全体の人数に占める割合について 1/3 以上が要請されているため，「量」の確保のための争奪戦が激しくなるにつれて「質」の問題も大きくなってきているのが現在の状況であろう。

②　独立社外取締役に対する啓発と評価

　こうした状況を受けて，アクション・プログラムが独立社外取締役に向けた啓発活動の実施を謳うのは当然である。既に経済産業省から 2023 年 6 月に「社外取締役向け研修・トレーニングの活用の 8 つのポイント」および「社外取締役向けケーススタディ集」なるものが公表されており，民間における研修等の活動も花盛りである。ただ，株主をはじめとするステイクホルダーの名代として企業の意思決定を「監督」する立場としては，単に勉強すれば良しというものではなく，やはりそのパフォーマンスに対して評価を受けることが必須であろう。経済産業省より 2022 年 7 月に改訂・公表された「コーポレート・ガバナンス・システムに関する実務指針（CGS ガイドライン）」は，独立社外

取締役に対する評価の必要性を指摘している。先進企業では，独立社外取締役間の相互評価，取締役会の実効性評価への組み入れ，第三者機関の活用などさまざまな工夫により評価を実施している。コーポレートガバナンスの基本とも言える「監督」機能を担う人材の資質については，今後とも実効性ある評価の整備に努めていくことが必須であると言えよう。

4．総括─企業経営と資本市場

アクション・プログラムの課題指摘に沿って企業の現状をみてきたが，改めて振り返ると，コーポレートガバナンスのみならず企業経営の進化にとって重要な課題は以下の通りと考えられる。

- ・企業理念の確立と浸透
- ・経営戦略の策定，およびサステナビリティ要素やリスクマネジメントとの統合
- ・経営管理の充実，および事業ポートフォリオマネジメントの徹底
- ・マネジメント人材の育成，およびマネジメントレベルでの多様性の確保
- ・取締役会，各種委員会の実効性確保，および独立社外取締役の機能発揮

コーポレートガバナンスへの対応を形式的，受動的に済ませる企業と，上記に掲げたような経営課題に踏み込んで対処する企業とでは，今後経営の質に大きな差がつくこととなろう。先進企業は，我が国におけるコーポレートガバナンスとマネジメントのありかたにおいて新たなステージを切り開く可能性を秘めており，一方でこうした動きに背を向け続けている企業は，そもそもの上場ステータスから見直さなければならない状況にいずれ直面するだろう。本稿では紙面の都合上触れなかったが，日本の資本市場と企業経営を巡る根本的な問題の一つは，上場企業のあまりの多さである。これもメインバンクガバナンスの残滓と言えるかもしれないが，企業側からのコーポレートガバナンスへの積極的な対処と経営課題への取組とともに，資本市場側における上場基準の見直しや上場企業のスクリーニングなども活発化している。こうした双方の啐啄同時の取組が，我が国のコーポレートガバナンスおよびマネジメントの発展に寄与することを願ってやまない。

［参考文献］

Agudelo, M. A. L., Jóhannsdóttir, L., & B. Davídsdóttir (2019). A literature review of the history and evolution of corporate social responsibility. *International Journal of Corporate Social Responsibility*, 4 (1), 1-23.

Berle, A. Jr., & Means, G. (1932). *The Modern Corporation and Private Property*. Macmillan.

Freeman, E. (1984). *Strategic Management*. Pitman.

Freeman, E., Harrison, J., & Wicks, A. (2007). *Managing for Stakeholders*. Yale University Press. （中村瑞穂訳 ［2010］『利害関係者志向の経営—存続・世評・成功』白桃書房。）

Farrell, K. A., & Hersch, P. L. (2005). Additions to corporate boards: The effect of gender. *Journal of Corporate Finance*, 11 (1-2), 85-106.

Horwitz, S. K., & Horwitz, I. B. (2007). The effects of team diversity on team outcomes: A meta-analytic review of team demography. *Journal of management*, 33 (6), 987-1015.

Jensen, C., & Meckling, H. (1976). Theory of the Firm: Managerial Behavior, Agency Costs and Ownership Structure. *Journal of Financial Economics*, 3, 305-360.

Joshi, A., & Roh, H. (2009). The role of context in work team diversity research: A meta-analytic review. *Academy of Management Journal*, 52 (3), 599-627.

Horwitz, S. K., & Horwitz, I. B. (2007). The effects of team diversity on team outcomes: A meta-analytic review of team demography. *Journal of Management*, 33 (6), 987-1015.

Huang, J., & Kisgen, D. J. (2013). Gender and corporate finance: Are male executives overconfident relative to female executives? *Journal of Financial Economics*, 108 (3), 822-839.

Monks, R., & Minow, N. (1995). *Corporate Governance*. Blackwell. Cambridge, MA. （モンクス＆ミノウ，ビジネスブレイン太田昭和訳 ［1999］『コーポレート・ガバナンス』生産性出版。）

Parrotta, P., & Smith, N. (2013). Why so few women on boards of directors? Empirical evidence from Danish companies 1997-2007. IZA Discussion Paper 7678, 1-33.

Mayer, C. (2018). Prosperity: Better Business Makes the Greater Good. Oxford University Press. （メイヤー・宮島英昭監訳，清水真人・河西卓弥訳 ［2021］『株式会社規範のコペルニクス的転回』東洋経済新報社。）

Porter, M. E., & Kramer, M. R. (2006). The link between competitive advantage and corporate social responsibility. *Harvard Business Review*, 84 (12), 78-92.

Porter, M. E., & Kramer, M. R. (2011). Creating shared value: Redefining capitalism and the role of the corporation in society. *Harvard Business Review*, 89 (1/2), 62-77.

江頭憲治郎 （2016）「コーポレート・ガバナンスの目的と手法」『早稲田法学』92 (1)，95-117頁。

株式会社東京証券取引所 （2021）「コーポレートガバナンス・コード （2021年6月版）」。

株式会社東京証券取引所 （2022）「コーポレートガバナンス・コードへの対応状況 （2022年7月14日時点）」。

株式会社東京証券取引所 （2023）「資本コストや株価を意識した経営の実現に向けた対応について」。

金融庁 （2021）「投資家と企業の対話ガイドライン （改訂版）」。

金融庁 （2023）「コーポレートガバナンス改革の実質化に向けたアクション・プログラム『スチュワードシップ・コードおよびコーポレートガバナンス・コードのフォローアップ会議』意見書 (6)」。

経済産業省 （2020）「社外取締役の在り方に関する実務指針 （社外取締役ガイドライン）」。

経済産業省 （PwCあらた有限責任監査法人） （2021）「令和2年度　産業経済研究委託事業 （経済産業政策・第四次産業革命関係調査事業費） 日本企業のコーポレートガバナンスに関する実態調査

　　報告書」。

経済産業省（2022）「コーポレート・ガバナンス・システムに関する実務指針（CGS ガイドライン）」。

経済産業省（2023）「社外取締役向け研修・トレーニングの活用の8つのポイント」。

経済産業省（2023）「社外取締役向けケーススタディ集」。

高浦康有・藤野真也（2022）『理論とケースで学ぶ企業倫理入門』白桃書房。

花崎正晴（2014）『コーポレート・ガバナンス』岩波書店。

松田千恵子（2020）「ボード・ダイバーシティは投資意思決定に影響を与えるか？」『異文化経営研究』（17），63-78 頁。

松田千恵子（2022）「財務マネジメントサーベイ：グループガバナンスと事業ポートフォリオマネジメント」『CFO FORUM』日本 CFO 協会。

松田千恵子・北川哲雄・浅野敬志（東京都立大学サステナビリティ研究プロジェクト）（2023）「ESG 情報開示基準と企業における活用（東京都・TMU サステナブル推進機構委託研究）」。

第6章

日本企業における国際人的資源管理の最前線
──サントリーの事例研究（推進体制・施策・成果）

1. 本章の問題意識と目的

　近年の国際経営論においては，Bartlett and Ghoshal（1989）の「トランスナショナル企業」に代表されるように，多国籍企業が直面する「現地適応」と「グローバル統合」という二元的圧力を「二者択一」の視点で捉えるのでなく，その「両立」が競争優位に資するとの議論が支配的になっている。トランスナショナル企業は「現地適応」度の高い経営により感知した特定国・地域のニーズを，別の国・地域で開発された知識で解決する「統合ネットワーク」の構築を論じたもので，本社－海外子会社間および各国子会社間の「国境を越えた協働」によるイノベーションのグローバルな創造・移転・活用の重要性を強調した学説と言える。

　こうした中，古沢（2008）はトランスナショナル企業に向けた国際人的資源管理を「グローバル人的資源管理」としてモデル化した。そして，日本と欧米の多国籍企業へのアンケート調査に基づき，同モデルの有効性を検証するとともに，その構成要素である「規範的統合」「制度的統合」「HR成果」「グローバル・イノベーション成果」のいずれの側面においても日本企業が欧米企業に比して劣位にあることを示した。

　しかし，最近の研究によると，日本企業の国際人的資源管理には変化の兆候も観察される。例えば，古沢（2016）は日本を代表する多国籍企業であるパナソニックにおける国際人的資源管理の変革について考察している。また，桑名他（2019）には，ブリヂストン，YKK，日立製作所など日本のリーディング

カンパニー 8 社のグローバルな人的資源管理施策が収録されている。加えて，古沢（2023）では，日本企業の海外事業展開が拡大・深化する中，これまで海外事業や現地人との関係が希薄とされてきた本社人事部門が「人員構成」と「業務」の両面で「国際化」しつつある様子が定量的に示されている。但し，これらの研究は，本章の問題意識である「トランスナショナル企業の組織能力」という観点から，日本企業の新たな国際人的資源管理の推進体制と施策，さらには成果を体系的・具体的に論じたものでは必ずしもない。われわれは，ここにリサーチギャップがあると考える。

　そこで，本章では，古沢の「グローバル人的資源管理」モデルを踏まえてサントリーの事例研究を行い，日本企業の国際人的資源管理の最前線に迫りたい。サントリーは事業展開のグローバル化の果実としてシナジー・イノベーションの創造を図るべく，国際人的資源管理の推進体制と施策の変革を行い，成果を挙げている。したがって，同社の事例研究はわが国企業の国際人的資源管理に関わる理論と実務の両面において貢献を果たせるものと思われる。

2.　分析の枠組み

(1)　「トランスナショナル企業」が求める組織能力

　Bartlett and Ghoshal（1989）は，市場のグローバルな統合と地域的分化，技術革新・市場変動が同時進行する中，これからの多国籍企業には，多様な環境が発するニーズ・機会を敏感に感知すべく「現地適応」が求められる一方，ニーズの充足やイノベーションの共有化に向けた「グローバル統合」が企図されなければならない旨を説いた。そして，これら多次元の課題を克服し，知識を世界規模で活用する「世界的学習能力」を習得した企業を「トランスナショナル企業」と命名した。それは「現地適応」度の高い経営を通して海外子会社の創造性を喚起するとともに，本社－海外子会社間および各国子会社間の「国境を越えた協働」によるイノベーションのグローバルな創造・移転・活用を図ることが競争優位に資する点を強調した理論モデルと言える（古沢，2008）。

(2)　「グローバル人的資源管理」モデル

①　「現地化」はトランスナショナル企業への十分条件ではない

　これまで日本企業の国際人的資源管理に関しては，「現地化の遅れ」がア
キレス腱と言われ，その原因と弊害が数多くの研究において議論されてきた
（安室，1982；Bartlett & Yoshihara, 1988；吉原，1989；石田，1994；白木，
1995；Harzing, 2001；古沢，2008 など）。現地化（海外子会社トップへの現地
人の登用）を通して海外子会社が「ローカルのインサイダー」になることがで
きれば，現地特有のコンテクストに埋め込まれた知識へのアクセスが可能に
なると同時に，有能人材の採用・定着を巡る状況の改善が期待されるといった
恩恵にあずかれよう。だが，トランスナショナル企業が求める組織能力に鑑
みると，「グローバル統合なき現地適応」は個別最適経営（バラバラ経営）の
寄せ集めで終わる危険性がある。その意味で，国際人的資源管理における「現
地化」はトランスナショナル企業への必要条件ではあるが，十分条件でない。
こうした中，古沢（2008）はトランスナショナル企業が求めるイノベーション
のグローバルな創造・移転・活用を最終ゴールとする国際人的資源管理を「グ
ローバル人的資源管理」としてモデル化するとともに（「現地化」は所与），
日本と欧米の多国籍企業へのアンケート調査を通して，その有効性を検証した
（図 6-1）。

図 6-1　「グローバル人的資源管理」モデルのフレームワーク

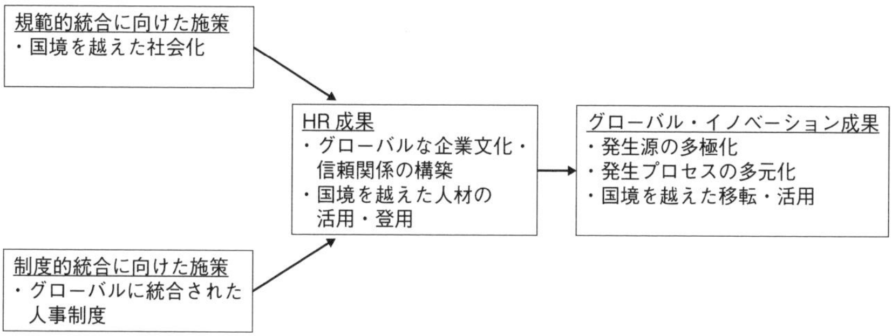

出所：古沢（2008）。

②　「規範的統合」と「制度的統合」

　トランスナショナル企業のような「ネットワーク」型の組織では，本社－海外子会社間および各国子会社間の情報処理に関する要求は複雑で多岐にわたる。特に，ローカルの環境の中に埋め込まれた複雑な知識は暗黙的に理解されていることが多いので，従来型の「階層」や「情報・通信技術」によって移転・共有・融合することは困難である。そうした状況下，さまざまな文化的背景（馬越，2011）を有する人々の「国境を越えた協働」を実現するには，国民文化の差異を超克した相互の「信頼関係」が不可欠となる。そこで求められるのが国際人的資源管理における「規範的統合」，すなわち自社の経管理念のグローバルな浸透を通して「国境を越えた社会化」を図ることである。グローバルに共有化された経営理念は，「心理的接着剤」として多様な人々を結び付け，信頼関係を強化すると考えられる。規範的統合に向けた施策としては，「採用」「教育」と連動させた社会化への取り組み，経営理念の体現度の「評価制度」への組み込み，「国際人事異動」「グローバルなプロジェクト」の活用，経営理念を象徴する「イベント・表彰プログラム」，さらには「風土調査」の実施などが挙げられる（古沢，2008；Furusawa, 2014；Furusawa et al., 2016）。

　一方，トランスナショナル企業が目指す「国境を越えた協働」を促進するためには，「人材活用のグローバル最適化」の視点から，有能人材を「国籍」や「採用地・勤務地」に関わらず共通の基準で統一的に管理する「制度的統合」も必要である。制度的統合は，グローバルな内部労働市場の形成を通してグローバルな「適所適材」に寄与するとともに，「エスノセントリズム」との制度的決別によって世界中の有能人材の採用・定着・活性化に貢献するものとなろう。制度的統合の具体的施策には「等級制度」「評価制度」「報酬制度」のグローバル共通化のほか，「グローバル・タレントマネジメント」の如く有能人材をグローバルに発掘・育成・活用する仕組み，海外子会社の現地人も応募できるグローバルな「社内公募制度」，さらには世界中に分散する従業員の人事考課・コンピテンシー評価の結果やキャリア履歴などをグローバルに捕捉するための「人事情報システム」などが含まれる（古沢，2008；Furusawa, 2014；Furusawa et al., 2016）。

③　「HR 成果」と「グローバル・イノベーション成果」

　国際人的資源管理の「規範的統合」と「制度的統合」に向けた取り組みは，まず「HR 成果」に反映される。「規範的統合」に関しては，「国境を越えた社会化」を通して，本社－海外子会社間および各国子会社間の国民文化の差異を超克した「信頼関係」，さらには「グローバル企業文化」（グローバルに共有されたコア文化）が構築されるであろう。また，「制度的統合」により「人材活用のグローバル最適化」に向けて有能人材が「本国人―現地人」の区別なく「活用・登用」されるようになる。換言すれば，それは海外子会社採用の現地人であっても，有能人材には本社・地域統括会社や他の海外子会社への異動など「グローバルなキャリア機会」が提示されることを意味する（古沢，2008）。

　そして，これら「HR 成果」が多様な人々の「国境を越えた協働」を促進し，「グローバル・イノベーション成果」へと結実する。「グローバル・イノベーション成果」は，次の 3 つの特質を有する（古沢，2008）。第 1 は発生源の「多極化」である。国際経営の古典的理論においては，イノベーションの発生源は本社・本国に限定され，海外子会社はその「適用の場」にすぎないという暗黙の前提があった（Fayerweather, 1969 ほか）。一方，トランスナショナル企業が目指す「グローバル・イノベーション」のプロセスは，「環境の多様性」をハンディキャップでなく，グローバルな競争優位の源泉として認識する価値前提に立脚しており，海外子会社に対しても「イノベーション・センター」（吉原，2001）の役割が期待されている。第 2 の特質は発生プロセスの「多元化」である。従来型の多国籍企業のイノベーション・プロセスは，一国の知識源泉に依存したものに留まっていた。これに対し，トランスナショナル企業は「ローカルの知識をグローバルに活用する」というメンタリティに支えられている。したがって，ある国・地域のニーズを別の国・地域で開発された知識で充足したり，「現地適応」度の高い経営を通してアクセスしたローカルの知識を他のユニットが保有する知識と結合させてイノベーションを創造したりするなど，多元的な発生プロセスが想定されている。そして，第 3 はイノベーションの国境を越えた「移転・活用」である。これまで，多国籍企業におけるイノベーションの海外移転に関しては，他の国・地域で開発されたイノベーションに対する拒否反応の問題が指摘されてきた。他方，トランスナショ

ナル企業では，「NIH（Not Invented Here）症候群」（Katz & Allen, 1982）のような偏狭なメンタリティを克服し，イノベーションが世界中に「移転・活用」されることを目標としている。

3.　サントリーの国際人的資源管理の事例研究[1]

⑴　同社を研究対象とした理由・背景

　サントリーのグローバルな事業展開に関して注目すべきは，同社が「クロスボーダー M&A」を成長のエンジンとしていることである。クロスボーダー M&A は「グリーンフィールド投資」と比べて事業のスピーディーな立ち上げ，すなわち「時間を買う」という点において優位性がある一方，企業文化や人事制度が確立された他社を買収するため，規範的統合・制度的統合に向けたハードルが高いと考えられる（安室他, 2019）。逆に言えば，買収後の国際人的資源管理の巧拙がクロスボーダー M&A の成否を左右するといっても過言ではないだろう。かような状況下，サントリーは事業展開のグローバル化からシナジー・イノベーションを導出すべく，国際人的資源管理の変革に取り組み，成果を挙げている。

⑵　急速なグローバル化と "Global One Suntory" の追求

　サントリーでは 2009 年を境に事業展開のグローバル化が急速に進展した。具体的には，同年ニュージーランドのフルコア社およびフランスのオランジーナ・シュウェップス社という清涼飲料の大手企業を買収したことを皮切りに，アジアや英国でも M&A による事業拡大を図っていった。そして，2014 年には米国のスピリッツ大手のビーム社を約 1 兆 6,500 億円という巨費を投じて買収し，蒸溜酒事業で世界第 3 位の地位を手に入れた。2009 年時点で約 15％であった同社の海外売上高比率は 2021 年には約 47％まで伸張している。

　こうした中，サントリーは 2010 年に「グローバル人事部」（2022 年にグローバル・ピープル＆カルチャー部に改称）を設置し，多様な事業（酒類・清涼飲料・健康食品等）と多様な人材（従業員の約 54％ が海外）をグローバル共通

の経営理念および人事制度で繋ぎ，"Global One Suntory" としてのシナジー・イノベーションの創造を図るべく，グローバル人的資源管理（規範的統合・制度的統合に向けた取り組み）に注力している。

(3)　グローバル人的資源管理の推進体制

　2010 年にグローバル人事部が設置される以前のサントリーにおける国際人的資源管理は，本社人事部の中に日本人駐在員の管理と支援を行う機能が存在する程度で，グローバルな施策は殆ど皆無であった。これに対し，グローバル人事部（現グローバル・ピープル & カルチャー部）はグローバルな人的資源管理施策をグループワイドで展開することが使命であり，それに向けた各海外現地法人の人事部門との「国境を越えた協働」が主たる業務となる。そのため，本社サイドのスタッフにも最低限のスキルとして英語でのビジネスコミュニケーション能力が必要とされる。そこで，初期のグローバル人事部のメンバーについては，海外勤務・海外在住経験者などバイリンガルな人材を社内公募も含めた異動を通して確保した。

　現在のグローバルな人的資源管理は，本社とグループ主要各社の CHRO が参画してグループ全体の人的資源管理戦略並びにグループ共通の人的資源管理施策を議論・立案・設計する「グローバル・ピープル & カルチャー（P&C）ステアリングコミティ」を意思決定機関，「グローバル・ピープル & カルチャー（P&C）部」を実働部隊として推進されている。

　グローバル P&C 部は，タレントマネジメントや幹部育成，異動といった人的資源管理の機能ごとに各海外現地法人の人事部門と連携しつつ業務を遂行しており，共通言語は英語である。所属メンバー（総勢約 15 名）は世界中の現地法人（買収した企業を含む）の人事部門から選抜されたエキスパートで構成され，日本人は半数以下となっている。同部に所属する非日本人社員の勤務地の多くは海外であり（雇用契約は各現地法人と締結し，本社業務を現地法人に委託するという形態），同部内の日常のコミュニケーションはリモートが中心である。

　一方で，本社と各現地法人の人事部門の幹部（管理職以上）が一堂に会する「グローバル HR カンファレンス」が毎年開催されている。これは全世界の人

事部門でグループおよび各社の方針・戦略を共有し，重点項目を確認するとともに，人事部門内のシナジーを創出すべく，ヒューマンネットワークの形成と情報交換・共有を促進し，人事部門リーダーの活動の質を高めることを目的としている。

⑷ 「規範的統合」に向けた施策

① "EVP"（Employee Value Proposition）の提示

　サントリーはこれまでも「やってみなはれ」という言葉に象徴される価値観（バリュー）を大切にしてきたが，EVPは海外従業員が増加する中，同社の「人」に対する価値観を改めて明文化したものである。その狙いは，社員に会社の何に魅力を感じて働き続けているのかを再認識してもらうとともに，対外的にもそれを発信することで，有能人材の採用・定着と"Global One Suntory"としての企業文化の浸透を図ることにある。

　EVPは同社の世界中の経営幹部と人事部門が参画し，2021年に策定された。その内容は，"Unleash Your Spirit"のスローガンのもと，次の3つで構成されている。1つ目の"We are Suntory"は，同社の理念体系を明確化したもので，「やってみなはれ」「利益三分主義」というバリューを大切にし，ビジョンである"Growing for Good"の達成と「人と自然と響きあう」というミッションの実現を目指して社会とともに成長していく旨が謳われている。2つ目の"Make the change you want to see"は，夢大きく，常識の壁を破り，仲間の個性や多様性を強みとして活かす組織を作るとともに，失敗を恐れず，好奇心を抱き，決してあきらめることなく，従業員一人ひとりが自分らしくいきいきと働くことを通して「やってみなはれ」を実現できるよう社員の挑戦を後押ししていくことを意味する。そして，3つ目は"Crafting our future together"で，従業員の活躍によってサントリーグループの，ひいては社会全体の明るい未来を作り，「人間の生命の輝き」に満ちた社会の実現を目指すとともに，それがサントリーグループで働くことの唯一無二の価値であるとの信念を指し示している。

　なお，サントリーでは，毎年海外グループ会社も含めて「エンゲージメント調査」を実施し，EVPの成果指標の一つである「従業員満足度」をチェック

している。

②　「サントリーリーダーシップスピリッツ」の策定

　「サントリーリーダーシップスピリッツ」(Suntory Leadership Spirits：SLS) はサントリーの理念体系に基づいたグローバル共通のリーダーシップコンピテンシー（リーダーに求められる考動項目）である。具体的には「やってみなはれ」(Yatte Minahare)，「お客様志向，現場発想」(Gemba Focus)，「組織の壁を乗り越える」(Better Together)，「中長期視点も踏まえた機敏な判断・考動」(Future Oriented)，「人を育てる，自らも育つ」(Commitment to Growth) という 5 つの項目から成り，サントリーグループならではのユニークネスを生み出すリーダーシップの基盤となっている。

　SLS の策定に際しては，2009 年に買収したフルコア社で人事部長を務め，サントリー移籍後はグローバル人事部のメンバーとなった者（現在はグローバル P&C 部長）を中心に，国内外の経営幹部へのインタビューが実施され，サントリーで大切にされてきた価値観やリーダーに求められる考動を徹底的に洗い出すという作業が行われた。

　SLS は「サントリー大学」（同社グループの人材育成プログラムの総称）での教育を通してその浸透が図られると同時に，後述するように，管理職に対するグローバル共通の人材評価軸の一つとなっている。

③　「アンバサダー・プログラム」の開設

　2012 年にスタートした「アンバサダー・プログラム」は，海外グループ会社の管理職層がサントリーの歴史と DNA を学び，節目節目の決断や戦略について議論しながら創業精神を理解するための 1 週間にわたる実体験型の研修である。

　内容は，①講義（サントリーの歴史，創業精神，CSR 活動，ビジネスの全体像など），②現場体験（Suntory Founding Spirits Hall，サントリーホール，サントリー美術館，白州蒸溜所，商品開発センターなど），③議論（創業精神に関するワークショップなど）を柱とし，これまでの延べ参加者は 1,000 人以上に及ぶ。

　参加者は，本プログラムを通してサントリーの歴史と DNA に関する理解を深めるとともに，経営陣との対話や世界中のサントリーからの参加者（サントリアン）との交流によってサントリーグループの一員としての一体感を醸成する。そして，帰国後は「アンバサダー」（伝道師）として，海外グループ各社における創業精神の浸透に取り組む。

④ 「有言実行やってみなはれ大賞」（Walk the Walk Yatte Minahare Award）の創設

　これはグループや職場単位で，「＊＊＊に挑戦する」という旗を自ら掲げ，従来のやり方にとらわれない全く新しい発想に基づくチャレンジングな活動によって，サントリーのバリューである「やってみなはれ」（Yatte Minahare）を実践したチームを表彰するもので，2015 年から実施されている。2021 年は世界の各国・各地域から約 300 チーム（約 4,000 名）のエントリーがあった。本施策の決勝大会には審査を通過した 10 チームが参加し，サントリーのもう一つのバリューである「利益三分主義」を象徴する施設のサントリーホールにて経営陣を前にプレゼンテーションを行う。そして，上位チームは社長表彰を受ける。

⑸ 「制度的統合」に向けた施策

① 「タレントレビュー」の実施

　サントリーグループの将来の経営を担うキータレント（ハイポテンシャル人材）を発掘・把握するためのグローバルな仕組みとして，2016 年から「タレントレビュー」が始まった。その根底には「人材は事業や国・地域を越えたグループ共通の資産である」という考え方（グローバル共同オーナーシップ）が存在している。タレントレビューでは，前掲の「サントリーリーダーシップスピリッツ」（SLS）に基づく「ポテンシャル評価」が共通の尺度となる。

　タレントレビューには下記の 4 種類がある。

　1）グループエグゼクティブタレントレビュー

　本社（サントリーホールディングス）の CEO がオーナーとなり，主要グループ会社の社長および CHRO がグループ経営幹部（約 20 ポジション）の後

継者計画の立案（後継者候補の準備状況の把握も含む）とキータレントのレビューを行うとともに，研修やクロスボーダーアサインメントなどOff-JTとOJTの両面から後継者候補に対する個別の育成計画を検討する。

２）グローバルタレント・サクセションレビュー

本社と主要グループ会社の人事部門が各グループ会社のキーポジションの後継者計画の立案およびキータレントのレビューを行う。

３）リージョンタレントレビュー

本社と主要グループ会社の人事部門が地域ごとのキーポジションに関わるタレントレビューを行う。

４）グループファンクションレビュー

本社と主要グループ会社の人事部門およびファンクションヘッドによる機能ごと（財務・モノづくり・人事など）のキーポジションの後継者計画の立案とキータレント・組織戦略のレビューを行う。

② 「グローバルリーダーシップ開発プログラム」の開催

サントリーでは，上記のタレントレビューと連動させる形で，グローバルに発掘されたハイポテンシャル人材に対して，主に以下の二つのリーダーシップ開発研修を実施している（使用言語はいずれも英語）。

１）Global Leadership Development Program

課長層を対象としたもので，毎年国内外のサントリーから20名程度が参加する。これは3回の集合研修を含む半年間のプログラムで，ケンブリッジ大学と連携したリーダーシップやコーチング，イノベーション等に関するセッションを通して，「サントリーリーダーシップスピリッツ」（SLS）が求めるリーダーシップの開発を目指す。また，アクションラーニングに取り組み，その最終成果（提言）を，本社社長に対してプレゼンテーションする。このほか，本研修では参加者間のグローバルなヒューマンネットワークの形成も期待されている。

２）Global Leadership Forum

部長層が対象で，インタラクティブなフォーラム形式で実施される。毎回10名程度が各国・各地域から参加し，期間は約1週間である。本研修の目的

は，本社の経営トップ（社長・副社長など）との直接対話を通してサントリーの DNA を理解し，自らその体現者となること，グループワイドのマインド（経営者としての視点）を醸成すること，参加者相互のネットワーキングにより専門性・経験をシェアし，シナジー創出に繋げることにある。

③ 「グローバル共通の人事制度」の構築

　　等級制度の統一に関しては，グループ各社のグレーディングをグローバル共通の基準で読み替える「コンバージョンテーブル」を作成して対応している。また，管理職の評価については，「業績」と「サントリーリーダーシップスピリッツ」がグローバル共通の評価項目である。報酬制度はグループ経営幹部に対しては統一されているが，それ以外の人材層に関してはインセンティブの設計や割合等の面で事業特性を反映させる様式となっている。このほか，人材情報をグローバルで一元的に管理する「グローバル人材データベース」の構築や，国を跨いだ人事異動を円滑に促進するための「モビリティポリシー」の策定にも取り組んでいる。

⑹　グローバル人的資源管理の成果

　　まず，規範的統合の成果としては，"EVP" や "SLS" の策定を通してサントリーの企業文化を「見える化」するとともに，「アンバサダー・プログラム」に象徴される人的アプローチや「有言実行やってみなはれ大賞」のような表彰プログラム等を実施することで，経営理念のグローバルな共有化が進んだ。「エンゲージメント調査」では，全世界の 8 割以上の従業員が「サントリーグループで働くことに誇りを感じている」との結果が示されているという。

　　一方，制度的統合を巡っては，グローバル統一の仕組みで「タレントレビュー」等を行うと同時に，世界共通の「等級」「評価」「報酬」制度や「グローバル人材データベース」「モビリティポリシー」といった人事インフラの構築に取り組んだ結果，事業や国・地域を越えた人材の異動が活発化し，グローバルベースでの「適所適材」が実現した。

　　そして，上述した「HR 成果」は国境・国籍を越えた "Global One

Suntory”としての「知の融合」を促進し,「グローバル・イノベーション成果」へと結実している。例えば,買収したビーム社のブランド開発チームと日本のブランド開発チームが共同でジャパニーズクラフトジン「ROKU 六」という新たなカテゴリーを作り出し,全世界で人気を博している。また,ワールドウィスキー「AO 碧」,クラフトバーボン「Legent」といった新商品が開発され,サントリーグループの業績に貢献するなどシナジーが具体的成果となって現れている。

4. 事例研究からのインプリケーションなど

⑴　事例研究からのインプリケーション

　第一のインプリケーションは「グローバルな人的資源管理施策の重層的展開」である。具体的に述べると,規範的統合に関しては,経営理念を“EVP”や“SLS”にブレイクダウンして従業員に求める思考・行動と会社側が従業員に提供する価値を明示した上で,「教育」「評価」「表彰」「アンバサダー・プログラム」「エンゲージメント調査」など多彩な人的資源管理施策を通してその浸透を企図している。また,制度的統合を巡っては,「等級制度」「評価制度」等のグローバル共通化や「グローバル人材データベース」「モビリティポリシー」といった人事インフラを整備するとともに,経営トップ・リージョン・ファンクション等の多次元で「タレントレビュー」(タレントマネジメント)を実施し,グループ共通の資産としてのハイポテンシャル人材のグローバルな発掘・育成・活用に取り組んでいる。規範的統合・制度的統合が目指す「HR成果」は一朝一夕に実現できるものではない。とりわけ,先述したように,クロスボーダー M&A によって既存企業を買収した場合,その難易度が一層高くなると推察される。したがって,サントリーのように,規範的統合・制度的統合を巡るさまざまなアプローチを組み合わせて重層的に展開することが効果的であろう。

　第二は経営理念を結節点とした「規範的統合と制度的統合の連動」である。「規範的統合なき制度的統合」は機会主義の温床となり,「国境を越えた協

働」の基盤となる「信頼関係」を損ねる恐れがある。他方，「制度的統合を欠く規範的統合」は海外子会社の現地人に対して「エスノセントリック」なイメージを植え付け，有能人材の離反・敬遠を招くことになろう（古沢，2008；Furusawa, 2014；Furusawa et al., 2016）。それに対し，サントリーでは経営理念を起源とする「サントリーリーダーシップスピリッツ」を策定し，サントリー大学で教育を行うと同時に，その体現度をグローバル共通の管理職の「評価制度」や「タレントレビュー」の指標として組み込んでいる。すなわち，経営理念を結節点とした「規範的統合と制度的統合の連動」が図られており，それが国民文化の差異を超克した「信頼関係」の構築やグローバルベースの「適所適材」といった「HR成果」，さらにはトランスナショナル企業の最終目的地である「グローバル・イノベーション成果」（買収したビーム社との共同開発によるヒット商品の創出など）に繋がっているように思われる。その意味で，「規範的統合」と「制度的統合」は，車の両輪の関係でなければならないと言えよう。

　第三はグローバル人的資源管理を支える「本社人事部門の国際化」である。トランスナショナル企業のようなネットワーク型の組織においては，人事部門内でも「国境を越えた協働」が求められる。かような状況下，サントリーでは本社とグループ主要各社のCHROが参画してグループ全体の人的資源管理戦略並びにグループ共通の人事施策を決定する「グローバルP&Cステアリングコミティ」，さらにはその実働部隊としての「グローバルP&C部」を設置している。同部は英語を共通語とし，買収した企業を含む世界中の人事部門から選抜されたエキスパートで構成され，タレントマネジメントや幹部育成，異動といった機能ごとに各現地法人の人事部門との協働を進めている。これまで，わが国企業の本社人事部門は，他の職能と比べて海外事業や現地人との関係が希薄とされてきたが，サントリーの事例は「本社人事部門の国際化」（古沢，2023）の先進的なケースであると考えられよう。

⑵　サントリーの課題

　第一はサントリーの特徴的な事業ポートフォリオを活かしたさらなるイノベーションの創出である。同社は酒類・清涼飲料・健康食品等の多様なビジネ

スをバランスよく手掛けており，こうした事業構造を有する飲料・食品メーカーは世界的に見ても珍しい。その意味で，今後は事業間のシナジーによるイノベーションが期待されるところであり，それに向けて事業の枠を越えた一層の人材交流と知の融合が求められよう。

　第二は本社の他部門のグローバル化である。本章で見てきたように，サントリーの本社人事部門に関しては，海外現地法人との協働体制が構築されるとともに，非日本人社員が過半数を占めるなど人員の多様性にも富んでいる。しかし，他の本社部門はまだその域には達していない。こうした中，他部門の「内なる国際化」（吉原，1989）を推進し，全社的に「国境を越えた協働」を実現するための人的資源管理施策の展開が次なる課題と言えよう。

［注］
1　本事例研究は同社に対する 2022 年 8 月と 12 月のヒアリング調査に基づいている。

［参考文献］
Bartlett, C. A., & Ghoshal, S. (1989). *Managing Across Borders: The Transnational Solution*. Boston: Harvard Business School Press.
Bartlett, C. A., & Yoshihara, H. (1988). New challenges for Japanese multinationals: Is organization adaptation their Achilles heel? *Human Resource Management*, Vol. 27 (1), 19–43.
Fayerweather, J. (1969). *International Business Management: A Conceptual Framework*. New York: McGraw-Hill.
Furusawa, M. (2014). Global talent management in Japanese multinational companies: The case of Nissan Motor Company. in A. Al Ariss (ed.). *Global Talent Management: Challenges, Strategies, and Opportunities*. Heidelberg: Springer, 159–170.
Furusawa, M., Brewster, C., & Takashina, T. (2016). Normative and systems integration in human resource management in Japanese multinational companies. *Multinational Business Review*, Vol. 24 (2), 82–105.
Harzing, A.-W. (2001). Who's in charge: An empirical study of executive staffing practices in foreign subsidiaries. *Human Resource Management*, Vol. 40 (2), 139–158.
Katz, R., & Allen, T. J. (1982). Investigating the not invented here (NIH) syndrome: A look at the performance, tenure, and communication patterns of 50 R&D project groups. *R&D Management*, Vol. 12 (1), 7–20.

石田英夫編著（1994）『国際人事』中央経済社。
桑名義晴・岸本寿生・今井雅和・竹之内秀行・山本崇雄（2019）『ケーススタディ　グローバル HRM』中央経済社。
白木三秀（1995）『日本企業の国際人的資源管理』日本労働研究機構。
古沢昌之（2008）『グローバル人的資源管理論―「規範的統合」と「制度的統合」による人材マネジメント―』白桃書房。
古沢昌之（2016）「日本企業の国際人的資源管理における『現地化問題』を再検討する―変化の兆候

とその背景—」『地域と社会』第19号，57-71頁。

古沢昌之（2023）「日本企業における『本社人事部門の国際化』に関する一考察」『商経学叢』第69巻第3号，45-74頁。

馬越恵美子（2011）『ダイバーシティ・マネジメントと異文化経営—グローバル人材を育てるマインドウェアの世紀—』新評論。

安室憲一（1982）『国際経営行動論』森山書店。

安室憲一監修，古沢昌之・山口隆英編著（2019）『安室憲一の国際ビジネス入門』白桃書房。

吉原英樹（1989）『現地人社長と内なる国際化』東洋経済新報社。

吉原英樹（2001）『国際経営（新版）』有斐閣。

第7章

国際プロジェクトチームの多文化マネジメント
──コミュニケーションと信頼の視点から

1. はじめに

　近年，企業はビジネス環境の変化に対応するためプロジェクト型マネジメントを活用する傾向にある。それらの企業は，各プロジェクトを実行するためにチームを編成する。

　プロジェクトとは「成果物（製品，サービス，イベントなど）の創出を目的とする一連の計画的な活動」（ロドリゲス，2022, 34頁）であり，その存続期間は目的の達成までに限定される。『プロジェクトマネジメント標準』を発刊している Project Management Institute（以下，PMI）は，プロジェクトを「独自のプロダクト，サービス，所産を創造するために実施される有期的な業務」と定義している（PMI, 2021, p. 33）。

　国際プロジェクトでは，その成果物を国内ではなく海外において創出することを目的としており，国内プロジェクトとは本質的に異なるマネジメントが求められる（Grisham, 2010）。例えば，開発途上国におけるインフラ整備は典型的な国際プロジェクトとして挙げられる。しかし，文化，制度，慣習などが国内とは異なる地域での国際プロジェクトは，国内プロジェクトとは異なる形態で進められる（藤野他，2011）。

　本章では，国際プロジェクトチームにおいて効果的な多文化マネジメントを創出するための要因について，先行研究を基に考察する。まず，国際プロジェクトチームの特徴を明らかにする。次に，国際プロジェクトチームに必要な人材の特徴づけを行い，これら多国籍人材からなるチームの文化的多様性に関す

る運営上の留意点を整理する。そして，国際プロジェクトチームでのコミュニケーションと信頼の役割をまとめる。さらに，このチームでの効果的な協働的環境を生み出す条件にも言及する。最後に，国際プロジェクトチームにおける今後の研究課題を示す。

2.　国際プロジェクトチームの特徴

　国際プロジェクトチームとは，さまざまな専門知識を持ちかつ多様な文化的背景を持つメンバーが，プロジェクトの目的と目標を共有し，その目的・目標を達成するために一時的に編成された集団である（PMI, 2021）。プロジェクトチームの編成計画は，プロジェクト作業を遂行するために必要な知識やスキルなどを特定することから始まる。そのために，組織のトップマネジャーは国際プロジェクトに必要な要件を見極め，そのタスク遂行に必要な専門知識とスキルを特定し，最適な人材を確保する必要がある。

　国際プロジェクトチームは，経常的な作業チーム（work team）（例．製造ラインチーム）とは異なり，限定された期間においてそのチームの目的・目標を共有し，かつ大量の情報を取得・処理するとともに成果物を創出するための協働が求められる（Sundstrom, et al., 1990；Chiocchio, 2015）。また，そのプロジェクトの成果が創出されると解散するために，プロジェクトの存続期間はタスクの内容に応じて週単位や年単位まで多岐にわたる（Chiocchio et al., 2015）。

　この国際プロジェクトチームの存続期間の長さは，チーム内の協働の内容にも影響を与える。経常的な作業チームでは，存続期間が限られていないためにチームメンバー間の行動パターンの認識と相互理解（cross-understanding）（Huber & Lewis, 2010）に時間を費やすことが可能であり，他のメンバーとの共有認知（shared mental model）（Mathieu et al., 2000）も形成できる。しかし，存続期間が限られている国際プロジェクトチームでは，チームメンバーの専門知識レベルと行動パターンを正確に把握し，十分な相互の共有認知を形成した上での協働が困難となる。

　また，国際プロジェクトチームは，多様な文化的背景を持つメンバーから構

成されている。このようなチームは，多文化チームと呼ばれるものと同じであり，この多文化性は国際プロジェクトチーム内の運営に影響を与えると考えられる。したがって，国際プロジェクトチームの運営効率の向上のためには，適切な多文化マネジメントが必要となる。

　上述したように国際プロジェクトチームの特徴は，その編成計画，協働内容，メンバーの能力と行動，および文化的背景の多様性にある。まず，編成計画においてプロジェクトの目標が設定されれば，トップマネジャーはそのプロジェクトに必要な要件を見極め，そのタスク遂行に必要な専門知識とスキルを持つ人材を確保する。また，そのチームの人材獲得およびチームの存続期間は，トップマネジャーによる重要な判断となる。次節では，まずインプットとしての人材確保について，タスク遂行上に必要な能力とスキルの側面から特徴づける。

3.　国際プロジェクトチームのタスク遂行に求められる人材

　国際プロジェクトチームのメンバーには，専門知識，習熟度や経験年数，対人スキルおよび言語能力などのさまざまな能力やスキルが求められる（PMI, 2021）。特に，タスクが複雑なプロジェクトや短期間で成果が求められる場合には，経験豊富な人材をそのチームに配置することが望ましい。

　プロジェクトメンバーに求められる対人スキルには，感情的知性（Emotional Intelligence：EQ）などが挙げられる（PMI, 2021）。このEQとは，自分自身および他者の感情を認識し他者との円滑な関係を効果的に維持する能力であり，これはチーム環境の醸成に重要である（Druskat & Druskat, 2006；PMI, 2021）。さらに，国際プロジェクトのメンバーは，多様な職種，異なる民族・宗教，および異なる所属機関の人々と関わることが求められる（Welch et al., 2008）。そのために，メンバーには，異文化対応能力（cross-cultural competence）が必要とされる。この異文化対応能力には，タスク遂行上における さまざまな文化的背景を持つ人々との有効なコミュニケーションに必要な一連の知識，能力，スキルなどがある（Stahl & Maznevski, 2021）。

　また，国際プロジェクトチームのメンバーには，新しい文化的背景に適応す

る個人の能力である「文化の知能指数」（Cultural Intelligence：CQ）（Early & Ang, 2003）も求められる。このCQは，各個人の文化的差異の認識，多様な文化に関する知識の吸収，多文化との接触経験，そして知識と経験に基づく事後的な内省からなる能動的サイクルによって高めていくことができる（宮森・宮林, 2019）。これらの異文化適応能力とCQは，多文化チーム内のコミュニケーション，コンフリクトマネジメント，信頼などのチームプロセスの構築にも貢献する（Stahl & Maznevski, 2021）。

　さらに，国際プロジェクトチームにおけるメンバーの協働には，共通の言語を話す言語能力が必要とされる。もし，チームメンバー間で共通言語に関する能力に大きな差がある場合には，いわゆる言語の壁が発生する。この言語能力の差は，チームプロセス（例．コミュニケーション，信頼）に負の影響を与える（Helene et al., 2014）。そのため，国際プロジェクトチームメンバーには，共通言語に対する高い習熟度が求められる。

　このような国際プロジェクトに求められる能力やスキルの組み合わせは，プロジェクトのタスクの複雑さ，予想される存続期間，タスクの優先順位などによって異なる。その適切な人材配置は，トップマネジャーによってチームの編成計画の初期段階に実行されなければならない。次に国際プロジェクトのタスク遂行上のプロセスでは，いくつかの多文化マネジメントに関する留意点が考えられる。次節では，この国際プロジェクトのプロセスにおける多文化マネジメントについて考察する。

4. 国際プロジェクトチームにおける文化的多様性に関する留意点

　国際プロジェクトチームは文化的多様性が高く，また，そのタスクも複雑である。チーム内の文化的多様性（cultural diversity）がチームプロセスにもたらす影響には，正と負の両面がある（Adler & Gundersen, 2008；Stahl et al., 2010）。まず，チームメンバーによるアイディアが多面的に広がりを持つという現象がある。これは，アイディアの発散プロセス（divergent processes）と呼ばれている（Stahl et al., 2010）。すなわち，チーム内の文化的多様性は，

各メンバーの異なった視点により，あるアイディアがさらに別のアイディアを誘発させるという発散プロセスを増進させる。さらに，各チームメンバーが持つ幅広い外部ネットワークにより，広範囲にわたる情報をチームにもたらし，そのことでチーム内の創造性を高める効果をもつ。

　しかし，チーム内の文化的多様性は，チームメンバー間の連携を弱め，チームの社会的結合（social integration）に負の影響を与えると考えられる。そのため，チームの文化的多様性はチーム内の発散プロセスを拡張するが，チーム内で目標・関与・成果を共有化する収束プロセス（convergent processes）（Stahl et al., 2010）を阻害してしまう。

　また，文化的に多様なチームでは，そのチーム要因（タスクの複雑性，チームサイズ，チーム所属期間）によって，チーム内のプロセスに対してメンバー間の衝突，コミュニケーションの困難さ，チーム満足度の低下，社会的結合の欠如という負の影響を与える（Stahl et al., 2010）。つまり，このようなチームが，より複雑なタスクを遂行しなければならない場合，チームメンバー間でそのタスク遂行に関する意見の違いによる衝突が増加する傾向にある。そして，チームサイズが大きい場合には，効果的なコミュニケーションが難しくなるために，チームの満足度が低下する。さらに，多文化チームの所属期間が長期にわたる場合には，チーム満足度の低下に加えて，チーム内の社会的結合が弱くなる傾向にある[1]。このように，これらのチーム要因は，チームのプロセスを阻害することが示されている。

　上述した点を踏まえ，次節では国際プロジェクトチームにおけるコミュニケーションと信頼の役割を多文化マネジメントの視点から考察する。

5.　国際プロジェクトチームにおけるコミュニケーションと信頼の役割

　国際プロジェクトチームのパフォーマンスを高めるためには，プロジェクトの目的・目標，価値，および役割などの認識の共有に加えて，多文化マネジメントを成立させるための文化的理解が必要である。以下では，これら多文化マネジメントの特徴を明確にするために，多文化プロジェクトチーム

(multicultural project teams) でのコミュニケーションと信頼構築に関する異文化への配慮について考察する。

　国際プロジェクトチームのメンバーには，共通言語の高い習熟度だけではなく，コミュニケーションに関する多文化理解が必要になる。具体的には，情報伝達のためのコミュニケーション方法に関する文化的差異に注意する必要がある。例えば，日本，韓国，中国などアジア地域のコミュニケーションでは，言葉で伝達される部分には情報が少なく，情報のほとんどが文化的背景や文脈（コンテクスト）に依存する (Hall, 1976；Meyer, 2014)。この特徴を持つ国民文化は，ハイコンテクスト文化といわれる。他方，アメリカ，オーストラリア，イギリスなどアングロサクソン系の地域のコミュニケーションでは，情報が明確に言語化され文化的背景や文脈の理解は必要とされない (Hall, 1976；Meyer, 2014)。この特徴を持つ国民文化は，ローコンテクスト文化といわれる。ハイコンテクスト文化のメンバーとローコンテクスト文化のメンバーでは，コミュニケーションの文化的差異を互いに理解しなければならない。

　また，多文化環境下のプロジェクトでは，信頼の重要性が指摘されている (Grisham, 2010)。通常のチームと同様に，多文化プロジェクトチームでも信頼は，チームパフォーマンスの改善や，チームワークを円滑にする役割を果たす (Ochieng & Price, 2010)。

　一般的に信頼は，信頼する側（信頼側）の傾向 (propensity of trust) とその信頼側に知覚される信頼性の基盤 (the bases of perceived trustworthiness)・信頼の基盤 (bases of trust) に区分される (Pudelko & Liu, 2020)。

　信頼側の傾向には，個人特性（例．性格や人格など）と見知らぬ他者一般に対して抱く期待である「一般的信頼」(general trust) が関わる。この一般的信頼の程度は国民文化によって異なる (Yamagishi & Yamagishi, 1994；Haerpfer et al., 2022)。例えば，個人の意義と価値を重視する社会（個人主義）の人は，身近な人々との結びつきの強い社会（集団主義）の人 (Hofstede et al., 2010) よりも，一般的信頼が高い (Pudelko & Liu, 2020)。他方，集団主義の人は自分の所属する集団（内集団）に対する信頼が高いため，一般的信頼は低い傾向にある。

　また，信頼側が知覚する信頼の基盤も国民文化によって異なる（Pudelko & Liu, 2020；Meyer, 2014）。例えば，個人主義の背景を持つ人は，他者の専門性や能力に基づいて信頼を判断する傾向がある（Doney et al., 1998）。他方，集団主義の背景を持つ人は，他者との個人的な長期にわたる人間関係や寛容さなどに基づいて信頼性を判断する（Tan & Chee, 2005）。もし，このような信頼に関する文化的差異が理解されていない場合，多文化間の信頼構築は困難になる。

　このように，信頼の構成要素は国民文化によって異なるため，多文化間の信頼融合（trust integration）には，努力（effort）と時間（time）の要素，そして組織構造，組織文化などの組織的要因が求められる（Li, 2013）。例えば，各個人の文化的違いが大きければ，彼らはその文化的差異を認識して敏感に反応する。この文化的差異に起因する信頼の違いは，人々が時間経過とともに経験・学習を重ね，多文化に関する知識の蓄積・理解により文化的融合（cultural integration）の状態に到達する（Li, 2013）。また，信頼は，個人レベルのみならず組織レベルでも形成される（Li, 2013）。この組織レベルの信頼は，個人的・社会的な関係に基づいたものだけではなく，組織構造，組織文化，およびリーダーシップなどの組織的要因に基づいて形成される。

　したがって，組織レベルの信頼形成は，国民文化の違いを軽減し，組織的要因つまり制度的な基盤によって多文化間の信頼融合を容易にする可能性がある。

6. 国際プロジェクトチームでの協働的環境を生み出す条件

　上述したようにコミュニケーションと信頼に関する異文化への配慮は，組織的に取り組むことが望まれる。多文化プロジェクトチームで優れたパフォーマンスを実現するためには，異文化を前提としたコミュニケーションと信頼が不可欠な要素である。そのために，プロジェクトマネジャーは，多文化マネジメントの諸要因への対応策を実行しなければならない。以下では，プロジェクトマネジャーに求められる対応策と存続期間に起因する課題への対応について検討する。

(1)　プロジェクトマネジャーの対応策

　多文化プロジェクトチームの初期段階では，異なる文化との接触に起因する多文化間の不確実性（cross-cultural uncertainty）が発生しやすい傾向にある（Ochieng & Price, 2009）。そのために，初期段階において，この不確実性を低減するために，多文化トレーニングの導入や異文化に関する情報の収集が望まれる。また，チームビルディングの活動を通じてメンバー間の相互理解を深め，チームの有効性が高められる可能性がある（Ochieng & Price, 2009）。

　多文化間のコミュニケーションを円滑にするために，プロジェクトマネジャーは，メンバーに対してチームの規範・ルールを明確に伝達し，チーム内でそれらを浸透させることが求められる（Ochieng & Price, 2009）。同時に，異文化コミュニケーション能力とプロジェクトの多文化理解を向上させるような環境醸成に留意しなければならない。また，プロジェクトマネジャーとチームメンバーによる双方的な意思疎通の構築と双方への建設的なフィードバックの推進は，チーム内の協力的な文化環境を構築するために有益である（Ochieng & Price, 2009）。

　次に，信頼構築における多文化への配慮として，良好な対人関係の構築やメンバー間の相互尊重が求められる（Ochieng & Price, 2009）。その信頼は個人的な交流や対人関係によって形成されるため，組織的なチームビルディングやチームトレーニングなどのイベントが有効的である（Ochieng & Price, 2009, 2010）。このようなイベントにより多文化プロジェクトチーム内で信頼が高まり，チームメンバー間の率直な意見交換により，多文化に起因する複雑性に対してより効果的なマネジメントができるようになる（Ochieng & Price, 2010）。また，プロジェクトマネジャーは，チームメンバーの行動を観察し，信頼関係を壊すような危険性がある場合には適切な介入が求められる。

　プロジェクトマネジャーは，多文化間のコミュニケーションと信頼を構築した上で，プロジェクトの目標と成果を検証し，プロジェクトチームへ継続的に情報を提供することが求められる。これらのことが，多文化プロジェクトチーム内の協働を促し，チーム内を融合すると考えられる。

⑵　国際プロジェクトの**存続期間**による影響

　国際プロジェクトの存続期間は多様な形態をとるために，異文化への配慮とチームの融合にも影響を与える可能性がある。プロジェクトの存続期間が短期であるか長期であるかによって，そのチームにおける信頼の基盤が異なると考えられる。

　明確な業務目的が設定されている短期的な国際プロジェクトチームでは，タスク遂行に必要とされる共通の価値観が形成されやすい。このチームでは，目的が明確であるために，より限定された信頼によってタスクが遂行される。このような信頼は，即時的信頼（swift trust）と呼ばれる。この即時的信頼とは，一時的な集団において迅速に形成される集団的な知覚（collective perception）であり，その信頼の基盤は対人的な経験に基づくものではなく，役割，制度的カテゴリー（組織，チームなど），および第三者による評判などによる（Meyerson et al., 1996）。したがって，短期的なプロジェクトチームは，この即時的信頼を基盤として，各メンバー間の信頼が形成される。

　長期的な国際プロジェクトチームの場合，メンバー間の長期的な対人関係の経験をもとに信頼が構築される。まず，初期段階では，短期的プロジェクトと同様に即時的信頼が構築される。さらに，チームメンバー間の対人関係の密度が高まるのにつれて，他者の能力・スキルの認知に基づく信頼関係（合理的信頼）が構築される。チームの存続期間が長期にわたるほど，メンバー間の対人関係の経験値がさらに高まり，経験に基づく信頼（関係的信頼）が形成される[2]。このように，長期的なプロジェクトチームの目的およびチームメンバーの構成が安定的であれば，時間的経過に伴って信頼が形成される。

　しかし，長期的な国際プロジェクトチームおいて，プロジェクトの遂行過程では，しばしばその目的や目標が変更され，それに伴う業務内容の見直しやメンバーの交代・追加などが行われる。このメンバーの変更は，組織内の混乱・離齬および衝突を起こしやすい。さらに，多文化に起因する価値観の衝突も生じやすい。

　このような状態を回避するため，プロジェクトマネジャーは，チームにおいて中心的役割を果たすメンバー（例．最も経験値が高いメンバー，最も関連す

るタスクに特化した知識を持つメンバー）を特定し，そのメンバーを移動させないようにしなければならない（Mathieu et al., 2015）。プロジェクトマネジャーは，中心的なメンバーを維持することで，そのプロジェクトのタスクを継続的に遂行できる可能性が高くなる。この場合，プロジェクト期間内に必要に応じて他のメンバーが交代しても，その継続性は担保される。

7. 国際プロジェクトチームにおける今後の課題

　本章では，国際プロジェクトチーム内の多文化マネジメントを中心に考察した。国際プロジェクトチームは，その存続期間が限定的であり，多様な文化的背景を持つメンバーから編成される。そのために，国内プロジェクトチームや経常的な作業チームとは異なったマネジメントが必要になる。まず，国際プロジェクトチームの運営効率を向上させるためには，適切な人材配置と多文化マネジメントが求められる。このチームのメンバーには，プロジェクトの要件に合う専門知識，熟練度や経験年数，対人スキル（EQ，異文化適応能力，CQなど）および言語能力を持つことが求められる（PMI, 2021）。

　次に，国際プロジェクトチームにおける文化的多様性の影響に留意する必要がある。このチーム内の文化的多様性は，チームの創造性を高めるが，他方でチーム内の社会的統合を阻害してしまう（Stahl et al., 2010；Stahl & Maznevski, 2021）。また，国際プロジェクトチームのタスクは複雑であり，チームサイズや存続期間も異なるために，トップマネジャーはチームの人材編成とチーム特性に応じて適切に対処しなければならない。

　そして，プロジェクトマネジャーはチームメンバー間の異文化への配慮（Ocheing & Price, 2009）と社会的統合を強めるための有機的融合方法を模索しなければならない。プロジェクトマネジャーは，チームの初期段階に発生しやすい多文化間の不確実性の解消，およびチームの限定された存続期間内での多文化間コミュニケーションと信頼構築を高めるさまざまな施策の実行に留意しなければならない（Ocheing & Price, 2009, 2010）。

　最後に，国際プロジェクトチームに関する今後の研究課題について述べたい。実際の国際プロジェクトでは，外部との交渉および利害調整を担う人材が

このプロジェクトに含まれなければならない。これらを担う人材はしばしば多文化的背景を持つ人々からなる。このようなケースでは，単にチーム内の多文化マネジメントのみならず，外部者への文化的配慮も必要となるであろう。

　また，どのようなプロジェクトであっても，最初の事前的意思決定から始まってプロジェクトを実行するときのプランニング，段階的なプロジェクトのタスクおよび最終的成果という一連の流れ（プロジェクトライフサイクル）がある（PMI, 2021）。国際プロジェクトチームにおける多文化マネジメントは，本章で検討した要件をプロジェクトライフサイクルの各段階で満たす必要がある。しかし，各段階の相互関係と多文化マネジメントとの関連性についてはより複雑な考察が求められる。

　さらに，今回取り上げた国際プロジェクトチームの発展形には，グローバルプロジェクトチームがある。グローバルプロジェクトは，より大規模で複数国が関与するため，そのチームは必然的により多国籍なメンバーから構成される。このようなプロジェクトでは，タスクの複雑性がより高くなり，多くのサブタスクが発生するために，複数のサブチームが編成される。このためにグローバルプロジェクトでは，複数のサブチーム間の融合が必要となり，プロジェクトマネジャーはより多くの役割を担わなければならない。

　以上の諸課題は，多文化マネジメントにおけるチーム特性のみならず，プロジェクト全体の特徴を分類し，その共通性と特殊性を見極めたうえで考察する必要がある。

［注］
1　Stahl et al.（2010）は，この社会的結合が低下する原因を正確に識別していないが，多文化チームの一つの特徴と考えられる。
2　この合理的信頼とは，calculative trust に対応している。また，関係的信頼は，relational trust に対応している。詳細は Williamson（1993）および Rousseau et al.（1998）を参照。

［参考文献］
Adler, N., & Gundersen, A. (2008). *International Dimensions of Organizational Behavior* (5th ed.). Mason, OH: Thomson South-Western. （小林規一訳［2009］『チームマネジメント革命―国際競争に勝つ経営戦略』センゲージラーニング。）
Chiocchio, F. (2015). Defining Project Teams: A Review of Conceptual Underpinnings. in Chiocchio, F., Kelloway, E. K., & Hobbs, B. (eds.) (2015). *The Psychology and Management of Project Teams: An Interdisciplinary Perspective*. New York, NY, US: Oxford University Press, 40-73.

Chiocchio, F., Kelloway, E. K., & Hobbs, B. (2015). The Future of Project Teams: An Integrated Functional Modal and Research Agenda. in Chiocchio, F., Kelloway, E. K., & Hobbs, B. (eds.) (2015). *The Psychology and Management of Project Teams: An Interdisciplinary Perspective.* New York, NY, US: Oxford University Press, 479-508.

Doney, P. M., Cannon, J. P., & Mullen, M. R. (1998). Understanding the Influence of National Culture on the Development of Trust. *The Academy of Management Review*, 23 (3), 601-620.

Druskat, V., & Druskat, P. (2006). Applying Emotional Intelligence in Project Working. in Pryke, S. & Smyth, H. (eds.) (2006). *The Management of Complex Projects: A Relationship Approach.* New Jersey: Blackwell Publishing, 78-96.

Early, P. C., & Ang, S. (2003). *Cultural Intelligence: Individual Interactions Across Cultures.* California: Stanford University Press.

Grisham, T. W. (2010). *International Project Management: Leadership in Complex Environments.* New Jersey: John Wiley & Sons.

Hall, E. T. (1976). *Beyond Culture.* New York: Anchor Press/Double day. (岩田慶治・谷泰訳 [1993]『文化を越えて　新装版』TBS ブリタニカ。)

Haerpfer, C., Inglehart, R., Moreno, A., Welzel, C., Kizilova, K., Diez-Medrano, J., Lagos, M., Norris, P., Ponarin E., & Puranen, B. (eds.) (2022). *World Values Survey: Round Seven-Country-Pooled Datafile Version 5.0.* Madrid, Spain & Vienna, Austria: JD Systems Institute & WVSA Secretariat.

Helene, T., Markus, P., & Anne-Wil, H. (2014). The Impact of Language Barriers on Trust Formation in Multinational Teams. *Journal of International Business Studies*, 45 (5), 508-535.

Hofstede, G., Hofstede, J. G. & Minkov, M. (2010). *Cultures and Organizations: Software of the Mind: Intercultural Cooperation and Its Importance for Survival* (3rd ed.). New York; London, McGraw-Hill. (岩井八郎・岩井紀子訳 [2013]『多文化世界：違いを学び未来への道を探る』有斐閣。)

Huber, G. P., & Lewis, K. (2010). Cross-understanding: Implications for Group Cognition and Performance. *Academy of Management Review*, 35 (1), 6-26.

Li, P. (2013). Inter-cultural Trust and Trust-building: The Contexts and Strategies of Adaptive Learning in Acculturation. in Bachmann R., & Zaheer, A. (eds.) (2013). *Handbook of Advances in Trust Research*. Massachusetts Edward Elgar Publishing Limited, 146-173.

Mathieu, J. E., D'Innocenzo, L., & Kukenberger, M. R. (2015). Contextual Issues in Project Performance: A Multilevel Perspective. in Chiocchio, F., Kelloway, E. K., & Hobbs, B. (eds.) (2015). *The Psychology and Management of Project Teams: An Interdisciplinary Perspective.* New York, NY, US: Oxford University Press, 101-136.

Mathieu, J. E., Heffner, T. S., Goodwin, G. F., Salas, E., & Cannon-Bowers, J. A. (2000). The Influence of Shared Mental Models on Team Process and Performance. *Journal of Applied Psychology*, 85 (2), 273-283.

Meyer, E. (2014). *The Culture Map: Breaking Through the Invisible Boundaries of Global Business.* PublicAffairs. (樋口武志訳 [2015]『異文化理解力：相手と自分の真意がわかるビジネスパーソン必須の教養』英治出版。)

Meyerson, D., Weick, K. E., & Kramer, R. M. (1996). Swift Trust and Temporary Groups. in *Trust in Organizations: Frontiers of Theory and Research.* Thousand Oaks, CA, US: Sage Publications, Inc., 166-195.

Ochieng, E. G., & Price, A. D. (2009). Framework for Managing Multicultural Project Teams.

Engineering, Construction and Architectural Management, 16 (6), 527–543.

Ochieng, E. G., & Price, A. D. (2010). Managing Cross-Cultural Communication in Multicultural Construction Project Teams: The Case of Kenya and UK. *International Journal of Project Management*, 28 (5), 449–460.

PMI (2021). *A Guide to the Project Management Body of Knowledge (PMBOK® Guide)- Seventh Edition*: Project Management Institute, Inc. (PMI).

Pudelko, M., & Liu, J. (2020). The Role of Trust in Cross-Cultural Management. in Szkudlarek, L., Romani, L., Caprar, D. V., & Osland, J. S. (eds.) (2020). *The SAGE Handbook of Contemporary Cross-Cultural Management*. London: SAGE Publications Ltd., 326–339.

Rodriguez, A. N. (2021). The Project Economy Has Arrived. *Harvard Business Review*, 99 (6), 38–45 (友納仁子訳［2022］「プロジェクトエコノミーの到来　組織全体でマネジメントスキルを高める」『ハーバードビジネスレビュー』第47巻第2号, 28-39頁。)

Rousseau, D. M., Sitkin, S. B., Burt, R. S., & Camerer, C. (1998). Not So Different After All: A Cross-Discipline View of Trust. *Academy of Management Review*, 23 (3), 393–404.

Stahl, G. K., & Maznevski, M. L. (2021). Unraveling the Effects of Cultural Diversity in Teams: A Retrospective of Research on Multicultural Work Groups and an Agenda for Future Research. *Journal of International Business Studies*, 52 (1), 4–22.

Stahl, G. K., Maznevski, M. L., Voigt, A., & Jonsen, K. (2010). Unraveling the Effects of Cultural Diversity in Teams: A Meta-Analysis of Research on Multicultural Work Groups. *Journal of International Business Studies*, 41 (4), 690–709.

Sundstrom, E., De Meuse, K. P., & Futrell, D. (1990). Work Teams: Applications and Effectiveness. *American Psychologist*, 45, 120–133.

Tan, H. H., & Chee, D. (2005). Understanding Interpersonal Trust in a Confucian-Influenced Society: An Exploratory Study. *International Journal of Cross Cultural Management*, 5, 197–212.

Welch, C. L., Welch, D. E., & Tahvanainen, M. (2008). Managing the HR Dimension of International Project Operations. *The International Journal of Human Resource Management*, 19 (2), 205–222.

Williamson, O. E. (1993). Calculativeness, Trust, and Economic Organization. *The Journal of Law and Economics*, 36 (1, Part 2), 453–486.

Yamagishi, T., & Yamagishi, M. (1994). Trust and Commitment in the United States and Japan. *Motivation and Emotion*, 18, 129–166.

藤野陽三・金子彰・堀田昌英・山村直史・赤塚雄三（2011）『海外インフラ整備プロジェクトの形成』鹿島出版会。

宮森千嘉子・宮林隆吉（2019）『経営戦略としての異文化適応力』日本能率協会マネジメントセンター。

第8章

組織マネジメントにおけるパーソナリティ特性
──その測定と活用

1. はじめに

　異文化経営においてサイコグラフィックなパーソナリティ特性の活用はデモグラフィックな国籍やジェンダーなどの特性との補完関係にあり，国籍やジェンダーに対するステレオタイプなどを補正する役割を担う。また，組織マネジメントにおいて個人の持つ最小単位の文化であるパーソナリティ特性を研究することは国際人材育成教育，異文化コミュニケーション，国際リーダーシップマネジメントなど広い活用領域が期待される。

　本章では異文化経営，特にダイバーシティマネジメントにおけるパーソナリティ特性の位置づけや役割について論じ，組織マネジメントに影響を及ぼすパーソナリティ特性とその測定方法のレビューを行った上で，パーソナリティ特性のなかでも，近年，その信憑性が高まっている Big-Five の尺度の構成要素となる ACL（形容詞チェックリスト）や Big-Five 測定時のステートやコンテクストの影響などに着目し，組織マネジメントにおける Big-Five を測定する際の課題と異文化経営などの組織マネジメントにおける ACL の活用への可能性について論じる。

2. 異文化経営におけるパーソナリティ特性の位置づけ

⑴　ダイバーシティとパーソナリティ特性の関連性

　ダイバーシティの次元は，表層的なものと深層的なものに大別される（Harrison et al., 1998）。表層的なダイバーシティは，目に見えて識別可能なものであり，性別・民族などがこれに該当する。また，深層的なダイバーシティは，外見からは識別しにくいものであり，価値・態度・パーソナリティなどの内面的な特性が含まれ，ダイバーシティ研究の代表的な定義においても，表層・深層の双方を含んだ形になっている。

　Hofstede et al.（2005）はメンタルプログラミングの概念において，パーソナリティが個人に固有であり，遺伝と学習によって形成されるのに対し，文化はグループやカテゴリーに固有であり，学習によって形成されるとしている。

⑵　ダイバーシティ・マネジメントにおけるパーソナリティ特性の役割

　組織のダイバーシティを形成するグループとして，国籍やジェンダーなどデモグラフィが挙げられるが，デモグラフィをベースとするダイバーシティはタスク（技能，能力など）の多様性と異なり，組織のパフォーマンスにプラスの影響を与えない（Mannix & Neale, 2005；Horwitz & Horwitz, 2016；Joshi & Roh, 2009）という見解が過去の研究のメタアナリシスなどで提示されている。

　国籍やジェンダーなどのグループにおける特徴を一般化することは，組織のパフォーマンスを阻害するステレオタイプやLGBTQ+などに対するバイアスを引き起こすリスクも内包してしまう。このような課題を持つ異文化経営においてパーソナリティ特性の活用は国籍やジェンダーなどのグループの尺度とは補完関係にあり，ステレオタイプやバイアスなどに対する補正役割なども担うものと考えられる。

3. 組織マネジメントに影響を及ぼすパーソナリティ特性と その測定

(1) 主要なパーソナリティ測定方法

現在使用されている主要なパーソナリティ測定方法を表8-1にまとめる。

表8-1　現在使われている主要なパーソナリティ測定方法

測定法	起源と使用	内容
16パーソナリティ因子検査	1950年代にR. B. Cattellにより因子統計的モデルに基づいてデザインされた最初のパーソナリティ測定法のひとつである。	パーソナリティの主要な次元を含む16要因からなる。
Myers–Briggs Type Indicator (MBTI)	スイスの精神医・心理学者であったユング派の理論的枠組みから開発された。連続的な次元からではなく、タイプ別の配列の中で被験者を評価する点でユニークであり、職業的な応用において広く使われている。	4つの尺度から派生した16タイプからなる。「感情安定性」を除き、「外向性」および他の要因を測定する。
Eysenck Personality Inventory (EPI)	さまざまな研究によって証明されているパイオニア的の測定法である。職業的な状況よりもむしろ臨床的な状況で用いられている。	3つの次元による評価からなる。「ノイローゼ（情緒性）」「外向性」「精神病性」
職業的パーソナリティ質問法 (OPQ)	イギリスで商業的に開発された測定法で、ビジネス上のデータベース基準を広範に用いる。業務に関連する要因に焦点を当てている点でユニークである。	さまざまな採点方法により、要因が測定され、要因の数は一定ではない。パーソナリティの主要な次元、およびいくつかの職業上の変形を含む。
California Personality Inventory (CPI)	アメリカで生まれた古典的な測定法であり、さまざまな経営上の研究で用いられているが、イギリスではあまり利用されていない。	パーソナリティの主要な次元、および一般的にはあまり測定されていない要因を含む18の尺度からなる。
International Personality Item Pool (IPIP)	Goldberg（1992）によって開発された測定法であり、有力な理論的根拠と広範な研究による支持を有し、包括的にデザインされている。	「Big-Five」の構造を表わすように設計されている。50項目の質問が5件法によって問われている。
NEO Personality Inventory (PI)	有力な理論的根拠と広範な研究に支持されて開発された測定法のひとつで、包括的にデザインされている。	「Big-Five」の構造を表わすように設計されている。各次元に6つずつ、合計で30の補助尺度がある。
Personality Insights	IBMはオープンソースの手法に基づいてテキスト情報から性格特性を推測するPersonality Insightsというサービスを展開している。これを用いれば、個人SNSの投稿内容から、Big-Fiveや価値、ニーズなどの分析結果を出すことができる。	Personality Insightsは人が文章を書くときの単語の使用法の違いから、パーソナリティを予測できる研究や、最新の研究の内容を反映している。

出典：ニコルソン，N.組織行動と人的資源管理（1999）第9章を一部追加・改編。

⑵　Big-Five パーソナリティ特性の成り立ち

　パーソナリティを表す言葉はさまざまなものがあり（榎本他，2009），個人の持つ先天的特性である「気質（Temperament）」，先天的と後天的の双方をもつ個人的性質の総体である「人格・性格（Personality）」や「傾向性（Disposition）」，個人の特徴の総称である「個性（Individuality）」，個人の特徴の一部分である「性質（Character）」，パーソナリティの構成要素である「特性（Trait）」などがある。パーソナリティには人のタイプで分類する類型論と特性の強さを数値化して理解する特性論がある。

表8-2　Big-Five の主要5因子を定義する ACL (Adjective Check List) Items

性格（主要5因子）	言語形容詞	Q-sort items	尺度（Scales）
外向性 Extraversion (E)	Active Assertive Energetic Enthusiastic Outgoing Talkative	Talkative Skilled in play, humor Rapid personal tempo Facially, gesturally expressive Behaves assertively Gregarious	Warmth Gregariousness Assertiveness Activity Excitement Seeking Positive Emotions
協調性 Agreeableness (A)	Appreciative Forgiving Generous Kind Sympathetic Trusting	Not critical Behaves in giving way Sympathetic, considerate Arouses liking Warm, compassionate Basically trustful	Trust Straightforwardness Altruism Compliance Modesty Tender-Mindedness
誠実性 Conscientiousness (C)	Efficient Organized Planful Reliable Responsible Through	Dependable, responsible Productive Able to delay gratification Not self-indulgent Behaves ethically Has high aspiration level	Competence Order Dutifulness Achievement Striving Self-Discipline Deliberation
情緒不安定性 Neuroticism (N)	Anxious Self-pitying Tense Touchy Unstable Worrying	Thin-skinned Brittle ego defenses Self-defeating Basically anxious Concerned with adequacy Fluctuating moods	Anxiety Hostility Depression Self-Consciousness Impulsiveness Vulnerability
開放性 Openness (O)	Artistic Curious Imaginative Insightful Original Wide interests	Wide range of interests Introspective Unusual thought processes Values intellectual matters Judges in unconventional terms Aesthetically reactive	Fantasy Aesthetics Feelings Actions Ideas Values

出典：McCrae et al.（1992）．

　パーソナリティ特性理論の中で主流なのが，Big-Five 特性理論であり，現在，英語圏の特性用語の相関研究から，5つの主要な直交因子で十分であるという認識（Goldberg, 1992）である。この仮説は5因子モデル（Five Factor Model）や Big-Five と呼ばれる。主要5因の名称は，研究者によって異なるが，本論文では Goldberg（1992）の提唱する外向性（E：Extraversion），協調性（A：Agreeableness），誠実性（C：Conscientiousness），情緒不安定性（N：Neuroticism），開放性（O：Openness）とする。

　McCrae et al.（1992）は，5因子モデルを定義するために，いくつかのタイプの言語形容詞（Language Adjectives）を使用した研究を行った。表8-2は内容は10人の心理学者によって評価された280人の男女の研究において主要5因子を定義する言語形容詞のチェックリスト項目である。表8-2におけるQ-sort Item は，Baltimore Longitudinal Study of Aging（ボルチモア加齢縦断研究）の男女403人の自己報告から得られた項目であり，尺度（Scales）は男女1,539人の自己報告から得られた Revised NEO Personality Inventory のファセット尺度である。これらの研究の結果，形容詞チェックリスト（Adjective Check List：ACL）が開発された。ACL は，Big-Five の性格テストの尺度と質問を作成するために使用され，結果の一貫性と信頼性が向上し，安定した因子構造を簡単に確保できるようになった。柏木他（1993）は日本語版の ACL を作成し，Big-Five を日本の ACL の斜交因子基本パターンと比較し，英語の ACL と一致することを確認した。Piedmont et al.（1991）の Big-Five の ACL を用いた，因子分析の研究など，性格検査のスケール構成とアンケートにはいくつかの方法があり，Oshio et al.（2013）は，Ten Item Personality Inventory の日本語版（TIPI-J）を作成し，その信頼性と妥当性を調査し，外向性と良心性の一般的な信頼性と妥当性を裏付けた。

　Nettle（2007）は Big-Five 各々の因子の特徴を表8-3のようにまとめ，有効性の観点から，50項目で構成されている International Personality Item Pool（IPIP）尺度に基づくアンケートの使用を推奨している。

表8-3　Big-Five の各々の性格（主要5因子）の特徴のまとめ

性格（主要5因子）	コアメカニズム	利益	コスト
外向性 Extraversion（E）	報酬への反応（中脳ドーパミン報酬システム）	報酬を求め，手に入れることの増強	肉体的な危険，家族の安定欠如
協調性 Agreeableness（A）	他者への配慮（心の理論，共感要素）	協調的社会関係	ステータスを失う
誠実性 Conscientiousness（C）	反応抑制（背外側前頭前皮質）	プランニング，自己抑制	融通のなさ，自発的
情緒不安定性 Neuroticism（N）	脅威への反応（扁桃および大脳辺縁系，セロトニン）	警戒，努力	不安，うつ
開放性 Openness（O）	心の連想の広がり	芸術的感受性，拡散的思考	異常な信念，精神病傾向

出典：Nettle（2007）から著者作成。

⑶　Big-Five は生得的な気質なのか，環境や経験によって後天的に変容するのか

　Big-Five の5つの特性は年齢層ごとに異なるが，各人の各組み合わせの割合は，どの年齢層でもかなり安定していると言及する。Soldz and Vaillant（1999）は，45年間の研究で，大卒者の間での Big-Five の特徴的な傾向は，67歳から68歳の人々の傾向と多くの共通点があることを発見し，20歳前後で形成される個性は生涯を通じてあまり変わらないことを示唆した。その一方で，Roberts et al.（2006）はメタ分析手法を使用して，ライフコース全体にわたる Big-Five パーソナリティ特性の平均レベルの変化のパターンを特定した。成人期には社会的支配（外向の側面），良心，および感情的安定の尺度が増加することを示した。青年期では社会的活力（外向性の2番目の側面）と開放性の尺度が増加するが，老年期には共に減少した。また，中高年に大きな変化を示したカテゴリーもあった。

　日本においても清水・山本（2008）が Big-Five 測定の半年間隔での安定性と変動を大学生に対して調査・解析を行い，データセットなどは限定的であったが，ある程度の安定性を示した。

　さらには Bouchard and McGue（2003）は多くの小規模サンプルを用いた先行研究のレビューや，現代の大規模サンプルを用いて，パーソナリティ特性の変動に対する遺伝的影響は 40～55％ の範囲にあることを示唆し，双生児と

養子縁組の方法に重点を置きながら，Big-Five の心理学的な個人差を信頼性をもって測定し，Big-Five のほぼすべての因子が遺伝要因と環境要因の両方が中程度に影響すると結論づけている。

⑷　ステートやコンテクストの影響を受けずに Big-Five は安定して測定できるのか

　パーソナリティ特性理論の中で主流であり，生得的と後天的の両方が影響する Big-Five であるが，調査対象者が置かれている状態（ステート）や場（コンテクスト）が変わっても，そのパーソナリティ特性の情報を安定して収集できるのであろうか。例えば高校時代に海外での語学留学経験のある学生が日本にいる通常の状態で IPIP により測定した Big-Five の値と比較して，コンテクストを変えて，この学生が海外で英語を学習しているステートに没入しながら同じ IPIP を用いて測定した Big-Five の値は同一なのか，それとも，変容してしまうのか。

　この問いに対して平林（2020）は，418 名の学生に対し，以下の実験を行なっている。

① 通常の状態（ステート）で IPIP の質問紙の記入をする
② 深呼吸などにより状態をニュートラルにする（ブレイクステート）
③ 英語学習の状態（ステート）をつくり，それにひたりながら IPIP の質

表 8-4　Big-Five 性格特性の t 検定

性格（主要5因子）	状態（ステート）	平均値	分散値	t 検定結果 [p 値：両側検定]
外向性 Extraversion（E）	通常の状態	18.4	40.2	[0.00121**]
	英語学習の状態	19.8	38.7	
協調性 Agreeableness（A）	通常の状態	24.5	32.2	[0.60977]
	英語学習の状態	24.3	30.2	
誠実性 Conscientiousness（C）	通常の状態	23.0	31.6	[0.61858]
	英語学習の状態	22.8	30.8	
情緒不安定性 Neuroticism（N）	通常の状態	20.1	48.4	[0.00422**]
	英語学習の状態	21.5	46.8	
開放性 Openness（O）	通常の状態	18.0	32.1	[0.01594**]
	英語学習の状態	19.0	33.2	

注：**p<.01，*p<.05　サンプル数 393 名。
出典：平林（2020）より作成。

　問紙の記入をする

　「通常の環境から英語学習の環境に入ると，学習者の支配的な性格特性が変化する」という仮説を立て，検証方法として t 検定を用いて統計的に検証した。検証結果を表 8-4 に示す。Big-Five の 5 つの性格特性のうち，外向性（E），情緒不安定性（N），開放性（O）に関しては，仮説が統計的に有意であることがわかった。一方で，協調性（A）や誠実性（C）については，同じ仮説が統計的に有意ではないことも検証された。

4. 組織マネジメントにおけるパーソナリティ特性の活用

　パーソナリティ特性は，組織マネジメントにおいて以下に示すような活用ができる。

⑴　人材の採用と選択

　Big-Five の評価を使用して，候補者の性格特性を評価し，組織の文化や要求に適合する人材を採用するのに役立つ。例えば，チームで協力が必要な場合，協調性が高い候補者を優先することができる。

　Judge and Cable（1997）は求職者の Big-Five パーソナリティ特性と，採用組織の文化がどのように相互作用するかを調査し，Big-Five パーソナリティ特性は求職者の文化の好みの次元に関連していることを示した。また，求職者の文化の好みと採用組織の評判の高い文化間の適合性と求職者の直接的な適合の認識の両方が組織の魅力に関連していることを示唆した。

　求職者と採用組織の文化の適合の測定については，O'Reilly et al.（1991）は個人と組織の適合（P-O Fit: Person-Organization Fit）を評価するための手段である組織文化プロファイル（OCP: Organizational Culture Profile）を開発し（表 8-5），定量化し，組織文化に対する個人の好みの次元（Q-sorts）とこれらの文化の存在が解釈可能であることを示した。

　Q-sort Item については，McCrae et al.（1992）の研究におけると Big-Five の ACL に併記して，表 8-2 に示したが，Q-sort 方法論（Stephenson, 1953）は，定評のある評価手法であり，典型的な Q-sort 手順では，個人に多

表 8-5　組織文化プロファイル（OCP：Organizational Culture Profile）の Item Set

1. Flexibility	28. Action orientation
2. Adaptability	29. Taking initiative
3. Stability	30. Being reflective
4. Predictability	31. Achievement orientation
5. Being innovative	32. Being demanding
6. Being quick to take advantage of opportunities	33. Taking individual responsibility
7. A willingness to experiment	34. Having high expectations for performance
8. Risk taking	35. Opportunities for professional growth
9. Being careful	36. High pay for good performance
10. Autonomy	37. Security of employment
11. Being rule oriented	38. Offers praise for good performance
12. Being analytical	39. Low level of conflict
13. Paying attention to detail	40. Confronting conflict directly
14. Being precise	41. Developing friends at work
15. Being team oriented	42. Fitting in
16. Sharing information freely	43. Working in collaboration with others
17. Emphasizing a single culture throughout the organization	44. Enthusiasm for the job
18. Being people oriented	45. Working long hours
19. Fairness	46. Not being constrained by many rules
20. Respect for the individual's right	47. An emphasis on quality
21. Tolerance	48. Being distinctive-different from others
22. Informality	49. Having a good reputation
23. Being easy going	50. Being socially responsible
24. Being calm	51. Being results oriented
25. Being supportive	52. Having a clear guiding philosophy
26. Being aggressive	53. Being competitive
27. Decisiveness	54. Being highly organized

出典：O'Reilly et al.（1991）.

数のステートメントまたは特性が提示され，個人の特性の程度の基準に従って
項目をカテゴリーに並べ替える。Chatman（1989）は Q-sort と OCP による
P-O Fit を支持しながらも，個人と組織の価値観や規範が適合するような，選
択とトレーニングコストのバランスや個人と組織の成果のサンプリングなどが
含まれる P-O Fit Model を提示した。Kristof（1996）は，P-O Fit の包括的
な定義と概念モデルを示し，適合に関する補足的な視点を取り入れた。

　価値観は個人が持つ信念や重要視するものに関するもので，文化，宗教，教
育，個人の経験などによって形成され，Big-Five とは異なる概念であるが，
Big-Five の要因と価値観は一部関連していることがある。例えば，高い協調

性を持つ人は，他人との関係を重視し，他人の感情や価値観を尊重する可能性が高い。開放性が高い人は新しいアイデアや価値観に対してオープンである傾向があり，保守的な人は伝統的な価値観を重視する可能性が高い。しかし，Big-Five の要因と価値観は異なる概念であり，必ずしも一致しないこともある。個人の性格と価値観は複雑で多様であり，それぞれが異なる要因に影響を受ける。

⑵　従業員のパフォーマンス評価

Big-Five の評価は，従業員のパフォーマンス評価にも活用できる。誠実性や協調性が高い従業員は，任務の遂行やチームワークにおいて優れた成績を上げる可能性が高い。

Neuman et al.（1999）は作業チームの効率性とチームのパーソナリティの構成との関係を調査した。誠実さ，快適さ，経験への開放性（O）の特徴はチームのパフォーマンスと正の関係があった。また，外向性（E）および感情的安定（N）のチームは，チームのパフォーマンスと正の関連があった。

⑶　リーダーシップ開発

リーダーシップポテンシャルを評価し，リーダーシップスキルを向上させるためのプログラムを設計する際に，Big-Five の特性を考慮することができる。例えば，松山他（2023）はリーダーの Big-Five 性格特性因子が，部下のフォロワーシップ行動に与える影響について，一般社員 500 人への調査を行った。

表 8-6 はリーダーの性格特性が部下のフォロワーシップ行動に及ぼす影響についてまとめたものである。

松山（2016）により示された，組織にとって有効である，受動的忠実型，能動的忠実型，そしてプロアクティブ型の 3 種類のフォロワーシップ行動をそれぞれ，目的変数に，リーダーの Big-Five 性格特性を含む要因を説明変数とした重回帰分析の結果，表 8-6 のように有意（p<.01）な影響を見出すことができた。

受動的忠実型とは受動的なフォロワーシップ行動で，リーダーの指示命令に疑いも無く従うが，自らそれを選び取っているわけではなく，関与も積極的で

表8-6　リーダーの性格特性と部下のフォロワーシップ行動

性格（主要5因子）	受動的忠実型	能動的忠実型	プロアクティブ型
外向性 Extraversion（E）	+	+	
協調性 Agreeableness（A）	+	+	+
誠実性 Conscientiousness（C）			−
情緒不安定性 Neuroticism（N）			
開放性 Openness（O）	+		+

出典：松山他（2023）。

はない。能動的忠実型とは能動的なフォロワーシップ行動で，リーダーの指示命令があれば，積極的な態度を維持する。自らこの状況を選び取っているが，リーダーの指示命令がないと行動できない。プロアクティブ型とはプロアクティブなフォロワーシップ行動で，リーダーに従わないわけではないが，リーダーの設けた枠組みを超えて，組織に直接的に関与し，貢献しようとする。

　これらの3種類のフォロワーシップ行動が表8-3に描写されるBig-Fiveの各々の性格（主要5因子）の特徴からどのような影響を受けたかについて，表8-6にまとめた。その結果に至った原因や背景について，松山他（2023）は下記の通り解釈している。

① 　外向性（E）の高いリーダーは報酬を求め，精力的に行動するため，それに同調しやすい受動的忠実型や能動的忠実型のフォロワーシップ行動に正の影響を及ぼす。プロアクティブ型のフォロワー行動はすでにリーダーの精力的な行動範囲を越えているため，同調せず，影響を受けない。

② 　協調性（A）の高いリーダーは共感性も高く，穏やかで豊かな人関係を築きやすいため，3種類のすべての型のフォロワーシップ行動に正の影響を与え，行動を活性化させる。

③ 　誠実性（C）の高いリーダーの行動は慎重で抑制の利いた行動として部下に映るため，リーダーに忠実な受動的忠実型や能動的忠実型のフォロワーシップ行動は影響を受けにくい。一方，プロアクティブ型のフォロワー行動はリーダーの先回りをし，建設的な批判をする行動であるため，

抑制的なリーダーのもとでは，負の影響を受けてしまう。

④　情緒不安定性（N）の高いリーダーの行動はネガティブな刺激に対して反応し，危険な状況を避け，安全な状態を維持するため，フォロワーは特に強い影響を受けることがないため，3種類のすべての型のフォロワーシップ行動が活性化されなかったと思われる。

⑤　開放性（O）の高いリーダーは創造性や拡散的思考を持ち，革新的なアイデアを提供することが出来る。受動的忠実型やプロアクティブ型のフォロワーはそのアイデアを魅力的なものと受け入れ，その行動に正の影響を受ける。能動的忠実型のフォロワーもこのアイデアの影響を受けるものの，自身のアイデアとの葛藤のなかでその影響力が相殺されてしまった可能性がある。

⑷　チーム編成

Big-Five の評価を使用して，チーム内のメンバーの相性を評価し，効果的なチームを構築できる。例えば，チームの使命が明確な目標達成であれば，目標を達成するという報酬を求める特性のある外向性（E）の高いメンバーを選択し，チームワークが必要である協調性（A）の高いメンバーを集める。慎重に進めるべきチームであれば，自己抑制のできる誠実性（C）の高いメンバーを選択し，リスクを回避することがチームの目的であれば，情緒不安定性（N）の高いメンバーを集め，創造性が必要なチーム場合，開放性（O）の高いメンバーを選択する。また，異なる特性のメンバーを集め，多様性の高いチームを作り，それぞれの特性に合わせた役割をアサインすることで，さまざまな変化に対するチームの適応力を高めることが可能となる。その場合は異なる特性を持つメンバー間のコンフリクトを乗り越えるためのコミュニケーション戦略が必要となる。

⑸　コミュニケーション戦略

Big-Five の特性を理解することで，従業員間のコミュニケーションスタイルやコンフリクトの解決方法を調整するための戦略を開発できる。例えば，情緒不安定性（N）な傾向がある従業員に対しては，ストレスを軽減する方法を

提供できる。

　平林（2020）は 393 名の大学生を対象にして，学習者の持つ優位な Big-Five の特性因子に合わせた ACL の単語（表 8-2）を活用してデザインした擬似的な英語学習プログラムを提示する実験を行った。例えば，協調性（A）優位の学生に対しては，協調性（A）の ACL の単語を盛り込んだ英語学習サービス「親切（Kind）で，寛大（Generous）で，人のよい（Trusting）仲間と一緒に作る英語レッスン」を提示することの影響度を測定したのである。その結果，ACL を学習サービスに活用することで，学習者の英語を学習する動機づけにプラスの影響を与えることを実証した。この手法は商品開発や宣伝広告をするマーケティングコミュニケーションのみならず，多様な性格特性を持つメンバーをひとつの方向に向けて結束させるための組織文化を創造するためのコミュニケーションにも有効である可能性を示唆する。

5.　Big-Five パーソナリティ特性の測定の課題と ACL 単語の異文化経営への活用の可能性

　Big-Five パーソナリティ特性の組織マネジメントへの活用について，従業員の仕事に対する適合評価（P-O Fit）からリーダーシップ開発，チーム編成，コミュニケーション戦略まで幅広い領域にわたることを論じてきた。また，Big-Five パーソナリティ特性の主要 5 因子の中の特定の因子（パーソナリティ）に関わる ACL の単語を組織での行動を促すために必要なコミュニケーションに活用することで，特定のパーソナリティを持つメンバーにその行動を起こす動機（モチベーション）を高めることの可能性についても示唆してきた。しかしながら，IPIP 尺度などのアンケートから Big-Five パーソナリティ特性を測定する際には，注意が必要である。パーソナリティ特性を測定する際は，被測定者の心の状況（ステート）がその組織に従事している時の心の状態と一致していなければならない。すなわち，Big-Five パーソナリティ特性はメンバーが組織や家庭などの場（コンテクスト）が変わることで変容する可能性があることを考慮することが必要なのである。このような Big-Five パーソナリティ特性の情報を測定する際の被測定者の心の状態を統制する方法

の確立は今後の課題である。

　この課題をクリアすることで，ターゲットとするパーソナリティ特性の ACL を活用することは異文化経営において，Hofstede et al.（2005）が提唱してきた国民文化尺度の体系と同様に，パーソナリティ特性尺度の体系を確立し，組織マネジメントにおける組織行動への貢献のみならず，マーケティングコミュニケーション，パブリックリレーションズ，インベスターズリレーションズなど，異文化経営を取り巻くステークホルダーに対する動機づけや信頼関係の構築のために有効なコミュニケーション手法を確立することができ，広範な領域において異文化経営に貢献することが期待できる。

［参考文献］

Bouchard Jr., T. J., & McGue, M. (2003). Genetic and environmental influences on human psychological differences. *Journal of Neurobiology*, 54 (1), 4-45.

Chatman, J. A. (1989). Improving interactional organizational research: A model of person-organization fit. *Academy of Management Review*, 14 (3), 333-349.

Goldberg, L. R. (1992). The development of markers for the Big-Five factor structure. *Psychological Assessment*, 4 (1), 26.

Harrison, D. A., Price, K. H., & Bell, M. P. (1998). Beyond relational demography: Time and the effects of surface-and deep-level diversity on work group cohesion. *Academy of Management Journal*, 41 (1), 96-107.

Hofstede, G., Hofstede, G. J., & Minkov, M. (2005). *Cultures and organizations: Software of the mind* (Vol. 2). Citeseer.

Horwitz, S. K., & Horwitz, I. B. (2016). The Effects of Team Diversity on Team Outcomes: A Meta-Analytic Review of Team Demography. *Journal of Management*, 33 (6), 987-1015. doi:10.1177/0149206307308587

Joshi, A., & Roh, H. (2009). The role of context in work team diversity research: A meta-analytic review. *Academy of Management Journal*, 52 (3), 599-627.

Judge, T. A., & Cable, D. M. (1997). Applicant personality, organizational culture, and organization attraction. *Personnel Psychology*, 50 (2), 359-394.

Kristof, A. L. (1996). Person-organization fit: An integrative review of its conceptualizations, measurement, and implications. *Personnel Psychology*, 49 (1), 1-49.

Mannix, E., & Neale, M. A. (2005). What differences make a difference? The promise and reality of diverse teams in organizations. *Psychological Science in the Public Interest*, 6 (2), 31-55.

McCrae, R. R., & John, O. P. (1992). An introduction to the five-factor model and its applications. *Journal of Personality*, 60 (2), 175-215.

Nettle, D. (2007). *Personality: What makes you the way you are*. Oxford University Press.

Neuman, G. A., Wagner, S. H., & Christiansen, N. D. (1999). The relationship between work-team personality composition and the job performance of teams. *Group & Organization Management*, 24 (1), 28-45.

O'Reilly III, C. A., Chatman, J., & Caldwell, D. F. (1991). People and organizational culture: A profile comparison approach to assessing person-organization fit. *Academy of Management Journal*, 34 (3), 487-516.

Oshio, A., Abe, S., Cutrone, P., & Gosling, S. D. (2013). Big Five content representation of the Japanese version of the Ten-Item Personality Inventory. *Psychology*, 4 (12), 924-929.

Piedmont, R. L., McCrae, R. R., & Costa, P. T. (1991). Adjective Check List scales and the five-factor model. *Journal of Personality and Social Psychology*, 60 (4), 630.

Roberts, B. W., Walton, K. E., & Viechtbauer, W. (2006). Patterns of mean-level change in personality traits across the life course: a meta-analysis of longitudinal studies. *Psychological Bulletin*, 132 (1), 1.

Soldz, S., & Vaillant, G. E. (1999). The Big Five personality traits and the life course: A 45-year longitudinal study. *Journal of Research in Personality*, 33 (2), 208-232.

榎本博昭・安藤寿康・堀毛一也 (2009)『パーソナリティ心理学 人間科学 自然科学社会科学のクロスワード』有斐閣。

柏木繁男・和田さゆり・青木孝悦 (1993)「性格特性の BIG FIVE と日本語版 ACL 項目の斜交因子基本パターン」『心理学研究』64 (2)，153-159 頁。

清水和秋・山本理恵 (2008)「感情的表現測定による Big Five 測定の半年間隔での安定性と変動」『関西大学社会学部紀要』39 (2)，35-67 頁。

ニコルソン，N. 寄稿／ウォートン・スクール，ロンドン・ビジネススクール & IMD 著／フィナンシャル・タイムズ責任編集／杉村雅人・森正人訳 (1999)『組織行動と人的資源管理』ダイヤモンド社。

平林信隆 (2020)「A study on personality trait extraction considering user's ego states, and service development adapted to personality traits using ACL」『異文化経営研究』第 17 号，41-61 頁。

松山一紀 (2016)「フォロワーシップ行動の 3 次元モデル」『商経学叢 = Shokei-gakuso: Journal of Business Studies』63 (2)，37-64 頁。

松山一紀・白築茉耶・中山敬介 (2023)「サーバント・リーダーシップと性格特性因子ビッグファイブが，フォロワーシップ行動に与える」『影響評論・社会科学 = Hyoron Shakaikagaku (Social Science Review)』145，19-38 頁。

第9章

職場のタトゥー・ボディピアス
——日本の組織が直面する人的資源管理上の新しい課題と変革の方向性

1. はじめに

　日本の組織はタトゥー・ボディピアスをした人材にどう対応するか。ダイバーシティとインクルージョンが注目される中，日本の組織は，タトゥー・ボディピアスをした人材に対する基本方針やその対応方法について，明確な方向性を示しているだろうか。組織は社員の私的領域へは介入できず，適用範囲は職務中の仕事に関連する範囲に限定されるものという前提条件はあるものの，明確なルールがなければ不安や不快感を示す応募者，社員，顧客もいるであろう。組織運営上，懸念される点は次の2つである。

　第1は組織全体として，タトゥー・ボディピアスは，ダイバーシティとインクルージョンという議論の枠組みの中で明確な位置づけが議論されていないことである。戦略遂行のための判断基準が曖昧では，グローバルレベルの経営ではトラブルになるリスクが高まる。

　第2に，人的資源管理において，タトゥー・ボディピアスは，人材の採用，配置に大きく関係し，トラブルに発展するリスクがあるためである。労働力不足でしかもタトゥー・ボディピアスをした人材が増える中，採用・配置という場面で，曖昧なルールは採用トラブル，組織のブランドイメージへの影響，差別的な対応という人権問題に発展してしまう。

　本章では，組織変革の視点からこの取り組み課題を議論してみよう。最初にタトゥー・ボディピアスの定義，ダイバーシティとインクルージョンとタトゥー・ボディピアスの関係性，タトゥー・ボディピアス人口の増減にかかわ

る要因，先行研究，ダイバーシティとインクルージョンにかかわる全社レベル
と人的資源管理レベルの組織変革，見直しの選択肢，最後にまとめと今後の取
り組みの方向性を考察してみたい。

2. 定義と位置づけ

　最初に，タトゥー・ボディピアスの定義と位置づけを明らかにしてみよう。

(1) タトゥーとは

　タトゥー（tattoo）とは，針や刃物で皮膚を傷つけ，そこに顔料またはイ
ンクを刺し入れる方法で，文字，図，絵，形を描く行為である。顔料はさら
に，無機顔料と有機顔料からなり，多くの場合は，組み合わせて使われる。タ
トゥーと言わずにボディアート，ボディペインティングとして定義づけられる
場合もある。

　タトゥーは，日本語の入れ墨，刺青と翻訳される。多くの場合，定義は，
「タトゥー＝入れ墨」である。「タトゥー」と「入れ墨」には大きな違いはな
く，明確には区別しにくい。タトゥー（tattoo）の語源は，ポリネシア語で
tatau（タタウ）に由来するとされる。

　人的資源管理で問題となるタトゥーは，2つのキーワードに集約される。ひ
とつはヴィジブルタトゥー（visible tattoos）という領域である。ヴィジブル
タトゥーは，顔や首，腕，指や脚など体の見える部分に入れたものをいう。
ヴィジブルタトゥーの中でも，顔に入れるものはオブジェクティブタトゥー，
肩や腰，脚の部分に入れて衣服などによって隠すことのできるものはサブ
ジェクティブタトゥーと呼ばれる。なお，インヴィジブルタトゥー（invisible
tattoos）は，ヴィジブルタトゥーの対語ではない。違う種類である。UVイン
クという特殊なインクを使う。通常は見えないが，紫外線を放射するライトで
照らすと発光する種類である。

　もう一つ問題となるタトゥーは，オフェンシブかノンオフェンシブ（offensive
tattoos，non-offensive tattoos）という視点である。オフェンシブタトゥーの
オフェンシブとは攻撃的な，不愉快な，気にさわる，腹立ただしいを意味す

る。人種，性差別，宗教差別的な表現をするタトゥーがこれに該当する。これ以外でも業務に支障のあるものはオフェンシブタトゥーに分類される。

　他にも，タトゥーの分類方法として消せないタトゥーと消せるタトゥーがある。消せる方はタトゥーシールと言われるものである。これはシール状で本物のタトゥーのようなデザインで水やハンドブレシングで消せるものである。一時的なものは本章の中で議論の対象としない。

　経営学という研究の分野をみるとタトゥーについての説明があるのは，非言語的コミュニケーション（non-verbal communication）の領域である。または日本語でも英語のままで，ノンバーバルコミュニケーションと言われる場合も多い。言語と非言語的コミュニケーションという領域で考察される。このコミュニケーションの一つとして，さらにタトゥーは人工物（artifacts）に分類され，その意味や影響が分析される。コミュニケーションであるので，送り手と受け手が存在する。受け手が不快に感じれば，業務に支障がでると解釈ができよう。

⑵　ボディピアスとは

　次に，ボディピアス（body piercing）とその関連用語を説明する。ボディピアスの定義は，身体の一部に穴をあけ，その穴に通して付ける装身具（身につけて飾りとするもの）の総称である。身体の一部とは耳，眉，鼻，口，舌，首，手，臍，足の指など体のほとんどの部位が対象となる。耳だけを見ても，さらに「イヤーロブ」（耳たぶ），トラガス（耳の穴の前方に位置する軟骨），ヘリックス（耳の上部の軟骨）など名称がつけられている。鼻ピアスでもノストリル（小鼻にするピアス），セプタム（鼻中隔へ通すピアス），ナサラング（鼻の根元を左右に貫通するピアス）等などに分類される。日本語でいうイアリングは，和製英語であり，英語ではエアピアシングと言われる。

　ピアスのために小さな穴をあけることを，小孔を開ける，またはピアシングという。日本では医療行為となる。医療免許をもった人にしかできない。

　ボディピアスとタトゥーが異なるところは，装着が可能か否かという点である。ファッションとしてのピアスが増加する一方で，伝統的，宗教的な意味も残る。

どのような場合に，人的資源管理上の問題になるか。それは業務に支障をきたす場合である。相手に不快感を与え，安全上の問題になるのは，主に顔や顔周りにするピアスである。また問題になりやすいのは，個人の健康に与える影響である。

ボディピアスも経営学の視点からみれば，非言語的コミュニケーションの一つであり，人工物に分類される。コミュニケーションであるので，送り手と受け手が存在する。受け手の方が不快に感じれば，業務に支障があるという解釈ができよう。

(3) 方向性を打ち出しにくい取り組み課題

次にタトゥー・ボディピアスは，ダイバーシティとインクルージョンという議論の枠組みに入るのかについて考察してみよう。定義を整理し，2つの視点から関係性を論じてみよう。

① ダイバーシティとインクルージョンの定義

ダイバーシティとインクルージョンの定義は，政府機関や団体，組合，研究者によって多くなされてきた。ダイバーシティは日本語に直訳すると多様性を示す。統一的な定義はないが，多様性は大きく2つに分類され，表層的ダイバーシティと深層的ダイバーシティの側面からなる（Harrison et al., 1998）。前者の表層的とは，外見からみてわかりやすい側面を意味し，この中には，人種，性別，宗教，国籍，年齢，身体的な特徴など識別可能な属性をいう。後者の深層的ダイバーシティは外見ではわかりにくい内面的側面を意味し，価値観，信条，嗜好，職歴，スキル，パーソナリティ，そして，文化的・歴史的な背景といった属性を示す。もう一つのインクルージョンは日本にすると「包括」「包含」「一体性」という意味である。こちらも統一の定義はなく，組織におけるインクルージョンに限定して言えば，組織の構成メンバーがお互いの多様性を尊重する価値観，働き方，行動を示す。

② ダイバーシティとインクルージョンの定義に含まれる概念か

一つの見方は，タトゥー・ボディピアスは，この表層的ダイバーシティや深

層的ダイバーシティという分類のどちらか，または両方の中に明示されているかという点である。タトゥー・ボディピアスという言葉が定義に明示的に示されているか，または下位概念（概念を構成する一つの要素）であれば，ダイバーシティとインクルージョンという大きな枠組みの一つであることは明確である。明確な位置づけにあれば，組織として対応すべきということになる。明示的な関係性の見られる例をあげると，宗教的タトゥーである。キリスト教の十字架もその一つの例であろう。十字架のタトゥーと宗教的な意味の関連性は強く認識できる。ピアスに関しても，国によっては宗教上の意味があり，子どものときから装着する文化も存在する。一方で，どれに該当するか関係性が不明なケースも多く存在する。

③　文脈の中で議論される概念か

　もう一つの見方は，表層的・深層的ダイバーシティに明示されなくても，文脈の中で，政策や戦略との関係性が示されているかという点である。わが社は，「ダイバーシティとインクルージョンを尊重します。その一環として，タトゥー・ボディピアスの見直しを行います」という文脈での取り上げ方である。実際に，組織の基本方針とタトゥー・ボディピアスの関係性がわかりやすく説明しているケースもみられる。海外企業のホームページの例からみると，この事例は数多く見られることから，ダイバーシティとインクルージョンに含むと解釈できるだろう[1]。日本の場合は，記述がないケースがほとんどで，関係性はわかりにくい。

　以上の2つの見方からまとめると，タトゥー・ボディピアスはダイバーシティとの関係性が明らかに関係する場合もあるし，関係しない場合も存在する。方向性を打ち出しにくい取り組み課題といえるだろう。

3.　タトゥー・ボディピアスの人口増加と抑制要因

　次に，タトゥー・ボディピアス人口の増加にかかわる要因と抑制する要因を説明する。

(1)　増加を促進させる要因

　第1には個人の関心の高まりがある。これまでの調査でも，タトゥー・ボディピアスを入れてみたいというニーズが明らかになっている。日本トレンドリサーチ社の2021年4月に実施された調査によると，「入れ墨・タトゥーについて今後，規制を緩和し，ファッション・趣味などとして，もっと一般的なものにしていくべきだと思うか」という質問に対し，若い世代ほど関心が高い。20代以下は約6割が「していくべきだと思う」と回答し，30代以上は過半数以上が「していくべきだと思わない」と回答している[2]。20代の回答としては，その理由には「多様性を考えるきっかけになる」「ファッションの一部」といった声がコメントとして出されている。

　第2には供給する側の要因である。身近な場所でのタトゥースタジオの存在，彫り師・タトゥーアーティスト，タトゥー用品店，タトゥー用品のオンライン販売，国際展示会の開催，タトゥー除去のための医療サービスなどの存在がある。施術にかかわる値段や種類，サービスなどタトゥー・ボディピアスを気軽にいれる環境要因が整備されてきている。インフラの整備状況は，一つの国に限定されない。海外から日本に来てタトゥーを入れる，反対に日本から海外に行ってタトゥーを入れることもますます容易になっている。ボディピアスについても同じような状況にある。

　第3には，国際間の人材交流と接触頻度の増加をあげたい。日本企業においての人材の交流とは，外国人社員の雇用拡大があろう。海外からのITエンジニアや実習生の受け入れ，グローバルレベルでのインターンシップ生の受け入れ，企業の海外の拠点から人材の受け入れが増える傾向にある。人数が増えれば接する頻度は高まる。さらには，国際間の企業買収・合併，サービスの国際連携が進めば，目にする頻度は増えていく。さらにインバウンド観光客が増加し，タトゥー・ボディピアスをした人との接触が増えれば，それをみて自分もやってみたいという刺激も増加要因に影響すると考えられる。

　第4にはNPO法人や団体の影響力がある。これは，米国の場合，NPO団体にタトゥーのルールを緩めてほしいという要望書を出し，その団体が企業に改善要求を求めるというものである。従業員グループがネットワーク構築のた

めのITインフラのプラットホームが利用されている。大手の外食チェーン，コーヒーショップチェーンの事例にはNPO団体が関与している。この行動は，応募者がタトゥーポリシーに満足していないことを示し，変革圧力の一つになっていると言えよう。

(2)　抑制する要因

　一方，抑制する要因は何か。第1には，日本の歴史的，文化的な価値観がある。伝統的な規範という言い方もできるであろう。タトゥーとピアスでは見方が違うので，分けて整理してみよう。日本では，入れ墨やタトゥーに関しては，反社会的勢力に関係するというマイナスイメージが強く残っている。このマイナスイメージは，制約する強い要因として作用している。年齢が高いほど，マイナスイメージは強いため，抑制する側の要因となっている。

　ピアスに関しては，タトゥーのようなネガティブなイメージは弱い。ファッションの一つとしてむしろプラスに評価される傾向があろう。

　第2の抑制する要因としては，日本では「青少年健全育成条例」というのがある。この条例は，「青少年の健全育成を目的として，青少年に対する有害行為等を規制することを主たる内容」としている。多く地方自治体で，条例で青少年に対して入れ墨を施してはならない旨と規定している。罰則規程をおいてある道府県もある。罰則を厳しくすればするほど，入れ墨やタトゥーを抑える要因となろう。

4.　タトゥー・ボディピアスに関する先行研究

　次に，関連する先行研究の概要をまとめておこう。個々の先行研究については省略する。まず，言語区分で見れば英語の論文は多く，日本語の論文は非常に少ない状況にある。

(1)　タトゥーに関係する研究

社会科学・人文科学全般及び経営学領域

　経営分野を除いた社会科学・人文科学全般を見ると，歴史学，文化人類学,

社会人類学，スポーツ，サブカルチャー論，身体論，ファッション，経済学や法律，社会学，社会心理学，各国の事例研究，業種別・職種別研究（サービス業，警察，医師，獣医師・看護師など）と多岐の領域にわたる。高校生や大学生，社会人や特定グループを対象とした調査と多岐にわたる。

　経営学領域における場合の論文はどうか。経営学領域についてみると，非常に多面的に論じられる。調査手法として実験，アンケート調査，インタビュー調査などの手法が用いられる。

　第1に顧客接触の高いホスピタリティ産業・サービス業に焦点をあて，タトゥーをしている人に対し接する人の反応を調べている論文は多い。顧客の反応は，マイナスか否かという論文である。警察，ホスピタリティ産業，医療分野，教育分野など業界，職種別の分析もある。

　第2に，採用活動に関係する領域の論文である。タトゥーは，採用に影響するのか否かを研究目的とした論文である。タトゥーは，採用にマイナスに影響するという結果が示される一方，影響しないという論文も多い。さらに，男女別に差があるのかを分け，タトゥーをしている応募者としていない応募者の差があるかないかの実験研究もある。

　第3にタトゥーにかかわる法的トラブルをまとめた論文も多数みられる。

　米国で訴訟に発展した事例を取り上げ紹介し，1964年に制定された公民権法第7編（Titile VII of Civil Rights Act）とタトゥーがどのように関わってくるかを，宗教と性差別・人種差別という2つの視点から考察した論文もある[3]。

(2) ボディピアスに関する研究

　経営学領域におけるボディピアスに関する論文はどのようなものがあるか。

　ボディピアスに関しても，顧客接触の高いホスピタリティ産業・サービス業に焦点をあて，ボディピアスをしている人と接する場合の反応を調べている論文は多い。顧客の反応は，マイナスか否かを検証する論文である。

　採用に関係する論文でも，採用に関わる影響を評価し，これも関係ありとする論文と，関係なしとする論文がある。ボディピアスは取り外しが可能という点が影響し，安全衛生や事故に関係があるとする論文もある。

⑶　公衆衛生や医療分野での研究

　タトゥー・ボディピアスの両方にかかわる論文で非常に多く見られるのは，医療分野である。タトゥー・ボディピアスは感染症と，少なからず影響があると推定される。タトゥーを入れることによって感染するリスクや治療法に関する公衆衛生分野の調査論文が多く見られる（Sindoni et al., 2022）。ボディピアスに関し，英国では，すでに 2005 年の段階でボディピアスの実態，および感染症にかかわる大規模な実態調査が行われている[4]。

5.　組織変革のプロセスからみたダイバーシティとインクルージョン

　次に企業の組織変革のモデルを応用してこの課題を考察してみよう（図9-1）。組織変革のモデルは，これまで多くの研究者によって論じられてきた[5]。時間的な流れにそって意思決定のプロセスを示すモデルは，改革の進め方がわかりやすいという特徴をもつ。まずダイバーシティとインクルージョンという全社的な取り組の概要を示す。

⑴　全社戦略のプロセス

　図 9-1 の左側に示すように，最初のステップは環境分析の段階である。多様性の高まりという環境要因とダイバーシティとインクルージョン重視の政策要因は，ダイバーシティとインクルージョンの重視した全社レベルの戦略に影響することを示す。

　次の第 2 ステップは環境分析に続いて，ダイバーシティとインクルージョンは基本方針とポリシーの見直し段階に進む。これは，タトゥー・ボディピアスを組み入れてダイバーシティとインクルージョン方針を策定するのか否かの判断の段階である。

　第 3 段階は，実行段階を示す。計画を社員に公開し，情報共有したり，教育訓練するなどの活動を含む。オリエンテーションや教育訓練で周知徹底する。これまでの人権問題事例，差別事例，異文化でのトラブル事例などを共有す

図9-1　組織変革プロセスモデル―全社レベル

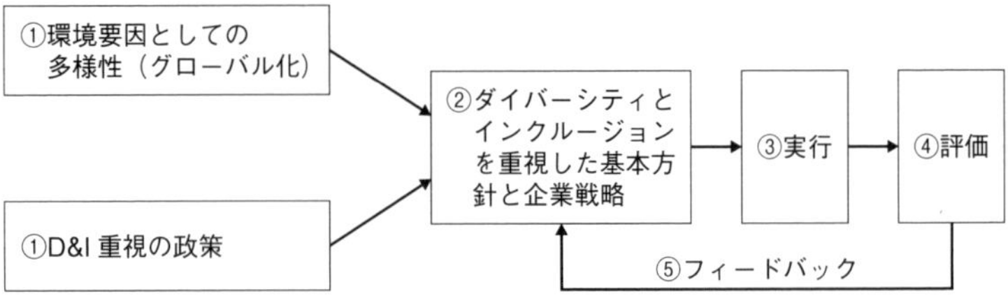

出典：筆者作成。

る。

　第4段階は，実行後の評価である。さまざまな見直し，目標と実績の達成度合い，見直しの理解度の確認，従業員の満足度や不満の調査，モチベーションへの影響，離職率への影響，さらには，顧客への影響，ブランドイメージへの影響を評価する。評価に当たっては，直接影響を受ける当事者へのアンケートやインタビューなども必要であろう。

　第5には，次なる見直しを行う活動となる。法律や規制の変更，さらなる社会や価値観の変化，ダイバーシティとインクルージョンにかかわる戦略の変更，他社の動向などを観察し，継続的な見直しが行われることになる。

(2)　人的資源管理のプロセス

　人的資源管理のレベルでは，どのような取り組みになるか。タトゥー・ボディピアスに関する変革の重要度が高いと判断される場合，該当する組織は，すべてのプロセスにおいて具体的な見直しが迫られる。人的資源管理部門は主導的役割を担うことになる（図9-2）。

①　タトゥーのケース

　第1は，応募条件として，タトゥーに関し何も明記しないのか，条件をつけ明記するのか，それとも入れ墨，タトゥーお断りというような言葉を明記するのかという点がポイントとなる。実際に，組織の採用情報のQ&Aで，タトゥーとピアスに関する条件を載せるところもある。外国人社員の採用強化をしようとしている組織であれば，どのような対応をとるかの判断を迫られる。

面接に進んだ段階で，タトゥーをしているかどうかの質問をしても良いのかなどを確認しておく。リモート面接を実施する場合は，判断しにくいという状況にも直面する。

　第2は，日本企業の採用の場合，採用内定の段階での対応方法である。多くの場合は，採用内定と採用までの期間に時間的な幅がある。採用内定以降，健康診断の受診段階で，タトゥーが発覚し，タトゥーの除去命令や内定取り消しができるのか。対応方法の確認をしておく必要があろう。

　第3は，入社後のオリエンテーション及び教育訓練で，タトゥーやその他関連のルールを共有する段階である。雇う側として，どのようなルールがあるのか入社後の早い段階で社員に説明することが求められる。従来通り規程の中で「お客様に不快感や会社の信用を損失させるような身だしなみ（服装，髪型，ひげ，タトゥー，ピアス，アクセサリー等）は禁止します」と日本語と英語で共有しても，国や文化によってとらえ方が異なるため意味をなさない。どのように見直すのかという異文化マネジメントの視点が必要になる。

　第4には人材の配置の段階での対応である。タトゥーが問題になるのは，業務に支障がでるのかという点である。中でも問題となるのは，顧客接触のある職務である。ジョブローテーションを基本とする場合，顧客接触のない部門から，顧客接触のある部門（営業やサービス対応）などの人事異動の際，トラブルは大丈夫かという懸念が高まる。買収・合併，国際連携と国際人材交流の活発化が進展すればするほど，その対応が難しい。

　第5は，人事評価と懲罰にかかわる基準と対応である。採用後にタトゥーを入れたことが判明し，何らかの注意が必要になった場合や顧客からクレームが出た場合，人事部門，上司が当事者に服装規程を確認し注意，罰則，または差別的な行動への対応，さらに退職勧奨に至るケースもあろう。顧客の前で，タトゥーを見せてしまった部下がいる場合，上司はどう注意すべきか懸念事項も多い。深刻なケースも発生し，これまでいくつかの裁判事例になったケースがある。

　第6にはタトゥーを理由に人事異動や解雇ができるのか。懲罰の最も重い段階までに，進めることができるのか否かである。注意にもかかわらず，規則を守らないということも想定される。

図9-2　組織変革プロセスモデル─人的資源管理レベル

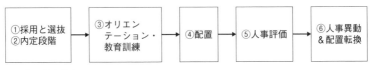

出典：筆者作成。

　なお，日本の労働契約法16条は，「解雇は，客観的に合理的な理由を欠き，社会通念上相当であると認められない場合は，その権利を濫用したものとして無効とする」と定めている。

②　ボディピアスのケース

　ボディピアスの場合は，タトゥーと比べてこれまで人的資源管理上のトラブルになった事例は少ない。この点が大きな違いである。これは，ボディピアスは，取りはずしが可能なためである。また，ピアスは，タトゥーほど，マイナスイメージはなく，装着の有無にかかわる影響は少ない。ボディピアスをした人材に対し企業は雇用管理上，どのような問題に直面するか。

　第1は，採用面接の段階で取り外してもピアスの穴（ピアスホール）の数や大きさが問題になるケースがある。目に見えるところにピアスホールがある場合は，「職務中はピアスは認められませんが大丈夫でしょうか」というような確認をしてもよいのかというと点である。応募者からも就活で不利になるのかという懸念は，多く出される。

　第2の配置では，職種によってこの取り外し可能という点がトラブルになるケースがある。例をあげれば，食品を取り扱う職種で，ピアスを取りはずしていない場合は，食べ物に混入したケースである。ボディピアスの場合は，ダイバーシティとインクルージョンの懸念よりは，食品衛生上の懸念が大きく影響する。

　また，業種的にみて保育士がピアスを付けたまた子どもに接すると，子どもがそれに興味を示し，誤飲事故の発生リスクがある。保護者からのクレームにもつながるリスクが存在する。

　第3点目は，人事評価と懲罰にかわわる領域である。ただし，懲罰の点からみればタトゥーとは大きく異なり，安全衛生や事故と関係するものとなる。

6. 見直しの選択肢と業種・職種・年齢による重要度の違い

⑴　見直しの選択肢

　見直しの選択肢をタトゥーのケースから考えてみよう。選択肢は，次の4つが考えられる（表9-1）。特定のグループのみではなく全員に当てはめることが差別を防ぐ意味で重要であろう。また，会社は労働者の私的領域へは介入できず，適用範囲は仕事に関連する範囲に限定されるという点も留意すべきであろう。それぞれのメリットとディメリットを整理する。

　第1は，厳しい対応をとる選択肢である。タトゥーは，仕事に支障がでるとみなし，「タトゥーは認めません」というメッセージを募集段階から，就業規則，服装規程でも社員に徹底する選択肢である。メリットは，これまでの延長であり，追加的な時間やコストもかからない。ディメリットとしては，労働力不足の中で，厳しい対応をとっても人を確保できるのか，グローバルな視点で今後も同じような対応ができるのかという疑問が残る。

　第2にヴィジブルタトゥーは例外なく認めないという選択肢である。言い換えれば，目に見えないところは認めるという選択肢である。ヴィジブルタトゥーの定義を明確にする必要がある。メリットは，米国などの動向に合致する。ヴィジブルタトゥー禁止であれば，他の社員や顧客の目に触れることはないため，クレームにはつながりにくい。

　第3にヴィジブルタトゥーは原則禁止とし，例外のケースを設けて限定的に認める選択肢である。例外規程の中身を検討する選択肢である。メリットとしては，米国などの動向に合致する。ディメリットとしては，どこまで例外にするか，客観的判断が難しいことである。

　第4は，タトゥーOKとする選択肢である。自営業や顧客接触のない職業のケースがあてはまる。メリットとしては，表現の自由という考え方に合致する。ディメリットは，不快感を示す顧客や組織の構成メンバーもでてくるかもしれない。

表9-1　変革の選択肢—タトゥーのケース

	第1分類	第2分類	第3分類	第4分類
	厳しい対応			ゆるい対応
基本的方針	タトゥーは認めない	限定的に認める。ヴィジブルタトゥーは例外なく認めない（厳しい対応）。オフェンシブタトゥーは認めない	限定的に認める。ヴィジブルタトゥーは原則認めないが, 例外あり。オフェンシブタトゥーは認めない	すべて認める
メリット	これまでの伝統的見方と一致	グローバルな動向（欧米的動向）と整合性	グローバルな動向（欧米的動向）と整合性	メリットは不明
ディメリット	多様性の考え方と乖離	日本の伝統的な見方と乖離	日本の伝統的な見方と大きく乖離	日本の見方と大きく乖離

出典：筆者作成。

(2)　業種・職種・年齢による重要度の違い

　すでに述べたように見直しの重要性や緊急度合は，業種や職種，年齢，個人の価値観によっても大きく異なることを指摘しておきたい。

　第1に，サービス分野で顧客接触の多い職種では問題視されやすいだろう。具体的な業種や職種は，航空業界の客室業務員，ヘルスケア分野の医師や看護師，介護士などである。学校の教職員や保育士も同じような懸念がある。

　第2には，公的機関か私企業でも見方が異なる。日本の公務員に対しては，厳しい見方がされる。上記の他にも，本人が気が付かない場合で，地域住民に指摘を受けるケースもある。

　第3には，ボディピアスの場合は，安全衛生上の問題が発生するリスクがある。食品に製造現場では，ピアスが混入する事故も発生しており，製造工程では禁止される。また，保育士は，子どもの誤飲のリスクがあり，ピアスは望ましくないとされる。

　第4は，年齢層によってもその評価が大きく異なる。若い世代間では問題視する傾向が低く，年齢層が高くなればなるほど，問題視する傾向が高い。さらに個人差も大きいだろう。

7. 取り組みの難しさと今後の方向性

　日本の組織は職場のタトゥー・ボディピアスにどう対応するか。全社レベルで基本的な方向性や戦略的な位置づけを明確にし，人的資源管理の面からも具体的な改革が必要となる。重要性が高い業種や職種であれば，採用活動，内定期間中の対応，教育訓練，服装規程の見直し，人事異動，人事評価や懲罰などすべてのプロセスでの見直しが迫られよう。

⑴　取り組みの難しさ

　第1には，位置づけが曖昧なだけでなく，実態そのものが把握しにくい。インターネット上で懸念する情報は多くみられるが全体像はつかみにくい。公的機関や企業の人事・安全衛生管理担当，学校の就職担当からのトラブルの実態，健康被害など実態を聞き取る必要があろう。

　第2は，緊急性を感じる組織は限定され，取り組みとしては後回しにされる。タトゥー・ボディピアスの領域は，「議論の枠組みに入るのか入らないのか」「明文化する必要があるのかないのか」という一歩前の段階から議論となってしまう。すべての従業員にかかわる課題ではなく，重要性は低いと判断されると，方向性はうちだしにくい。

　第3は，議論を進めていく上で，タトゥーとピアスのみを取り上げて論じにくいという点である。ダイバーシティとインクルージョンという枠組みの中でみても，ドレスコード全体（髪型，髪の色，ひげ，服装，ネイルなど）を含めて論じていく必要があるのではという意見もでてくるであろう。一方で大きな枠組みで論じていくと，この大枠の議論の中に埋もれてしまう。トラブルになったときは，ケースバイケースで処理されてしまうことが予想される。

⑵　理論的な取り組みの方向性

　今後の方向性について理論的な取り組みから説明してみよう。

　第1に，理論的な枠組みの議論，実証研究が求められる。英語の論文では異文化マネジメントという領域の非言語的コミュニケーションの中で，タ

トゥー・ボディピアスは頻繁に取り上げられる。コミュニケーションは，情報の送り手と受け手の関係，インパクトを理論的な枠組みとしてとらえており研究の歴史もある。非言語的コミュニケーションの領域を応用していくことで，理論的な体系化が進むのではないか。

　第2に，組織変革のプロセスで考察する方法も有効であろう。組織変革はこれまで戦略論や組織論の分野で，さまざまな研究や論文が発表されてきた。ダイバーシティとインクルージョンをより深化させるために組織変革の理論を応用し，研究を進めることは有効と考える。

　第3に，リスクマネジメントの議論の枠組みで論じることも可能である。人的資源管理の領域と，リスクの発生頻度・インパクトというリスクマトリックス上に位置付け，どうリスクを削減し，回避していくかというアプローチも有効であろう。

　第4には，日本のビジネス文化や組織文化との関係での考察も有効であろう。ダイバーシティとインクルージョンの議論が高まる一方で，急激な変化を受け入れにくい価値観やビジネス慣行が存在する。日本型ビジネス文化の枠組み中で，考察する必要性もあろう。

(3)　実践的な取り組みの方向性

　次に実践的な取り組みの方向性について説明してみよう。

　第1に，労働力不足という中で採用活動において採用する側の組織はどう対応するか。採用される側の人材にとっては，キャリアへの影響など懸念事項となっている。全社レベルと人的資源管理レベルの両方での検討が必要である。

　第2に職種や業界別の分析の必要があろう。教育現場でも今後も難しい対応を迫られる。中学・高校・大学という学校制度の中で，教職員や生徒・学生のタトゥー，留学生や招聘研究者のタトゥー・ボディピアスにどう対応するかなど検討すべき課題は多い。また，公務員制度でも今後の論点になるのではないだろうか。米国では，警察や軍関係者の規程の見直し・緩和が大きく進んでいる。米国と同じような見直しで，日本も論じて良いのか否かも論点になろう。

　第3には放送業界や，組織のマーケティングや広報の分野での論点がある。タトゥー・ピアスをしたタレントやスポーツ選手は，タトゥー・ピアスを露出

すること，広告やコマーシャルに起用することに関して，問題はないのかなど議論すべき論点は多い。

　第4に健康への影響，感染症など安全衛生管理にかかわる議論である。タトゥー・ボディピアスは，感染症など安全・衛生管理にかかわる議論も検討すべき課題ではないだろうか。

［注］

1　ニュージーランド航空の Air New Zealand Tattoo Policy は "An inclusive workplace that reflects the diverse nature of Aotearoa" というサブタイトルのもと非常に明確に示されている。アオテアロア（Aotearoa）はニュージーランドのマオリ語での名称である。

2　日本トレンドリサーチ社の「入れ墨・タトゥーに関するアンケート調査」（2021年4月27日発表）を参照。調査実施は2021年4月16日〜20日である。全国の男女1,200名を対象に実施・集計。

3　Allred（2016）の論文参照。米国における代表的な裁判事例が紹介されている。

4　Bone et al.（2008）の論文参照。ピアス関連の細菌感染（Bacterial infections）の調査報告がなされている。その後も多くの論文が発表されている。

5　組織変革プロセスモデルは Lewin（1947）のフォースフィールド分析から注目されるようになり，J. P. Kotter の著書 *Leading Change*（日本語版：『企業変革力』）などが代表的な例。

［参考文献］

Allred, S.（2016）. Rejecting the Tattooed applicant, Disciplining the Tattooed employee: What are the Risks? *Labor Law Journal*, 475.

Baert, S., Herregods, J., & Sterkens, P.（2024）. What does job applicants' body art signal to employers? *Journal of Economic Behavior & Organization*, 217, 742–755.

Bone, A., Ncube F., Nichols T., & Noah, N. D.（2008）. Body piercing in England: a survey of piercing at sites other than earlobe. *BMJ*, Jun 21: 336（7658）.

French, M. T., Mortensen, K., & Timming, A. R.（2019）. Are tattoos associated with employment and wage discrimination? Analyzing the relationships between body art and labor market outcomes. *Human Relations*, 72（5）, 962–987.

Harrison, D. A., Price, K. H., & Bell, M. P.（1998）. Beyond relational demography: Time and the effects of surface–and deep–level diversity on work group cohesion. *Academy of Management Journal*, 41（1）, 96–107.

Kotter, J. P.（1996）. *Leading Change*. Harvard Business School Press.（梅津裕良訳［2002］『企業変革力』日経 BP 社。）

Lewin, K.（1947）. Frontiers in group dynamics. *Human Relations*, 1, 5–41.

Pinto, L. H., Vieira, B. P., & Fernandes, T. M.（2020）. 'Service with a piercing': Does it（really）influence guests' perceptions of attraction, confidence and competence of hospitality receptionists? *International Journal of Hospitality Management*, 86, 102365.

Ruggs, E. N., & Hebl, M. R.（2022）. Do employees' tattoos leave a mark on customers' reactions to products and organizations? *Journal of Organizational Behavior*, 43（6）, 965–982.

Sindoni, A., Valeriani, F., Protano, C., Liguori, G., Spica, V. R., Vitali, M., & Gallè, F.（2022）. Health risks for body pierced community: a systematic review. *Public Health*, 205, 202–215.

Tews, M. J., & Stafford, K. (2019). The Relationship Between Tattoos and Employee Workplace Deviance. *Journal of Hospitality & Tourism Research*, 43 (7), 1025-1043.

Van de Ven, A. H., & Poole, M. S. (1995). Explaining development and change in organizations. *Academy of Management Review*, 20, 510-540.

薄上二郎（2016）「欧米におけるタトゥーと雇用管理の考察：日本企業は欧米の実態から何を学ぶか」『異文化経営研究』第13号，1-14頁。

小山剛・新井誠編（2020）『イレズミと法―大阪タトゥー裁判から考える』尚学社。

山本芳美（2016）『イレズミと日本人』平凡社新書。

第 10 章

グローバルリーダーシップ
――理論と日本企業の実践

1. はじめに

　複雑で変化しやすいグローバル環境を効果的に管理できるリーダーは，企業経営の将来にとって極めて重要であり（Caligiuri & Tarique, 2009），異文化の壁を越えて事業を展開できるグローバルマインドセットと能力を持ったリーダーは，1990 年代以降その必要性を増してきた（Brake et al., 1995；Crotty & Soule, 1997）。多国籍企業が国際的なエグゼクティブを開発する能力と総資産利益率との間には正の相関があり（Stroh & Caligiuri, 1998），10 年以上にわたってトップマネジメントのポジションにいるグローバルリーダーを研究した Feng et al. (2020) は，グローバルリーダーの存在が将来の株価と売上高の両方にプラスの影響があることを明らかにした。このようなグローバルリーダーシップの重要性を考えれば，学者と実務家の双方が，効果的なグローバルリーダーシップの開発方法へ強い関心を持つことは当然であろう（Caligiuri, 2006；Mendenhall, 2006）。

　優れたリーダーシップ理論の多くは一般的に「文化を超越している」ことが暗黙の前提であった（Dorfman, 1996）。しかし，実際にはグローバル競争のプレッシャーとダイナミズム故に，グローバルリーダーシップは国内のリーダーシップよりもはるかに複雑である。例えば，Osland and Bird (2006) によれば，グローバルリーダーシップと，伝統的リーダーシップは，異なる文化にまたがった connectedness（関係性），boundary spanning（壁を超えること），complexity（複雑性），ethical challenge（倫理面での挑戦），tension（緊

張関係）と paradox（矛盾）への対応，パターン認識，学習し続ける環境や共同体の構築，そして大規模な変革の主導—等に関係する問題の程度において違いがある。リーダーシップの研究には膨大な蓄積があるのだが，それに比べるとグローバルリーダーシップの研究は必ずしも十分に蓄積されていない[1]。

　グローバルリーダーシップの重要な課題の一つとして，その理論やアプローチの殆どが欧米の，具体的には北米の支配的な社会集団から概念化されてきたことがあり（Trimble & Luque, 2022），ある文化において開発・検証されたリーダーシップ理論は，かならずしも他の文化には当てはまらない可能性が指摘されている（Aycan, 2008；Dickson et al., 2012）。日本企業と欧米圏のリーダーシップの特徴の違いを指摘する研究も存在し（Yokochi-Bryce, 1989）ており，本章は日本におけるグローバルリーダーシップの開発に関して理論と実践の両面から語る。

2.　理論的な観点から

(1)　グローバルリーダーとグローバルリーダーシップとは

　グローバルリーダーとグローバルリーダーシップともに普遍的な定義はなく[2]さまざまな定義が存在してきたが（池上, 2017），グローバルリーダーシップに関する研究は過去 10 年ほどで急増しており，アカデミックにおいてはその定義は徐々に整理されつつある（Reiche et al., 2017）。グローバルリーダーはどのようなポジションなのかということに関しても，経営者を含むシニアエグゼクティブから海外駐在員まで幅広い位置づけがなされてきた（Murrary & Murrary, 1986；Stanek, 2000；Bartlett & Ghoshal, 1991；Caligiuri & Tarique, 2009）。実務では引き続きさまざまな定義が存在し，全体最適の視点で世界全体を見渡した経営を担う経営者・役員クラスはグローバルトップ，海外拠点の社長・副社長クラスをグローバルリーダーと呼ぶ区分けもある（石黒・倉澤, 2018）。

　グローバルリーダーとグローバルリーダーシップにおけるさまざまな研究を取りまとめた Mendenhall et al. (2017) は，グローバルリーダーとは，複数

の国境を超えるステークホルダーと複数の国境を越えた外部機関と複数の文化の文脈を含み，時間的・地理的・文化的な複雑性の元で，信頼の醸成・組織構造とプロセスの調整を通じた共同体の構築によって，組織に重要かつポジティブな変化をもたらす個人であるという前提を置き，グローバルリーダーシップに関してはタスクや人間関係の複雑さが顕著な状況において，個人が複数の国の文化や管轄権を持つ内外のさまざまな構成員を鼓舞し，影響を与えるプロセスと行動（Reiche et al., 2017）と定義づけた[3]。

　多くの組織において，優秀なグローバルリーダーは不足している（Suutari, 2002）。三菱 UFJ リサーチ＆コンサルティング㈱が 2017 年に，売上高 1,000 億円以上の日本企業 110 社（うち売上高 1 兆円以上の企業が 38 社）に対して行った調査では，グローバル経営人材の確保・育成について，8 割以上の調査対象企業が「人材が足りない」，7 割以上の企業が現職と候補者に対して「さらなる育成が必要」と回答し，大手日本企業の多くが，自社のグローバル経営人材が量的にも質的にも不足していると認識している状況であった（石黒・倉澤，2018）。

⑵　グローバルリーダーシップの開発 1：グローバルリーダーシップの要件

　グローバルリーダーシップの効果的な開発は容易ではなく，さまざまなグローバルリーダーシップ開発に必要なコンピテンシーやスキルの特定や開発方法等が研究されてきた。

　欧米企業では 1980 年代後半からコンピテンシー・ベースのリーダーシッププモデルが人的資源管理において活用されるようになり，例えば Leslie et al.（2002）は，自国の環境で必要とされるコンピテンシーに加えてグローバル環境で効果的に働くための重要な能力として次の 4 つの能力を挙げている：①国際ビジネス知識（例：他国の法律，歴史，習慣を理解する），②文化適応力（例：多文化チームのモチベーションを効果的に高める），③視野の広さ（例：他人の目を通して状況を見ることができる），④イノベーターの役割を果たす能力（例：新しいアプローチを試みる）。グローバルリーダーシップのアセスメントツールの多くは欧米圏の研究をベースにしており，McKenna

(1998) は，グローバルリーダーシップ行動の要件を，北米的視点基盤で構築する危険性を指摘している。グローバルリーダーの国際比較において最も包括的な調査は GLOBE であり，アジア圏では北米における有効なリーダーシップモデルとの差異が見られる[4]（House et al., 2013）。

　Benton et al.（2015）が中国，フランス，ドイツ，インドネシア，韓国，ノルウェー，ロシア，台湾，タイ，トルコ，英国の国際的活動に従事するマネジャーに対して行ったリーダーシップ・コンピテンシーの比較調査によれば，日本のマネジャーは新たな文化圏への対応（現地スタッフとの関係性構築含む），なじみのない新たな事象の対応において他の国と比較して大きな困難を感じるケースが多かったという。永井（2010）はアジア版ローバルリーダーシップ・コンピテンシー尺度を開発した。その調査対象のアジア 5 カ国では，文化的感受性（Cultural Sensitivity），問題発見（Problem identification），ビジョン（Vision），意思疎通（Communication），学習促進（Encourage learning），共感性（Empathy）が業績の高いマネジャーに共通したコンピテンシーであること，インドでは機転力（Tactfulness），台湾では多様性（Diversity），シンガポールでは誠実性（Integrity），韓国では意思決定

図 10-1　グローバルリーダーに求められるスキル・態度・資質・知識

出典：Bird and Osland（2017）.

（Decision）という特定のコンピテンシーの活用頻度が高いことが確認された[5]。

　多様な研究者がグローバルリーダーに必要とされるスキル，コンピテンシー，資質等を提示する中で，Bird and Osland（2017）はグローバルリーダーに必要とされる，スキル，行動・態度，資質等をとりまとめて"グローバルリーダーシップのピラミッドモデル"として提示している（図10-1）。仮にスキルは育成可能，資質は比較的育成しにくいとすれば，この区分けはグローバルリーダーの選抜と育成において一つの指針となる可能性がある。

⑶　グローバルリーダーシップの開発2：グローバルリーダーシップの開発方法

　グローバルリーダーの開発に関してもさまざまな方法論が提唱されてきた。例えば，国際的アサインメント，国際チーム，プロジェクトやタスクフォースなどのアクションラーニング，国際的トレーニングプログラム，国際会議やフォーラム，国際的な旅行などである（Robert et al., 1998）。

　海外赴任はグローバルリーダーを育成する最も強力な手段の一つと認識されており（Gregersen et al., 1998），多くの研究は本社人材の海外赴任を調査しているが，Roberts et al.（1998）は，ホスト国の人材を本社所在国に招くことの有効性を説いている。こうした国際派遣の効果を最大化するには，事前と事後の対応が重要であり，特に帰国後に海外で取得したスキルを活用できる場を用意することが有効である（Riusala & Suutari, 2000）。しかし帰国後の高い離職率を報告する研究を見る限り，こうした人材の国際スキルを活用できていない事例が海外企業でも頻繁に起こっていると思われる（Suutari & Brewster, 2001）。Caligiuri and Santo（2001）は海外駐在での業務経験を通じて，リーダーシップスタイルを変える能力や海外ビジネスにおける論点の理解やマインドセットのオープンさ等は獲得・育成されるが，企業全体の事業構造の知識，柔軟性や非民族主義的なマインドセットは海外駐在等によっては獲得・開発されないことを明らかにした。

　多国籍メンバーによる国際チーム活動は異文化交流スキル，国際経験を学ぶ際に有効と言われているが（Gregersen et al., 1998），こうしたチームはコミュニケーション上の問題や個人間の問題をおこしやすく，高いコストを要

する場合がある（Higgs, 1999；Davison, 1994）。故に，これらのメンバーと，それを支える会社の双方に，異文化マネジメント，コンフリクトマネジメント，異文化チームダイナミクス等に関する適切なトレーニングが必要となる（Gregersen et al., 1998）。

　オフ・ザ・ジョブのトレーニングプログラムもグローバルリーダー開発において頻繁に活用されている（Dowling, 2008）。社内プログラムはその学習を，その会社の独自の戦略課題とリンクさせることができ（Neary & O'Grady, 2000）社内のさまざまな活動と一貫性を持ったアプローチが可能となる。多国籍な参加者で構成したグループで自社のビジネスにインパクトのあるテーマに関してプロジェクトワークを行うアクションラーニングは国際的統合や異文化間インタラクションの促進に効果があり（Brake et al., 1995；Gregersen et al., 1998；Neary & O'Grady, 2000 等），その際参加メンバーを社内からの批判や政治的操作から守るために上級幹部がコーチとなることは有効である（Neary & O'Grady, 2000）。ただし，日本企業では適切なコーチングを学んでいる上級幹部は欧米圏に比較すると少ないので，適切なコーチの選択は容易ではない。

　Nandeesh et al.（2022）は COVID-19 の影響で異文化コミュニケーション分野の学習スタイルが劇的に変化しており，オフラインからオンラインへの移行という点で教育・学習産業が異文化間リーダーシップを応用する膨大な機会があると指摘している。

　ある文化圏で効果的であったグローバルリーダーのトレーニングや開発プログラムが別の文化圏で必ずしも類似の効果をもたらさない可能性を Odenwald（1993）が指摘しているのだが，日本におけるグローバルリーダーシップ開発の研究は少ない（木村，2022）。数少ない日本企業のグローバルリーダー研究は，中堅マネジャー層のグローバル人材化への研究が中心であり（例：永井・ベントン，2015），部長層以上の幹部層のグローバルリーダー開発の現状に関しての調査は極めて少ない。今後は，本章で紹介しているような海外知見を活用しつつ，日本の文脈を考慮した上級幹部に対するグローバルリーダー開発に関する研究が必要になるだろう。

3. B2B 分野の伝統的大企業 A 社と B 社の開発プログラム事例

　本節では，実際の開発プログラム事例を通じてで日本の上級幹部を対象とし
たグローバルリーダーシップ開発の現状を考察する。

　筆者がこれまで関与してきた約 60 社の社内向けの幹部育成プログラムと，
2021 年に 40 社の幹部育成責任者に対して行った調査においても，ウエイトの
差はあれども"国際的にリーダーシップを発揮する"ことがプログラム目的に
入っていた。しかし，そこに典型的なパターンというものはなかった。その理
由としては，各社の置かれている外部環境要因，パーパス，経営戦略，組織能
力が違っており，各社はそれぞれの置かれた状況に適した幹部育成をしている
からだと思われる。では具体的にどのように自社の置かれている状況とグロー
バルリーダー育成を調整していたのかを，一見すると類似した環境に置かれて
いる A 社と B 社を比較して検討してみよう。

　A 社と B 社は，どちらも 100 年以上の歴史を持つ産業材メーカーであり，
売上高は 5,000 億円から 1 兆円の間で，海外売上高比率は 50% を超えている。
品質と信頼性の高さに定評のある，いわゆる典型的な日本の優良産業材メー
カーで，どちらも既存のコア事業に加えて，将来を見据えた新しい事業分野を
開拓しようとしている。A 社と B 社のグローバルリーダー育成プログラムの
対象はともに部長クラスで，年齢層で言えばおおよそ 40 代である。ここまで
の状況比較を見ると，かなり似通った育成プログラムが提供されていそうに思
われるが，A 社と B 社は内容面でも形態面でも異なった姿を見せている。

　A 社の上級幹部育成プログラムは 20 年ほど前に，次世代を担う上級幹部の
経営力強化と風土革新を目標に日本人を対象に開始された。A 社においては
これが最上位の幹部育成プログラムである。B 社の上級幹部育成プログラムは
2010 年代後半に，次世代を担う上級幹部の経営力強化を目標に開始された。

　A 社のプログラムは，2010 年代の後半に大幅に改変された。改変後は，日
本人を対象としたコースと非日本人を対象にしたコースが別コースとして設置
されている。両コースとも 10 人程度を対象に，約 9 カ月にわたって行われる
が，日本人対象のコースは対面で主に日本国内で実施される。非日本人対象の

コースは開始時と終了時に日本のモジュールがあるが，それ以外は海外の拠点がある地域を隔月低度で訪問するグローバルモジュール型である。日本人対象コースの内容は，戦略，マーケティング，財務会計，組織論などの基本的な経営知見を学ぶことに加えて，宗教，地政学，アート思考などのリベラルアーツ的な内容も豊富に含まれている。基本的には日本語で学ぶのだが，一部には海外の有名大学の教員を招いて英語で行われるグローバルなセッションも含まれている。非日本人対象のコースの内容は，リベラルアーツは含まれず，経営知見も日本人対象コースに比べるとやや薄くなっている。その代わりに各地の工場や，顧客訪問などを通じて自社をよく知るということに重点が置かれている。両コースとも，自社課題に取り組むアクションラーニングを行うのだが，非日本人対象コースでは全世界を対象とした論点が中心となり，あまり具体的な提言にはならない場合が多い。日本人対象コースでは経営視点で 10 年程度の中長期を睨みつつも，どのように実行するかを具体的に問われる場合も多い。コロナ感染が広がった 2020 年以降，日本人向けプログラムは 2 年ほどオンラインを中心に運用されていたが，2022 年後半にはほぼ全面的に対面開催になった。非日本人向けプログラムは，2020 年度から休止されてた。A 社は目的に合わせて複数社の外部教育機関を活用していた。

　B 社のプログラムは，2018 年の開始時から日本人と非日本人の両方が同一プログラムに参加する形式であった。開始時は対面中心であったが，コロナ感染拡大期にはオンラインで開催していた。コロナ感染が落ち着いてきた 2023 年度のプログラムはさまざまな視点からの検討を経て，フルオンラインで開催されることになった。世界中の国から参加することを考慮し，日本時間の夜に 3 時間程度の開催となっている。B 社は 1 社の外部教育機関に依頼していた。

　内容は，戦略，マーケティング，財務会計，組織論などの基本的な経営知見が半分，自社課題に取り組むアクションランニングが半分という構成で，リベラルアーツの割合は 1 割弱である。多様な内容ではあるのだが本プログラムに参画する講師は合計で 4 名であった。

　A 社と B 社の違いを整理したのが表 10-1 である。

　この違いは両社のグローバル経営方針の違いから来ている。A 社は基本的には日本の本社が中心となって戦略を構築し，標準化した製品・サービスを世

表 10-1　A 社と B 社のグローバル幹部開発プログラムの比較

	A 社	B 社
期間	9 カ月（終日×約 20 回）	10 カ月（半日×約 22 回）
参加者	部長レベルの日本人と非日本人の幹部候補者	部長レベルの日本人と非日本人の幹部候補者
参加形態	日本人と非日本人のプログラムは別	日本人と非日本人の合同プログラム
プログラム運用	主に対面（1 割程度オンライン）	フルオンライン
言語	日本人コースは日本語，非日本人コースは英語	英語
内容	日本人コースは経営知見：アクションラーニング：リベラルアーツ＝3：4：3。非日本人コースは経営知見：現場訪問：アクションラーニング＝3：4：3	経営知見：アクションラーニング：リベラルアーツ＝4：4：1
社長とのセッション	3〜4 回	2 回

出典：著者作成。

界に展開しようというスタイルである。いわゆるセンターオブエクセレンスが日本にあるパターンである。売上高海外比率が高いが，その顧客における日本企業の海外子会社比率が高い。故に，日本人幹部候補生の育成指向は日本に向くのである。A 社の海外子会社は現地化が進んでおり，半分以上の海外子会社は現地人材がトップについている。大きな意思決定は日本の本社から来るが，海外子会社間でノウハウの共有や連携が求められる。それゆえに海外子会社の幹部候補者は日本本社のやり方と他の海外子会社の現状をよく知っておく必要がある。それゆえに A 社は，日本人対象コースと非日本人対象コースの異なる 2 つのコースが存在するのである。また，A 社は日本人が海外で事業開拓をするにあたっては，高い人間性が必要であると認識しており，変化の激しい世界の中で先見性を持って経営を行うにはリベラルアーツの素養が必要であると認識している。A 社は今後海外子会社の能力構築を強化する可能性があり，その場合本社と海外の連携をより密にする必要が出てくるだろう。ゆえに，A 社は今後この日本人コースと非日本人コースの接点をより多くすることを計画している。

　B 社も基本的には日本の本社が中心となって戦略を構築しているのだが，そ

の主要顧客は海外の企業であり，日本の顧客の割合は A 社に比べて低い。製品サービスも，顧客に合わせてイチからカスタマイズする割合が高く，今後海外子会社を中心に新製品や事業を開発する可能性が高まっている。ゆえに，日本人幹部候補生と非日本人幹部候補生が経営における共通言語を持ち，一体となって戦略を構築する基盤を作る必要がある。こうした基盤を作るためには，日本人と非日本人が合同でプログラムを行い理解を深める必要がある。その際，非日本人メンバーに主体性を持ってもらうためには幹部育成プログラムが参加者全員をフェアに扱っているという印象を与える必要がある。オンライン講義時間の設定においても，日本人に都合のいい時間帯ではなく，他の地域の参加者の都合も極力考慮した時間帯に設定しているので，日本時間では夜間の設定となった。

　A 社と B 社の幹部育成プログラムは，グローバルリーダー育成においてどちらがよいかということではなく，置かれている環境，経営方針，組織状況等とプログラムが整合していた。また，多くの点において先行研究で見た，グローバルリーダー開発の留意点をおさえていた。A 社は外部機関と協力し自社のリーダーシップコンピテンシーを開発し，今後のトップリーダーに必要な要件を抽出し，その中でアサインメントでは開発しにくい要素をプログラム内容に組み込み，プログラムの前後でアセスメントしていた。また Neary and O'Grady（2000）が提言していたようにアクションラーニングにおいて，シニアな上級幹部がコーチになってスムーズな運営をサポートしていた。B 社は戦略構築と人材育成を繋ぐことに長けた人材を外部から招聘し，Nandeesh et al.（2022）が指摘していたように，世界中の人材をリアルタイムで教育するためにオンラインを非常に効果的に活用する工夫をしていた。

4.　考察

　少子高齢化で人口減少が確実視される日本では，日本国内から一歩も海外に出ない組織も何らかの形で海外の資源（人，モノ，カネ，知見）を活用せざるを得ず，多くの組織は何らかのグローバルリーダーシップ開発が必要になるのではないか。Mendenhall et al.（2017）はグローバルリーダーシップは"国境

を越えて影響を与える"としており，その際に本国から国外へという方向性を
想定する場合が多いが，今後はそれに海外から国内へという方向も加えること
で，さまざまなグローバルリーダーの理論やフレームワークの活用範囲は広ま
る。

　これまで見てきたようにグローバルリーダーをどのように定義するかはさま
ざまだが，どの定義にしてもさまざまなグローバルリーダー開発手法のプラ
ス・マイナス面を見て上手く組み合わせていただきたい。海外ビジネス経験は
有効だが，先行研究で見たように海外経験のみでは開発されないスキルやパー
ソナリティもあり，オフ・ザ・ジョブ・トレーニングも組み合わせた方が効果
的であろう。経営幹部の中には自分は何のトレーニングも受けずに，海外に出
されて七転八倒しながらグローバル経験を積んで今があるという方も確かに存
在するのだが，それは生存者バイアスであり，その背後には適切な支援やト
レーニングを受ければよいグローバルリーダーになれた可能性があったが，そ
うならなかった人々がいたのではないだろうか？

　今回はグローバルリーダーシップに必要な個々の要素に触れる紙幅が無かっ
たが，変革のマネジメントは極めて重要である。グローバル戦略の変革時に
は自社の組織能力も再構築する必要がある。その際には，Trevor（2022）に
よるパーパス，戦略，組織能力，組織アーキテクチャー，経営管理システム
をどのように整合的に再構築するかを一連のフレームワークにまとめたSAF
（Strategic Alignment Framework）は参考になるだろう。

　グローバルリーダーシップ開発には絶対的な正解が無いので，各社の状況に
合わせて多様化が進むだろう。その一方で，筆者はグローバルリーダー開発に
おいて会社間で共有したほうが効果・効率の面でよい部分もあり，多様化と共
有化が同時並行で進むのではないかと予想している[6]。

　本稿は日産財団の支援による研究の成果を反映しています。

［注］
1　Google scholar 検索で"leadership"は524万件である（2023年8月26日），Google scholar 検
　索で"global leadership"は14万件である（2023年8月26日）。
2　そもそもリーダーシップの定義に普遍的なコンセンサスはない（Bass, 2008）。40か国のリー
　ダーシップ研究者がカナダの研究会に集結してリーダーシップの定義に関して合意形成を試みた。
　その研究会でまとまった定義は「リーダーシップとは，所属する組織の効果と成功に向けて貢献す

るよう他の人に影響を及ぼし，動機づけし，貢献させる個人の能力である」というものであった
(House et al., 2013)。
3　グローバルリーダーをビジネス以外の分野に適用する場合には "グローバルリーダーシップはグ
　　ローバル・コミュニティの思考，態度，行動に影響を与え，共通のビジョンと共通の目標に向かっ
　　て相乗的に協力するプロセス"(Osland et al., 2006, p. 204) という定義が使えるだろう。
4　最新版の調査では日本が調査対象に入っていない。
5　永井のコンピテンシー項目に "異文化マネジメント" が明示的には入っていないが，文化的感受
　　性 (Cultural Sensitivity) や意思疎通 (Communication) に異文化マネジメントの要素を含んでい
　　ると思われる。
6　本稿の前提となったグローバルリーダーシップ研究は公益財団法人日産財団の資金支援を受けて
　　おります。

[参考文献]

Aycan, Z. (2008). Cross-cultural approaches to leadership. *The Handbook of Cross-cultural Management Research*, 219-238.

Bartlett, C. A., & Ghoshal, S. (1991). What is a global manager? *Harvard Business Review*, 70 (5), 124-132.

Benton, C., Nagai, H., Tsubaki, H., & Kino, Y. (2015). An Exploratory Study on the Learning Mechanism of Global Leadership Competencies. *Journal ref: Oukan (Journal of Transdisciplinary Federation of Science and Technology)*, 9 (1), 5-13.

Bird, A., & Osland, J. S. (2017). Global competencies: An introduction. *The Blackwell Handbook of Global Management*, 55-80.

Brake, T. (1997). *The Global Leader: Critical Factors for Creating the World Class Organization.* Irwin Professional.

Brake, T., Medina, D., & Walker, T. (1995). *Doing Business Internationally: The Guide to Cross-Cultural Success.* Burr Ridge, Ill.: Irwin Professional Publ.

Caligiuri, P. (2006). Developing global leaders. *Human Resource Management Review*, 16 (2), 219-228.

Caligiuri, P., & Santo, V. D. (2001). Global competence: what is it, and can it be developed through global assignments? *Human Resource Planning*, 24 (3).

Caligiuri, P., & Tarique, I. (2009). Predicting effectiveness in global leadership activities. *Journal of World Business*, 44 (3), 336-346.

Citing Klugnohn, F. (1962). Universal Categories of Culture. Tax, S. (ed.). *Anthropology Today.* Chicago: University of Chicago Press.

Crotty, P. T., & Soule, A. J. (1997). Executive education: yesterday and today, with a look at tomorrow. *Journal of Management Development*, 16 (1), 4-21.

Dickson, M. W., Castaño, N., Magomaeva, A., & Den Hartog, D. N. (2012). Conceptualizing leadership across cultures. *Journal of World Business*, 47 (4), 483-492.

Dorfman, P. W. (1996). International and cross-cultural leadership research. *Handbook for International Management Research*, 2.

Dowling, P. (2008). *International Human Resource Management: Managing People in a Multinational Context.* Cengage Learning.

Feng, C., Patel, P. C., & Sivakumar, K. (2020). Chief global officers, geographical sales dispersion, and firm performance. *Journal of Business Research*, 121, 58-72.

Gregersen, H. B., Morrison, A. J., & Black, J. S. (1998). Developing leaders for the global frontier. *MIT Sloan Management Review*, 40 (1), 21.

Higgs, M. (1999). Developing international management teams through diversity. *The Global HR Manager: Creating the Seamless Organisation*. London: Chartered Institute of Personnel and Development.

House, R. J., Dorfman, P. W., Javidan, M., Hanges, P. J., & de Luque, M. F. S. (2013). *Strategic Leadership Across Cultures: GLOBE Study of CEO Leadership Behavior and Effectiveness in 24 Countries*. Sage Publications.

Leslie, J. B., Dalton, M., Ernst, C., & Deal, J. (2002). *Success for the New Global Manager: How to Work Across Distances, Countries, and Cultures*. San Diego, CA: Center for Creative Leadership.

McKenna, S. (1998). Cross-cultural attitudes towards leadership dimensions. *Leadership & Organization Development Journal*, 19 (2), 106-112.

Mendenhall, M. E. (2006). The elusive, yet critical challenge of developing global leaders. *European Management Journal*, 24 (6), 422-429.

Mendenhall, M. E., & Osland, J. (2013). *Global Leadership: Research, Practice, and Development*. Routledge.

Mendenhall, M. E., Osland, J., Bird, A., Oddou, G. R., Stevens, M. J., Maznevski, M., & Stahl, G. K. (eds.) (2017). *Global Leadership: Research, Practice, and Development*. Routledge.

Murray, F. T., & Murray, A. H. (1986). SMR Forum: Global managers for global businesses. *Sloan Management Review* (1986-1998), 27 (2), 75.

Nandeesh, N. S., Raja, Y. N., & Bhandari, A. (2022). Cross-Cultural Leadership: A Systematic Literature Review. *Journal of Positive School Psychology*, 6 (7), 2596-2609.

Neary, D. B., & O'Grady, D. A. (2000). The role of training in developing global leaders: A case study at TRW Inc. *Human Resource Management*, 39 (2, 3), 185.

Odenwald, & American Society for Training (1993). *Global Training: How to Design a Program for the Multinational Corporation*. Irwin Professional Publishing.

Osland, J. S., & Bird, A. (2006). Global leaders as experts. *Advances in Global Leadership*, 4, 123-142.

Osland, J. S., Bird, A., Mendenhall, M., & Osland, A. (2006). Developing global leadership capabili ties and global mindset: A Review. in Stahl, G., & Bjorkman, I. (eds.). *Handbook of International Human Resources*. London: Elgar, 197-222.

Osland, J. S., Szkudlarek, B., Mendenhall, M. E., & Reiche, B. S. (eds.) (2020). *Advances in Global Leadership*. Emerald Publishing Limited.

Reiche, B. S., Bird, A., Mendenhall, M. E., & Osland, J. S. (2017). Contextualizing leadership: A typology of global leadership roles. *Journal of International Business Studies*, 48 (5), 552-572.

Riusala, K., & Suutari, V. (2000). Expatriation and careers: Perspectives of expatriates and spouses. *Career Development International*, 5 (2), 81-90.

Roberts, K., Kossek, E. E., & Ozeki, C. (1998). Managing the global workforce: Challenges and strategies. *The Academy of Management Executive*, 12 (4), 93-106.

Stanek, M. (2000). The need for global managers: a business necessity. *Management Decision*, 38 (4), 232-242.

Stroh, L. K., & Caligiuri, P. M. (1998). Increasing global competitiveness through effective people management. *Journal of World Business*, 33 (1), 1-16.

Suutari, V. (2002). Global leader development: An emerging research agenda. *Career Development International*, 7 (4), 218-233.

Suutari, V., & Brewster, C. (2001). Making their own way: International experience through self-initiated foreign assignments. *Journal of World Business*, 35 (4), 417-436.

Trevor, J. (2022). *Re:Align: A Leadership Blueprint for Overcoming Disruption and Improving Performance*. Bloomsbury Publishing.

Trimble, J., & Luque, A. (2022). Culturally Diverse Leadership in the 2000 Decade and Beyond. *Academia Letters*.

Yokochi-Bryce, N. (1989). *Leadership Styles of Japanese Business Executives and Managers: Transformational and Transactional*. United States International University.

Yukl, G. A. (1981). *Leadership in Organizations*. Pearson Education India.

池上重輔 (2017)「グローバル・リーダーの開発：日系多国籍企業の事例から」『日本貿易学会誌 = Journal of Japan Academy for International Trade and Business = JAFTAB journal』(54)，日本貿易学会，56-72頁。

石黒太郎・倉澤一成 (2018)「特集　日本企業におけるグローバル経営人材育成の現状と今後の取り組み：調査結果を踏まえた人材不足状況を打破するための方策と具体的な育成方法」『労政時報』(3963)，労務行政研究所，57-74頁。

木村剛 (2022)「外資系グローバルリーダーの人生初期段階における経験に関する研究」『国際経営学論纂』1，51-72頁。

永井裕久 (2010)「グローバル・リーダーシップ・コンピテンシー研究の展開」馬越恵美子・桑名義晴編著，異文化経営学会編『異文化経営の世界　その理論と実践』白桃書房，第6章，119-135頁。

永井裕之・キャロライン，ベントン (2015)『パフォーマンスを生み出すグローバルリーダーの育成』白桃書房。

第11章

「両利きのリーダーシップ」と
「日本的統合型モノづくり戦略」との親和性

1. はじめに

　現代の多国籍企業には，ミクロ環境レベルの変化（市場や顧客ニーズ，技術革新などの変化）のみならず，マクロ環境レベルの変化（地政学リスクや気候変動，経済のデジタル化などの変化）というミクロとマクロの2つの環境レベルの変化を素早く察知し，その変化を適切に識別し，自社の戦略設計や知的経営資源の構成に反映させ，再構築を組織的に図る適応能力が求められている。この組織の適応能力は「ダイナミックケイパビリティ」として形容されることも多いが，つまるところ，そのような能力の発揮は企業が主戦場として定める産業における競争優位の獲得が目的となっている。そしてその競争優位の源泉としての「イノベーションをいかに効率的，かつ効果的に創出し得るか」が多くの企業にとっての最優先課題となっている。昨今では，実際に現場でイノベーションを創出する実働部隊としての役割を担うことの多い新製品開発プロジェクトチームのマネジメントの重要性を説く経営層も多い。イノベーションの創出方法についての議論はこれまでにも多く展開，蓄積されている。例えば，典型的な日本企業の創出方法としては「自前主義」によるイノベーションの創出が一般的とも言われている。一方，欧米企業の創出方法には，「オープン・イノベーション」，すなわち，企業の外部環境に散在する潜在的価値の高い経営資源と自社内の優れた経営資源を結び付け，新たな経営資源の導出を図る方法が採用される傾向も見られ，多くの日本企業もこの創出方法には関心を寄せている。これらのイノベーションの創出方法に関する議論は組織，または

事業部単位で展開されることも多いが，近年では既述の通り，新製品開発プロジェクト単位での議論が活性化しており，プロジェクトの進捗過程において，外部の経営資源と内部の経営資源の融合を促す駆動源としてのプロジェクトリーダー人材の素養や行動も注目されるようになってきている。

2.　「両利きのリーダーシップ」への脚光

⑴　「両利きの経営（Ambidexterity）」研究の系譜

　イノベーションの創出において，近年では学術界・実務界の双方から「両利きの経営（Ambidexterity）」という概念に多くの期待と関心が寄せられている。この「両利きの経営」とは，認知の範囲を超えた領域における "知の探索（exploration）" と得られた知と知を新しく組み合わせる行為，そして既存の知を徹底的に探究して収益化・製品化に繋げる行為に相当する "知の深化（exploitation）" の双方を高い次元でバランスさせること，を意味している（入山，2019, 235 頁）。この概念の着想は James G. March（1991）によって提唱され，その後 Tushman and O'Reilly（1996）や Gibson and Birkinshaw（2004）らの研究によって，学術的にも実務的にも注目される研究領域となっていった。

　岩尾・塩谷（2022）は，これまでの「両利きの経営」研究を「個人レベル」「組織構造レベル」「組織全体レベル」「組織ネットワークレベル」の4領域に分けて個別にその特性について以下のように概説している[1]。「個人レベル」とは，個人が組織内・部門内で遂行する日々の業務の効率化を目指す行為と，革新や変革を目指す行為を状況に応じてコントロールする現象に焦点を当てている研究領域である。また，「組織構造レベル」は両利き経営を実践するための組織構造設計に着目する研究領域である。例えば，探索的活動を推進する部門と深化的活動を推進する部門に分社化し，探索部門は風通しの良いフラットな組織構造設計とし，深化部門は業務がオートメーション化され，かつ階層的な組織構造設計として，適切なタイミングで両部門の活動の統合を図る調整メカニズムを組織内に埋め込むことで両利きの経営を実現させる，といった具合で

ある。次に，「組織全体レベル」は，組織統合の中に時間的要素を取り込む研究であり，探索的活動を遂行するべき期間と深化的活動を遂行するべき期間を状況に合わせて効果的に分離，統合させるというマネジメント手法を追究する研究領域である。最後に，「組織ネットワークレベル」とは，産業のオープン化と共に生じるものであるが，異なる組織間の協働関係を利用した両利き経営のマネジメントに注目する研究領域である。現在では，この4領域のうち，複数のレベル間で横断的な研究を行うマルチレベル分析が，当該研究領域の先端的研究となっている。

⑵ 「両利きのリーダーシップ（Ambidexterity Leadership）」概念への期待

「両利きの経営」の概念は，多次元的な研究レベルで扱われるようになり，分野の垣根を越えて一大研究領域となっていった。そして組織的なレベルの観点から捉えられることが一般的であるこの「両利きの経営」の概念をさらに新製品・事業開発プロジェクトなどの現場レベルにおいて実践的に捉えることの需要が高まり，「両利きの経営」を現場で実行するリーダー人材によって発揮される「両利きのリーダーシップ」にも関心が集まっていったのである。「両利きのリーダーシップ」とは，「フォロワー（部下やチームメンバー）の探索的活動，および深化的活動において，彼らのどちらかの活動を促すための起点や変化を与えたり（与えることを控えたり），時機を見て柔軟にそれらの2つの活動を切り替えさせることなどによって，両方の活動を強化していく能力」と定義づけられている（Rosing et al., 2011, p. 957）。また，この「両利きのリーダーシップ」は3つの要素で構成されるとされ，具体的には，⑴ 探索的活動を強化する開放型のリーダーシップ，⑵ 深化的活動を強化する閉鎖型のリーダーシップ，⑶ 文脈や状況に即して，探索的活動，深化的活動のそれぞれを強化する2つ（開放型と閉鎖型）のリーダーシップを切り替える柔軟性，の3要素である（Rosing et al., 2011, p. 966）。図 11-1 が示すように，自前主義による新製品開発に歴史的にも高い評価を得てきた日本企業は，一般的に深化的活動を得意とする傾向があると言われている一方で，時に他社やユーザーとの協働を介して効率・効果的に新たな事業を創出してきた欧米企業は，一般的に探索的活動を得意としている傾向があると言われてきた（日本企業にとっ

ては不得意とされる活動)。近年では，既述の通り，変化や競争が激化する事業環境下でのプロジェクトの進捗過程において，外部の経営資源と内部の経営資源を結びつけることを促す立場にあるプロジェクトリーダーの素養や行動が改めて注目されるようになっており，この現代に求められているプロジェクトリーダー人材の素養や行動の条件を満たし得ると期待されているのが「両利きのリーダーシップ」の概念なのである。

　1980 年代は，日本企業の優れたモノづくりの品質を称賛し，ジャパンアズナンバーワンと表現される時代であった。しかしながら，現在の日本企業への評価は過去のそれとは異なっている。イノベーションの競争力を評価する Global Innovation Index 2022 によると，スイス（1 位），アメリカ（2 位），スウェーデン（3 位），イギリス（4 位）などが上位に入り，アジアでは，韓国（6 位）やシンガポール（7 位）に，中国（11 位）と健闘する中で，日本は 2021 年同様 13 位にとどまり，ここ数年，停滞傾向にある[2]。日本企業は過去の栄光に執着することなく，改めてモノづくり体制を再建し，イノベーション競争力の強化に繋げていくことが肝要となるだろう。その新たなモノづくり体制への移行の起点となり得る概念の 1 つが「両利きのリーダーシップ」であると思われる。

図 11-1　両利きのリーダーシップの構造と日・欧米企業の特性比較

出所：入山（2019），233 頁を若干修正。

3.「両利きのリーダーシップ」と 「日本的統合型モノづくり戦略」との親和性

(1)「日本的統合型モノづくり戦略」とは

　リーダーシップと国民文化との関係性はこれまでにも大規模な調査が実施され，検証されてきている[3]。しかし，リーダーシップと各国企業に共通して見られる，新製品開発プロジェクト現場に根差したモノづくりに関わる伝統的な戦略特性との関係性については未だ発展途上の研究領域であろう。モノづくりに関わる戦略は，当該国の国民性のみならず企業創立以来，新製品開発の現場で脈々と築き上げられ，継承されてきた模倣困難性の高い暗黙知としての組織文化や経営哲学などが色濃く反映されている傾向がある。アメリカではアメリカ固有の，そして日本では日本固有の伝統的な暗黙知が反映されたモノづくり戦略が，数々の新製品開発プロジェクト活動の進行を促してきた。ここで1つ疑問が生じる。それは，「果たして，日本企業固有の暗黙知が反映されている日本的なモノづくり戦略は，前節までに取り上げてきたアメリカ由来の「両利きのリーダーシップ」概念と相性が良いのであろうか」という疑問である。そのような問題意識を持つことは至極当然のことである。このような問題意識の下，以下では『アメリカ由来の「両利きのリーダーシップ」概念と，日本企業の新製品開発プロジェクトにおいて学術上，一般的と考えられている伝統的な「日本的モノづくり戦略」との親和性を理論的に考察する』ということに注目してみよう。

　モノづくりの戦略を構築する際，「製品アーキテクチャ」の概念が役に立つと言われている。「製品アーキテクチャ」とは，製品設計の基本思想を意味し，その「製品アーキテクチャ」は部品間の関係性の観点から製品を大きく2分類することが可能であると考えられている[4]。具体的には，部品と部品との繋がりや連携などによって製品全体としての性能が成り立つ類の製品群を「インテグラル型製品」といい，独立した部品同士が組み合わさることで製品全体としての性能が成立する製品群を「モジュール型製品」という。前者の製品群

は，部品間の繋がりや連携などを製品設計時に検討・調整するという意味での「すり合わせ」能力が求められ，後者の製品群は独立した部品を製品設計時に寄せ集めるという意味での「組み合わせ」の能力が求められる。また，製品開発を実行する主体の組織的な範囲の観点から「モノづくり体制」を2分類できるという。それは，1企業組織内で新製品開発が遂行される「クローズド」型モノづくりと，1企業組織の境界線を越えて複数の企業組織で新製品開発が遂行される「オープン」型モノづくりがある。この部品間の関係性の観点（インテグラル型製品／モジュール型製品）と開発を実行する主体の組織的な範囲の観点（オープン型モノづくり／クローズド型モノづくり）を掛け合わせて導出される分類もある（表11-1）。インテグラル型製品とクローズド型モノづくりの掛け合わせは，乗用車・オートバイ・小型家電・CPUなどの製品が該当する「①クローズド・インテグラル型」と称し，モジュール型製品とクローズド型モノづくりの掛け合わせは，工作機械やおもちゃのレゴなどが該当する「②クローズド・モジュール型」と称される。そして最後に，モジュール型製品とオープン型モノづくりの掛け合わせは，カスタムが可能なパソコンや自転車などが該当する「③オープン・モジュール型」などに分類可能である。戦後以降の日本経済を支え続けている日本の自動車・オートバイ産業は「①クローズド・インテグラル型」に該当するものであり，当該製品群の開発の際に採用されてきたようなモノづくりに関わる戦略は，その製品設計上の特徴から「統合型モノづくり戦略」とよばれるようになっていった（藤本他，2008，24-25頁）。

表11-1　製品アーキテクチャ概念で捉えるモノづくりの分類

	オープン型のモノづくり	クローズド型のモノづくり
モジュール型	③オープン・モジュール型 カスタムPCや自転車，スマホの組立など	②クローズド・モジュール型 工作機械，レゴ，多品種の自動車など
インテグラル型		①クローズド・インテグラル型 乗用車，オートバイ，小型家電，インテルのCPU（但し販売はオープン）など

出所：藤本他編（2001），6頁を参考に筆者が作成。

⑵　「両利きのリーダーシップ」との親和性

　既述の通り,「両利きのリーダーシップ」は新製品開発プロジェクトにおいてリーダー人材が現場で発揮するリーダーシップであり,当該文脈においての具体的な行動としては,プロジェクトチームにおいて,高次元で効率・効果的に実行される知の探索的活動と深化的活動の両立を促していく行為である。知の探索的活動は,プロジェクトチームの外部に散在する優れた知的資源を探索する活動に相当し,知の深化的活動はプロジェクトチームの内部に蓄積されている優れた知的資源をさらに深化させる活動に等しい。この「両利きのリーダーシップ」概念の分類と前節で取り上げた「製品アーキテクチャ概念」を活用したモノづくり戦略分類（表 11-1）との照合を試みると,表 11-2 のようになる。オープン型のモノづくり戦略と知の探索的活動の領域は,プロジェクトチーム外部の経営資源を積極的に活用するオープン・イノベーションのような活動に相当する「①オープンな知の探索（Open exploration）」と称し,オープン型のモノづくり戦略と知の深化的活動の領域は,新しい国際分業による協業やグローバル SCM などの活動に相当する「②オープンな知の深化（Open exploitation）」と称されよう。次に,クローズド型のモノづくり戦略と知の深化的活動の領域は,自前主義の改善,QC 活動などを通した既存製品の改良改善に当たる「③クローズドな知の深化（Closed exploitation）」が該当し,最後に,クローズド型のモノづくり戦略と知の探索的行動の領域は,プロジェクトチームに組織上,関連している他部門や資本・供給・提携関係にある社外の他組織・チームなどのような当該組織と関連組織内での共同開発を指す「④セミ・クローズドな知の探索（Semi-closed exploration）」が該当するだろう。
　以上を踏まえて,欧米企業と日本企業の伝統的なモノづくり戦略と両利きのリーダーシップ特性の位置づけの考察を試みるならば,伝統的にモジュール型製品を得意とし,また,競争や変化の激しい市場環境へ迅速に対応していく必要性から,オープン型のモノづくり戦略,すなわち外部資源の積極的な探索を強化する事で競争優位を確立してきた傾向のある欧米企業（Dell の PC など）は表の「①オープンな知の探索（Open exploration）」の領域に位置づけられると考える。さらに,グローバルな規模で自社,および他国・地域の企業との

供給・開発ネットワークを構築し，それぞれの契約企業に新製品のコンセプトに合わせた供給体制・開発目標をオーダーすることで導出される付加価値を結集させるビジネスモデルを構築していったアップルなどは「②オープンな知の深化（Open exploitation）」に該当し得ると思われる。次に，日本企業の特性の位置づけを考察する。企業の価値を最大限に向上させるという全社的目標から自社の経営資源や生産技術の強化を最優先に考え，自前主義の開発・改善活動を重視するクローズド型のモノづくり戦略を展開してきたキヤノンや日立製作所などは日本企業の典型的な例であり，「③クローズドな知の深化（Closed exploitation）」に位置づけられるだろう。さらに，典型的な「③クローズドな知の深化（Closed exploitation）」の領域での活動を基盤としつつも，親会社の海外進出に伴い，全世界に拠点を設け，長期に渡って資本・供給関係を築き上げてきた系列会社とのグローバルな供給ネットワークにおいて，常に現場での改良改善を求め（「②オープンな知の深化（Open exploitation）」に相当），他方で，関連他社との積極的な共同開発を通じて実現した，環境に配慮したトヨタのハイブリッド乗用車などは「④セミ・クローズドな知の探索（Semi-closed exploration）」に位置づけられる活動の 1 つだろう。欧米企業，日本企業の全ての企業がこれらの傾向に当てはまるとは言い切れないものの，今後の日本企業の競争力の再建に向けた方向性を検討する際，このような一般的な傾向の分類化や位置づけの考察は十分に価値があると考える。

表 11-2　アーキテクチャ概念で捉えるモノづくり戦略分類と両利きのリーダーシップ分類の照合

	オープン型のモノづくり	クローズド型のモノづくり
知の探索	① Open exploration オープンな知の探索 （オープン・イノベーション） 例：Dell の PC など	④ Semi-closed exploration セミ・クローズドな知の探索 （セミクローズド・イノベーション） 例：トヨタのハイブリッド乗用車
知の深化	② Open exploitation オープンな知の深化： 新しい国際分業による協業や グローバル SCM など 例：アップル	③ Closed exploitation クローズドな知の深化： 自前主義の改善， QC 活動などを通した知の深化 例：キヤノンや日立製作所

出所：藤本他編（2001），6 頁を参考に筆者が作成。

⑶　日本企業の競争優位の源泉

　これまで，モノづくりの戦略特性と両利きのリーダーシップ特性（知の探索と深化）で導出される分類上での欧米企業と日本企業の位置づけを考察してきたが，最後にこの枠組みを踏まえて，日本企業の今後の方向性を検討する。1つ目が「③クローズドな知の深化（Closed exploitation）」による市場牽引である。伝統的なクローズド型のモノづくり戦略と深化的活動を強化するリーダーシップを実行していく一方で，製品アーキテクチャ内部の特定領域における単純化・標準化の促進と市場普及の為のマーケティング戦略の強化が重要となるだろう（新宅・富田，2009, 329頁）。2つ目は，「③クローズドな知の深化（Closed exploitation）」を基盤としながら，「②オープンな知の深化（Open exploitation）」，もしくは「④セミ・クローズドな知の探索（Semi-closed exploration）」のどちらかの組み合わせを設計することである。製品構成をより総体的に捉え，これまでの強みである「③クローズドな知の深化（Closed exploitation）」の知識や経験，ノウハウを最大限生かせる構成要素に資源を集中投下し，それ以外の領域においては外部の組織（②④）に業務・生産委託するか共同開発の契約を締結するという事になる（新宅・富田，2009, 334-335頁）。また，戦略的な事業や製品開発を対象とする場合には，技術や情報の漏洩を回避する意味も含めて，当該事業，製品の構成上コア技術やコアシステム領域において「④セミ・クローズドな知の探索（Semi-closed exploration）」を検討していくこともこれからますます重要となっていくことだろう（市場拡大を戦略的な目標とする場合にはコア技術やコアシステム領域外の周辺技術の特許を市場に公開し（②④）ネットワーク効果を提供することも考えられる）（新宅・富田，2009, 335-338頁）。最後に，製品開発やマーケティングの開発フェーズにおける初期（アイデアジェネレーション）の工程においては，「①オープンな知の探索（Open exploration）」の活動を推進し，有益な情報や資源の探索と吸収に努めることも有効だろう。上記のように考察したいくつかの日本企業の今後の方向性に共通することとして，従来の伝統的な強み「③クローズドな知の深化（Closed exploitation）」を基盤として，戦略的に「①オープン型，④セミクローズド型のモノづくりと知の探索的活動」を適切に状況に

応じて活用していくことが挙げられよう。

4. 内なる HERO（HERO within）の覚醒に向けて

　これまで，「両利きのリーダーシップ」と「日本的モノづくり戦略」との親和性を探究するにあたり，アーキテクチャ概念をもとに，「日本的統合型モノづくり戦略」の特性と「両利きのリーダーシップ」概念特性との関係性の考察と分類化を試みた。そして，その枠組みを踏まえて，今後，日本企業は「③クローズドな知の深化（Closed exploitation）」を基盤としながらも，一層「①オープン型，④セミクローズド型のモノづくりと知の探索的活動」の要素を状況に応じて戦略的に取り入れていく方向性を検討していくことの重要性について論じてきた。

　持続的な競争優位の獲得に繋がり得るイノベーションの創出に向けて，日本企業の新製品開発プロジェクトにおけるさらなるオープン型・セミクローズド型のモノづくりと知の探索的活動の活性化が重要となり得る可能性を提唱してきたが，長年沁みついてきた組織や個人の慣習は一夜にして変えられるわけでもなく，日本企業がそのような活動を本格化させる為には，新製品開発プロジェクトに関わるメンバー，とりわけ，プロジェクト活動を指揮するリーダー人材の本質的なマインドセットが一層重要になるだろう。そのためには，プロジェクトリーダーの心理的資本（サイコロジカル・キャピタル）の育成が不可欠であると思われる。心理的資本とは，ポジティブ心理学の分野において注目され，概念化されるに至った。心理的資本は①「ホープ（Hope：希望）」②「エフィカシー（Efficacy：自己効力感）」③「レジリエンス（Resilience：回復力）」④「オプティミズム（Optimism：楽観性）」という4つの下位次元にある要素から構成され，それぞれの最初の頭文字をとって「the HERO within（自分のなかにいる英雄）」とも表現されている（ルーサンス他，2022，11-12頁）。①「ホープ（Hope：希望）」は，高い目標に向かって粘り強く取り組む姿勢を意味し，②「エフィカシー（Efficacy：自己効力感）」とは，挑戦的な活動の実行に必要な自信を指しており，③「レジリエンス（Resilience：回復力）とは，いかなる問題や逆境に直面しようとも冷静に対応していく柔軟

性のことであり，④「オプティミズム（Optimism：楽観性）」とは，成功を自分のポジティブな要素に結び付けて認知する力であると言われている（ルーサンス他，2022, 11-12 頁）。そして，この 4 つの構成要素を組織内で開発するメカニズム（心理的介入要素群）にも注目が集まっている[5]。①「ホープ」の開発には，「目標と経路の設計（個人を動機づける目標設定や個人の能力が適切な方向性で発揮するよう促す支援）」と「障害への計画（絶望や諦めを考えず，高い意思を持つことのサポートや，障害を乗り越える為の実現可能な代替案の提供）」が重要である。②「エフィカシー」の開発には「成功体験とモデリング（自信に繋がる成功体験の蓄積を促す機会や配置，環境の提供，身近な同僚の成功や失敗のストーリー・経験談や適切なロールモデルの提供）」と「説得と情動的喚起（注目，信頼，承認，ポジティブなフィードバックなどの非財務的インセンティブの提供）」が肝要となる。③「レジリエンス」の開発には「資産構築とリスク回避（当人の持つ能力や気質，センス，信念などの他，人間関係などを含むそれらの資産形成のサポート，また，逆境やリスクの回避のための気づきや代替案の提案）」と「影響プロセスへの作用（戦略的計画，組織調整，組織学習，組織文化の認識などのサポート）」が必要となる。④「オプティミズム」の開発には，「エフィカシーの次元（悲観的な解釈を楽観的かつ現実的な解釈に変えるポジティブなフィードバック）」や「ホープの次元（逆境を将来に繋がる機会と捉えさせるポジティブな見通しの提供）」が重要となる。

　以上を踏まえ，上述した特性を持つ心理的資本とこれまで議論してきた両利きのリーダーシップの概念の関係性についても述べておくこととする。心理的資本は組織におけるイノベーティブかつ創造的な活動に影響を与える要素の 1 つであるとされ，また，高次元の心理的資本を有している個人は，職場において新たなアイデアの創出やそのために必要な支援を獲得し，実現させる潜在的な能力を秘めているものだとされている（Abbas & Raja, 2015, pp. 133-134）。このような心理的資本を起点とする行為は，オープン型・セミクローズド型のモノづくり戦略と両利きのリーダーシップにおける探索的活動に相当するとも考えられよう。

　これらの考察を踏まえて，日本企業の新製品開発プロジェクトにおけるオー

プン型，セミクローズド型のモノづくり戦略と知の探索的活動領域活性化のメカニズムの提示を試みる（図11-2）。まずは，日本企業が得意とするクローズド型のモノづくり戦略と知の深化的活動（図11-2の③）をさらに活性化させるために必要な，さらなるオープン型，セミクローズド型のモノづくり戦略と知の探索的活動を新製品開発プロジェクト活動や製品において戦略的に組み込んだ製品や事業設計（図11-2の①④の領域に相当）を検討することが有効であろうと考える。そして，その大前提として，上記の取り組みを推進していく主体としてのプロジェクトリーダーの心理的資本，すなわち「the HERO within（自分のなかにいる英雄）」の育成と強化が肝要となることだろう。さらには，プロジェクトリーダーの心理的資本の育成と強化には，前述した心理的介入要素としての新製品開発プロジェクトのマネジメント要素群の整備が欠かせないと思われる。今後の日本企業の新製品開発プロジェクトにおいて，「両利きのリーダーシップ」概念（とりわけ，日本企業が不得手な知の探索的活動を促す開放型のリーダーシップ）を戦略的かつ効果的に導入する際の方向

図11-2　日本企業の新製品開発プロジェクトにおけるオープン型・セミクローズド型のモノづくりと
　　　　知の探索的活動の活性化のメカニズム：心理的介入要素とHEROモデル

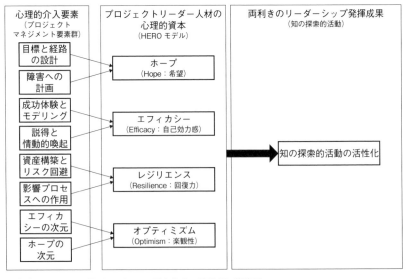

出所：ルーサンス他（2022），259頁を参考に筆者が加筆修正。

性の１つとして，当メカニズムが寄与することを願っている。

[注]
1　岩尾・塩谷（2022）「1 マクロ現象としての「両利きの経営」とマルチレベル分析への展開」特定非営利活動法人組織学会『組織論レビューⅣ―マクロ組織と環境のダイナミクス―』白桃書房，1-30 頁の内容を筆者が要約。
2　WIPO World Intelleotual Proper Organization "Global Innovation Index 2022 What is the future of innovation-driven growth? 15th Edition" p. 19. Global Innovation Index 2022: What is the future of innovation-driven growth?（wipo.int）（最終閲覧日：2023 年 9 月 30 日）
3　House, R. J., Hanges, P. J., Javidan, M., Dorfman, P. W., & Gupta, V. (2004). *Culture, Leadership, and Organizations: The Globe Study of 62 Societies*. Sage Publications.
4　藤本隆宏（2002）「製品アーキテクチャの概念・測定・戦略に関するノート」独立行政法人経済産業研究所，1 頁，3-4 頁。製品アーキテクチャの概念・測定・戦略に関するノート（rieti.go.jp）（閲覧日：2023 年 9 月 30 日）。
5　ルーサンス，フレッド・ユセフ＝モーガン，キャロライン・アボリオ，ブルース著，開本浩矢・加納郁也・井川浩輔・髙階利徳・厨子直之訳（2022）『こころの資本―心理的資本とその展開―』中央経済社，59-205 頁を筆者が要約。

[参考文献]
Abbas, M., & Raja, U. (2015). Impact of Psychological Capital on Innovative Performance and Job Stress. *Canadian Journal of Administrative Sciences/Revue Canadienne des Sciences de l'Administration*, 32 (2), 133-134.

Gibson C. B., & Birkinshaw, J. (2004). The Antecedents, Consequences, and Mediating Role of Organizational Ambidexterity. *Academy of Management Journal*, 47 (2), 209-226.

House, R. J., Hanges, P. J., Javidan, M., Dorfman, P. W., & Gupta, V. (2004). *Culture, Leadership, and Organizations: The Globe Study of 62 Societies*. Sage Publications.

Luthans, F., & Youssef-Morgan, C. M. (2007). Emerging Positive Organizational Behavior. *Journal of Management*, 33 (3), 321-349. https://doi.org/10.1177/0149206307300814

Luthans, F., Youssef, C. M., & Avolio, B. J. (2007). *Psychological Capital: Developing the Human Competitive Edge*. New York: Oxford University Press.

Luthans, F., Youssef-Morgan, C. M., & Avolio, B. J. (2015). *Psychological Capital and Beyond*. New York: Oxford University Press.

March, J. G. (1991). Exploration and Exploitation in Organizational Learning. *Organization Science*, 2 (1), 71-81.

Rosing, K., Frese, M., & Bausch, A. (2011). Explaining the Heterogeneity of the Leadership-Innovation Relationship: Ambidextrous Leadership. *The Leadership Quarterly*, 22, 957, 966.

Tushman, M. L., & O'Reilly III, C. A. (1996). Ambidextrous Organizations: Managing Evolutionary and Revolutionary Change. *California Management Review*, 38 (4), 8-30.

WIPO World Intelleotual Proper Organization "Global Innovation Index 2022 What is the future of innovation-driven growth? 15th Edition" p. 19. Global Innovation Index 2022: What is the future of innovation-driven growth?（wipo.int）（最終閲覧日：2023 年 9 月 30 日）

入山章栄（2019）『世界標準の経営理論』ダイヤモンド社，228 頁，233 頁，235 頁。
岩尾俊兵・塩谷剛（2022）「1 マクロ現象としての「両利きの経営」とマルチレベル分析への展開」

特定非営利活動法人組織学会『組織論レビューⅣ—マクロ組織と環境のダイナミクス—』白桃書房，1-30 頁。

新宅純二郎・富田純一 (2009)「アーキテクチャ論から見た日本企業のポジショニング戦略」新宅純二郎・天野倫文編『ものづくりの国際経営戦略—アジアの産業地理学』有斐閣，第 13 章，329 頁，334-335 頁，335-338 頁。

林倬史 (2008)「新製品開発プロセスにおける知識創造と異文化マネジメント—競争優位とプロジェクト・リーダー能力の視点から—」『立教ビジネスレビュー』創刊号，16-32 頁。

藤本隆宏 (2002)「製品アーキテクチャの概念・測定・戦略に関するノート」独立行政法人経済産業研究所，1 頁，3-4 頁。製品アーキテクチャの概念・測定・戦略に関するノート (rieti.go.jp)（閲覧日：2023 年 9 月 30 日）。

藤本隆宏・武石彰・青島矢一編 (2001)『ビジネス・アーキテクチャ』有斐閣，6 頁。

藤本隆宏・東京大学 21 世紀 COE・ものづくり経営研究センター (2008)『ものづくり経営学　製造業を超える生産思想』光文社新書，24-25 頁。

ルーサンス，フレッド・ユセフ＝モーガン，キャロライン・アボリオ，ブルース著，開本浩矢・加納郁也・井川浩輔・高階利徳・厨子直之訳 (2022)『こころの資本—心理的資本とその展開—』中央経済社，11-12 頁，59-205 頁，259 頁。

第12章

グローバル・マーケティングによる
共通性と異質性の文化マネジメント

1. はじめに

　1990年代以降，インターネットが多くの人々に活発に利用されてきた。その勢いは2020年以降も止まることを知らず加速し続けている。今やインターネットは我々の生活に欠かせないものであるだけでなく文化の在り方も変化させている。現在，我々は世界に散らばるアイデアを容易に知ることができるだけでなく，世界に向けて各個人が自身の考えを発信できる状態である。これは我々が各地に存在している様々な価値観，習慣，生活スタイル，流行をはじめとした文化についてタイムリーに認知・理解できる様になったことを意味する。その結果，異文化に積極的に触れ，可能な部分については取り入れようとする行動が生まれてきた。例えば日本における結婚式のスタイルが歴史的に洋風化してきていることや，海外で流行している髪型や仕草等を積極的に真似しようとする人々の行動等が挙げられる。一方で異なる文化を認知・理解することで相対的に自身が属する文化を深く捉え直す様にもなった。その結果として人々はこれまでより更に「差異」を認識するようにもなったとされている (Ghemawat, 2007)。

　このように他文化の取り入れや融合が起きることで，文化の部分的な画一化が生じている一方で，別の部分では差異の克明化も同時に進行する複雑化した状態となっている。共通性（グローバル化）と異質性（ローカル化）が入り乱れた状態をセミ・グローバリゼーションと呼ぶが，この状態をどのようにマネジメントするかが異文化経営において極めて重要な課題である。グローバル・

マーケティングは，消費者・顧客等をはじめとした様々なステークホルダー間の共通性と異質性をマネジメントし，企業の国際展開における最適化を模索する取り組みである。共通性と異質性を同時にマネジメントするためには，まずそれぞれがどの様な構造で折り重なっているのかを理解する必要がある。そこで本章ではグローバル・マーケティングの観点からセミ・グローバリゼーション下の異文化構造の概要について整理し，企業のグローバル・マーケティング活動ではどのように対応可能であるのかについて議論する。

2.　人々の自律的な文化形成

　文化は後天的に学習し，集団で習得されていく心のプログラムである（Hofstede et al., 2010）。ただし人々は所与の文化を学習し受け入れていくだけでなく，自ら日々新しく文化を創出し革新し続けている。図12-1はHofstede et al.（2010）の玉ねぎモデルを示したものである。本モデルにおいて文化は価値観，儀礼，ヒーロー，シンボルといった各層によって構成されており，中心部の変化が発生しにくいものから外縁部の変化が起こりやすい順に構成されている。価値観は人々の考え方の根幹にあたるものであり，Hofstede et al.（2010）は不確実性や権力に対する対応の程度，個人主義－集団主義傾向等，計6つの概念を提示している。価値観は挨拶の方法，食文化等に代表さ

図 12-1　玉ねぎモデル

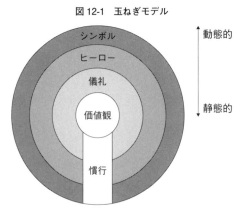

出所：Hofstede et al.（2010），邦訳6頁に一部加筆。

れる儀礼，その時々で人々を先導するヒーローの存在，流行している言葉や髪型等に代表されるシンボルの内容に影響を与えるとされている。そして儀礼，ヒーロー，シンボルは慣行と呼ばれ，動態的な側面が存在するとされている（Hofstede et al., 2010）。本章においても，文化を静態的かつ動態的な側面を兼ね備えている概念として捉えている。

　慣行の動態的な側面に焦点を当ててみると，具体例として消費者により形成された文化が興味深い存在として挙げられる。消費文化理論では消費者の自律的な文化形成について描かれており，人々の文化の軸となるアイデンティティや消費のパターン，スタイルが固定的なものでは無く歴史的に構築され変容してきたものであることを指摘している（Arnould & Thompson, 2005）。日々の商品選択という我々の行動を切り取っても，消費が行われる文脈が変化することで，その意味合いは動態的に変化する。同じマグカップであっても近所のスーパーマーケットに置かれているものと，思い出深い旅行先に置かれているものでは，人々が購入するモチベーションや購入後の扱い方も異なる。またプレゼントを贈る場合であっても，相手との関係性の深さや相手と共有した過去の思い出によって選択肢は異なる（Belk et al., 1989）。このように社会的な文脈によって我々の選択行動は変化する。そして社会的な文脈は刻一刻と変化するため，商品の選択という側面だけ見ても時代に応じて意味合いは変化することになる。文化には変動の極めて小さな部分と大きい部分が存在しているが，特に変動の大きな文化的側面を捉えようとするのが消費文化理論の特徴である。この理論は消費と銘打っているものの，人々が自律的に文化を創出していくという点に関していえば企業内外の組織をはじめとした全般の文化形成にも当てはめることができる。

　消費文化理論を踏まえれば，国や地域，経済の発展度合い，気候等といった様々な要素から影響を受けることで動態的に新しい文化は創出されていくことになる。これらの諸要素は地理的に近い場所においては類似する傾向を持つため，創出される文化的傾向は地理的にも近しい場所で出現することになる。この様な背景を持つため，文化的傾向は国や地域レベルで検討されることが多かった。国民文化という概念を提唱した Hofstede（1980）も，価値観の傾向を検証した Schwartz（2006）や Ingelhart and Baker（2000）等，異文化経営

に影響を与えてきた諸研究も国・地域レベルの文化について検証してきた歴史
がある。

　ただし近年では，近接する国・地域の文化を積極的に受け入れようとする傾
向も確認されている。この傾向はエスニック・ホモフィリーと呼ばれ，文化
形成の新しい傾向として研究が進められている（McPherson et al., 2001）。Lu
（2022）は東アジア人のエスニック・ホモフィリーが世界的に最も顕著である
ことを検証している。日本を含む東アジア人は同調や集団としての一体感を重
要視する傾向が強く，世界の文化的動向に敏感で受け入れようとする傾向があ
る。更に Lu（2022）はエスニック・ホモフィリーが強い程，人々の上に立つ
リーダーシップ姿勢を心理的に阻害しやすい点を明らかにしている。その上で
彼は，活躍するリーダーの数がエスニック・ホモフィリーの傾向と関係してい
ることを示唆している。ただしエスニック・ホモフィリーの傾向についても動
態的に変化することが指摘されている。

　文化は日々創出され，国そして時には地域レベルにまで共有されていく。本
章では共通性と異質性という二分論で文化の構造について議論を進めてきた
が，実際には創出される文化が共有される範囲によってローカル化―グローバ
ル化といったように複数の段階を有する構造となっている。図 12-2 に文化の
共有範囲とグローバル／ローカル傾向について図示した。数人のコミュニティ

図 12-2　文化の共有範囲とグローバル／ローカル傾向

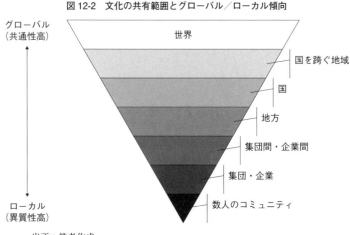

出所：筆者作成。

や集団，企業の単位で創出された文化は，集団間・企業間，地方，国，国を跨ぐ地域といった形で共有されていく。ただし拡大の範囲，スピードや経過にはエスニック・ホモフィリーの影響も関係することになる。

3. 世界的な文化

　図 12-2 においては最上部に世界的な段階を示しているが，世界的な段階にまで拡大した文化とは何を意味するのだろうか。学習し，集団で習得されていく心のプログラムという Hofstede et al.（2010）の文化定義に従えば，文化は国や地域の段階を超越した，世界的な段階についても存在することが考えられる[1]。これはいわば人類の傾向と言っても良いかもしれない。特に 2000 年代以降における世界の環境，社会的な課題の深刻化によって，人々は課題解決のために互いに助け合おうとする気運を高めた。この人々の傾向は企業による対応や行動の変化に良く表れている。ここから先は企業の動きに焦点を移しながら，世界的に人々が抱える文化についてグローバル・マーケティングの観点から検討することにする。

　2000 年代に入り，企業による戦略的な CSR（Corporate Social Responsibility）活動が活発になる。Porter and Kramer（2002）ならびに Porter and Kramer（2006）は社会的側面の追求は自社の利潤追求と相反しない点を主張し，戦略的に CSR 活動を展開する必要性を主張している。これは丁度SDGs（Sustainable Development Goals）の原型である MDGs（Millennium Development Goals）を国連が宣言し，国際的に発生している様々な社会問題に対し協力体制を求め始めた時期とも重なっている。

　2005 年には Nestlé が長期的なビジネスを展開するために，株主や消費者，顧客，取引先だけでなく，社会や環境についても積極的に考慮していく必要性を議論し，CSV（Creating Shared Value）という概念を創出している。CSV は既存の市場からどのように利潤を獲得するかを考えるのではなく，企業が長期的に存続する事の可能な社会・市場を共創しようとする考え方に基づいている。Nestlé は 2007 年の Management report や Governance report 内でCSV について触れ，2008 年以降 CSV report を発行している。2008 年に発

刊された CSV report 内では,「CSV は慈善活動ではなく,私たちの事業の基本的な部分である」,「株主や企業のために価値を創造するためには,私たち（Nestlé）が存在する国の人々のために価値を創造する必要がある」と主張している（Nestlé, 2008, p. 2）。Porter and Kramer（2011）は CSV の概念整理に取り組み,戦略的な CSR 活動に置き換わる企業の競争優位の源泉であると指摘している[2]。

　このような企業行動の変化は,人々の考え方が世界的に変化していることを意味している。企業を取り巻くステークホルダーを構成するのは人間である。人々の考え方に適応して,企業の動きも変化していくのである。2000 年以前はコストとしての意味合いが強かった企業の環境・社会に対する取り組みについても,2000 年以降は存続のために必要な取り組みという形で位置づけが変化しつつある。

4.　パーパス

　このような世界的傾向を踏まえてパーパスを明確化させる企業が増加している。パーパスとは「企業の存在意義を示す道徳的理由を示したものであり,様々な行動指針となる包括的目標」（Fitzsimmons et al., 2022, p. 208）と定義されている。パーパスは企業の対市場活動に一貫性をもたらすだけでなく,企業内の組織や各種ステークホルダーの求心力となる存在ともなっている（Gartenberg et al., 2018）。

　実際に多種多様な業界においてパーパスが積極的に用いられている。例えばスポーツアパレルを取り扱う Nike は "Our purpose is to move the world forward. We take action by building community, protecting our planet and increasing access to sport" といったパーパスを掲げており,スポーツという側面から自社がもたらす社会的影響について表明している。またグローバル小売業の Walmart は "We aim to build a better world – helping people live better and renew the planet while building thriving, resilient communities" といったパーパスを策定しており,回復力のあるコミュニティの繁栄を目標に据えている。また Goldman Sachs の様な金融業界においてもパーパスの採

用が進んでいる。日本企業においては Sony が先駆的にパーパスを策定している。2018 年に CEO へ就任した吉田憲一郎氏が最も力を注いだ同社の改革がパーパスの策定と浸透であり，パーパスの積極的な活用が競争優位の源泉となる事を示唆している（青嶋，2021）。BtoC の分野だけでなく BtoB の分野においても活用が進んでいる。例えば Panasonic connect は 2022 年にパーパスを策定し，これを軸にした企業展開を加速させている。なお企業だけでなく，非営利組織や団体であってもパーパス策定の傾向がみられている。異文化経営学会においても 2022 年に「私たちはインクルーシブで活発な学会活動を通じて，文化，国籍，言語，ジェンダー，宗教，年齢，障害などのあらゆる枠を越え，すべての人が生き生きと活躍する社会を創出し，豊かで平和な社会と人々の幸せを目指します」というパーパスが制定され，社会における組織の存在意義を明確化している。

　特にグローバルに展開する企業においては，当該企業が自社利益の追求だけでなく社会にどの様な影響をもたらすのかについて関心を持つ人々の存在が無視できない程に大きくなっており，パーパスが企業の競争力を左右する存在となっている（Ranjay, 2022）。パーパスを適切に活用している企業は市場シェアの獲得を競合他社の 3 倍の速度で行っているともされている（O'Brien et al., 2019）。また古川（2024）は世界的な影響力を持つ多国籍企業の約 51％がパーパスを明示していること，歴史の古い企業程，積極的にパーパスを導入していることを明らかにしている。

　本業を通して持続的な社会創出に貢献するという意味合いでは CSV とパーパスの考え方は一致する。企業と社会の共通価値を共創するという CSV の抽象的な概念は，各企業の理念や価値観，組織文化と紐づきながらより具体的なブランド・パーパスという概念に結晶化するのである。

　2015 年以降，SDGs が活発に議論されるようになり，企業だけではなく政府や自治体までもが社会問題に対して積極的に目を向ける様になった。また日本国外においては ESG（Environmental, Social, Governance）という観点から企業の社会問題に対する対応について関心が集まっている。従来の株主中心資本主義に対する疑問も呈される様になり，世界経済フォーラムはステークホルダー資本主義について議論を深めている。ステークホルダー資本主義とは，株

主や顧客等といった狭い利害関係者だけでなく，社会や環境についても一つの
ステークホルダーとみなし，すべての対象を考慮した経済活動から構成される
資本主義である。2019 年には企業評価のための指標を特定し，2020 年以降，
ステークホルダー資本主義に関する企業活動を評価する試みを発展させてい
る（World Economic Forum Web page）。ESG，SDGs，そしてステークホル
ダー資本主義の様な視点が世界中で活発に議論される様になり，パーパスとい
う概念に対する関心も更に高まる事となった。特に 2020 年の COVID-19 によ
る世界的パンデミック以降，更に人々は企業の社会性を問う様になった。Bai
et al.（2021）による調査では，COVID-19 により世界的に苦しい時期を人々
が経験した結果，人々の助け合おうとする姿勢が強まったことが確認されてい
る。また Hajdas and Kleczek（2021）はパーパスの存在が人々に社会を変革
させる力をもたらしているとしている。パーパスが普及し浸透するにつれ，
人々は自身の選択一つ一つが社会に影響を与えるものとなるのである[3]。

5.　ブランド・コンセプト設計とカルチャライズ

　本章ではここまで各国・各地域において創出され続ける様々な文化の存在
と，世界的な潮流として表れている文化の存在について整理してきた。異文化
経営においては，このような複雑な文化をどのようにマネジメントするかが重
要な焦点となる。グローバル・マーケティングにおいては，各国・各地域にお
ける「価値づくり」をどのように実施するのかが肝要となる。ここでの価値と
は，消費者や顧客を対象としたものだけでなく様々なステークホルダーに対す
るものである。そして価値づくりはブランディングそのものである。どの様な
価値づくりをしたいのか（ブランドの目的）が明確になれば，手段となる具体
的な組織内外に対するマーケティングも自ずと決定することになる。
　Aaker（2014）はブランド構築活動を航海に例えている。目的地が決定しな
ければ，どのような船を用いて出港する必要があるか検討することは出来な
い。ここでの目的地は企業が望むブランドの姿であり，船はマーケティングを
意味している。Aaker（2022）はブランドの全体的な方向性を決定づけるもの
がパーパスであるとしている。世の中の状況だけでなく，企業の理念や価値

観，組織文化等といった文脈を踏まえ検討されたパーパスは，ブランド・コンセプトという形で価値づくりに組み込まれる。ブランド・コンセプトは消費者や顧客に対して提供する価値を意味しており，例えば低価格，高品質，ステータス性，社会貢献性等といった様な企業が具体的に展開する便益を指している。またこれらは複数が組み合わせられた展開となるのが一般的である（Furukawa, 2018）。

　既存のブランド研究においては，ブランドの価値づくりはコア・コンセプトとサブ・コンセプトによって成立していることが明らかにされている（Aaker, 2014）。特にパーパスは価値づくりの中心となるコア・コンセプトとして反映されることとなる（古川，2021）。コア・コンセプトは企業の展開国・地域を跨って統一（標準化）展開される価値となる。企業の存在意義や目的が国や地域によって一貫していなければ，各種ステークホルダーの共感や信頼は得られない。ただし同じ価値であっても，国や地域において捉えられ方は様々であるし，各地において特殊な文化も存在するため展開国や地域においてカルチャライズ（現地化）する必要も出てくる（久保山・川崎，2022）。そこで必要となるのがサブ・コンセプトである。サブ・コンセプトはコア・コンセプトを各国・各地域で受け入れられやすくするために用いられる要素である。

　図12-3に文化の展開範囲とブランド・コンセプト設計の関係について示した。展開する軸（コア・コンセプト）は標準化要素として変化させないが，それを伝える方法やプロセスについては各国・地域においてサブ・コンセプトを複数組み合わせながらカルチャライズさせることが求められる。最終的にコア・コンセプトとサブ・コンセプトを掛け合わせることによって各国・地域において展開する4P（Product, Price, Place, Promotion）や4A（Acceptability, Affordability, Accessibility, Awareness）といったような具体的なマーケティングの内容が明らかになる。また国や地域によって，何を標準化するのか，どの部分を地域化，現地化するのかといったグローバル・マーケティングの管理にも役立てることができる。

　パーパスは一見すると抽象度が高いものであるが，ブランド・コンセプトといった具体的な内容へ落とし込むことで各企業の独自な取り組みとなっていく。近年は特にステークホルダーに対する共感を得る事が重要とされている。

図 12-3　文化に対応したブランド・コンセプト設計

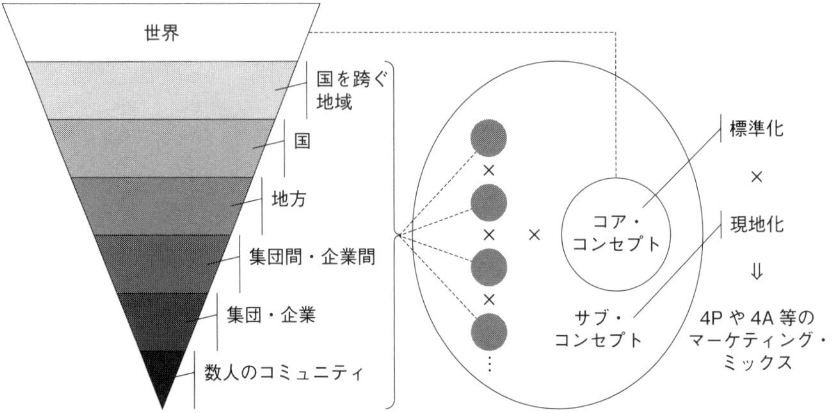

出所：筆者作成。

Burman et al.（2009）は企業やブランドのあるべき姿を体現することで，ステークホルダーの共感を如何に獲得するかがブランド構築やそれに伴うマーケティング活動において肝要なポイントであると強調している[4]。

6.　セミ・グローバリゼーションとグローバル・マーケティング

　近年においては各国・各地域に存在する文化が克明化しているだけでなく，地域的に共有される文化，世界的な潮流となる傾向も含め様々な次元が折り重なって文化の構造が成立している。文化構造の複雑化をもたらした最も重要な背景には，世界的な情報流通度の加速がある。本章ではインターネットの登場以降，人々の文化は複雑化してきたことを踏まえ，文化が共有される範囲には様々なパターンが存在すること，文化には静態的な部分だけでなく時代と共に変化していく部分も存在することを確認した。その上で世界的範囲において共有される人類の傾向についても触れながら，それに対応した企業行動についても整理してきた。本章では特にグローバル・マーケティングにおける価値づくりに着目しながら，ブランド・コンセプト設計を用いてどの様に世界や各国・地域の文化に対応する事が出来るのかについてまで検討してきた。

　各地で文化が新たに創出され，克明化しているのと同時に，世界的な価値観も創出されている。このように世界的に傾向が収斂する部分と，人々が差異を意識する部分が混在し，単純なグローバリゼーションとは言えないセミ・グローバリゼーションの世の中となっている。セミ・グローバリゼーション，かつ各所で新たな文化が常に創出され続ける現状に企業はすべて対応することは難しい。そのため，各地での動き全てに振り回されるのではなく企業の世界的に展開する価値観（軸）を明確にすることがグローバル・マーケティングにおいて肝要となる。そして企業活動の中心的な軸となるのがパーパスである。多様な文化を持つ人々の中から，自社の目指す方向性に共感してくれる人々を探すのである。2020 年以降，世界各国の企業がパーパスという点に着目してきた理由はそこにある。

　ただし企業のパーパスが明確であり，それに即したマーケティングが各国・各地域で実施されているだけでは不十分である。パーパスという軸に共感し受け入れてもらうために，各国・各地域の文化に合わせた展開も付加することが必要なのである。ブランド・コンセプト設計においてはパーパスが反映されたコア・コンセプトが軸となり世界標準化の展開内容が模索される。そして企業の展開する価値を具体化させるため，コア・コンセプトに各国や地域文化に対応したサブ・コンセプトを組み合わせて展開することが重要である。コア・コンセプトだけでは，各国・各地域においてそれぞれ異なる文脈や意味合いで捉えられることも多い。しかしサブ・コンセプトを上手く組み合わせ適切にカルチュライズさせることで，企業のアイデンティティを適切に人々に伝え，共感・理解を促進させることが可能となる。

［謝辞］
本章（特に 3・4・5 節）は下記の論文をベースに構成されている。
古川裕康（2024）「ブランド・パーパス成立の背景に関する一考察」『経営論集』明治大学，第 71 巻第 1・2 合併号，41-55 頁。

［注］
1　遺伝により習得した「万人に共通する人としての性質」については文化という概念から除外されるとされることが一般的である。しかし社会的背景を踏まえて後天的に学習してきた人としての性質については文化の範疇で捉えることが可能である。
2　CSR と CSV の関係については黒木（2013）が詳しい。2000 年以前においても CSR や環境・社会に貢献する企業への積極的な投資行動を意味する SRI（Socially Responsibility Investment）と

いった概念は存在していた。しかし環境・社会への貢献がパフォーマンスに与える影響について懐疑的な企業も多くこれらの活動に対して消極的な姿勢を取る企業も多く存在していた（Freeman, 1984）。

3　この様な潮流は世界的に進展しているとはいえ，国や地域によっては関心度合いに濃淡が存在していることも事実である。例えば Friede et al.（2015）によれば，ESG に関する活動が企業パフォーマンスに与える効果は特にアジア地域で低いことが指摘されている。また同じ世界的な潮流であっても，国や地域によってその捉えられ方も異なる点に注意する必要がある（久保山・川崎, 2022）。

4　Keller（2020）はブランド研究における潮流の一つとしてブランド・パーパスの存在を挙げ，消費者にとってブランド・パーパスが何を意味するのかといった点がブランド構築活動において重要であると述べている。

[参考文献]

Aaker, D. A.（2014）. *Aaker on Branding.* Morgan James Publishing.

Aaker, D. A.（2022）. *The Future of Purpose-Driven Branding: Signature Programs that Impact & Inspire Both Business and Society.* Morgan James Publishing.

Arnould, E. J., & Thompson, C. J.（2005）. Consumer Culture Theory（CCT）: Twenty Years of Research. *Journal of Consumer Research*, 31, 868-882.

Bai, X., Gaun, V., & Fiske, S. T.（2021）. Cosmopolitan morality trades off in-group for the world, separating benefits and protection. *PNAS*, 118（40）, e2100991118. https://doi.org/10.1073/pnas.2100991118

Belk, R., Wallendorf, M., & Sherry, J.（1989）. The Sacred and the Profane in Consumer Behavior: Theodicy on the Odyssey. *Journal of Consumer Research*, 16（1）, 1-38.

Burmann, C., Jost-Benz, M., & Riley, N.（2009）. Towards an identity-based brand equity model. *Journal of Business Research*, 62（3）, 390-397. https://doi.org/10.1016/j.jbusres.2008.06.009

Freeman, R. E.（1984）. *Strategic Management: A Stakeholder Approach.* Harper Collins College Division.

Fitzsimmons, A. B., Qin, Y. S., & Heffron, E. R.（2022）. Purpose vs mission vs vision: Persuasive appeals and components in corporate statements. *Journal of Communication Management*, 26（2）, 207-219. https://doi.org/10.1108/JCOM-09-2021-0108

Friede, G., Busch, T., & Bassen, A.（2015）. ESG and financial performance: Aggregated evidence from more than 2000 empirical studies. *Journal of Sustainable Finance & Investment*, 5（4）, 210-233. https://doi.org/10.1080/20430795.2015.1118917

Furukawa H.（2018）. Global Marketing Management Based on the Brand Concept: A Theoretical Framework.『淑徳大学研究年報』第1巻，241-252頁。

Gartenberg, C. M., Prat, A., & Serafeim, G.（2018）. Corporate purpose and financial performance. *Organization Science*, 30（1）, 1-18. https://dx.doi.org/10.2139/ssrn.2840005

Ghemawat, P.（2007）. *Redefining Global Strategy: Crossing Borders in a World Where Differences Still Matter.* Harvard Business Review Press.

Hajdas, M., & Kłeczek, R.（2021）. The real purpose of purpose-driven branding: Consumer empowerment and social transformations. *Journal of Brand Management*, 28（4）, 359-373. https://doi.org/10.1057/s41262-021-00231-z

Hofstede, G.（1980）. *Culture's Consequences.* Sage Publications.（萬成博・安藤文四郎訳［1984］『経営文化の国際比較―多国籍企業の中の国民性―』産業能率大学出版部。）

Hofstede, G., Hofstede, G. J., & Minkov, M. (2010). *Cultures and Organizations: Software of the Mind* (3rd ed.). McGraw Hill.（岩井八郎・岩井紀子訳［2013］『多文化世界―違いを学び未来への道を探る（原書第 3 版）』有斐閣。）

Inglehart, R., & Baker, W. E. (2000). Modernization, Cultural Change, and the Persistence of Traditional Values. *American Sociological Review*, 65 (1), 19-51.

Keller, K. L. (2020). Consumer Research Insights on Brands and Branding: A JCR Curation. *Journal of Consumer Research*, 46 (5), 995-1001. https://doi.org/10.1093/jcr/ucz058

Lu, J. G. (2022). A social network perspective on the Bamboo Ceiling: Ethnic homophily explains why East Asians but not South Asians are underrepresented in leadership in multiethnic environments. *Journal of Personality and Social Psychology*, 122 (6), 959-982. https://doi.org/10.1037/pspa0000292

McPherson, M., Smith-Lovin, L., & Cook, J. M. (2001). Birds of a Feather: Homophily in Social Networks. *Annual Review of Sociology*, 27 (1), 415-444. https://doi.org/10.1146/annurev.soc.27.1.415

Nestlé (2008). *The Nestlé Creating Shared Value Report*. https://www.nestle.com/investors/annual-report/creating-shared-value Accessed 9 March 2023.

O'Brien, D., Main, A., Kounkel, S., & Stephan, A. R. (2019). Purpose is everything. How brands that authentically lead with purpose are changing the nature of business today. Deloitte, 15 October 2019. https://www2.deloitte.com/us/en/insights/topics/marketing-and-sales-operations/global-marketing-trends/2020/purpose-driven-companies.html. Accessed 9 March 2023.

Porter, M. E., & Kramer, M. R. (2002). The Competitive Advantage of Corporate Philanthropy. *Harvard Business Review*, 80 (12), 56-68.

Porter, M. E., & Kramer, M. R. (2006). Strategy &Society: The Link Between Competitive Advantage of Corporate Social Responsibility. *Harvard Business Review*, 84 (12), 78-92.

Porter, M. E., & Kramer, M. R. (2011). Creating Shared Value. *Harvard Business Review*, 89 (1-2), 62-77.

Ranjay, G. (2022). *Deep Purpose: The Heart and Soul of High-Performance Companies*. Harper Business.

Schwartz, S. H. (2006). A Theory of Cultural Value Orientations: Explication and Applications. *Comparative Society*, 5 (2-3), 137-182.

World Economic Forum. https://www.weforum.org/ Accessed 9 March 2023.

青嶋稔（2021）「経営理念からパーパス経営への進化」『知的資産創造』2021 年 7 月号，22-41 頁。

久保山活気・川崎訓（2022）『ブランドカルチャライズ』クロスメディア・パブリッシング。

黒木康成（2013）「Michael E. Porter による CSV 提唱の歴史的背景」『経営学研究論集』第 40 号，4-12 頁。

古川裕康（2021）『グローバル・マーケティング論』文眞堂。

古川裕康（2024）「ブランド・パーパス成立の背景に関する一考察」『経営論集』第 71 巻第 1・2 合併号，41-55 頁。

第 13 章

異業種連携に基づくイノベーション[1]
──普及のためのビジネスモデル

1. はじめに

　近年，セルフレジを導入する流通業者が増えてきている。今日の状況では，一般に普及しているセルフレジは大きく2種類に分けることができ，買い物客が一品ずつバーコードリーダーで読み取る方式が一つで，もう一つはレジの横に備え付けられた箱のような入れ物に商品をまとめて入れることで，一度にすべての商品情報が認識されるタイプのものである。スーパーマーケットなどでは前者が多く，後者はアパレル企業での採用が多い。国内ではユニクロが後者を採用している。どちらも人手不足の解消につながるという利点の他，感染症対策上，対面での販売を避けられるという利点も加わり，導入する企業が増えた経緯がある。これら2種類の方式の内，本章では後者の技術に注目していくことになる。

　後者の技術は，RFID（Radio Frequency Identification）と呼ばれる技術が活用されており，商品情報が収められている小さなチップが商品のタグに組み込まれ，これをリーダー機器が無線で通信しながら読み取る仕組みとなっている。無線で通信するため，バーコードのようにリーダーを近づけなくても非接触での読み取りが可能となっている。

　このRFIDは用途に応じていくつかのタイプに分けられるが，今日最も普及しているタイプのものは，国際的な企業間連携であるのと同時に，異業種企業間による連携という複雑な連携関係の中でイノベーションが進められてきている。

　こうした複雑な連携関係の中で効率的にイノベーションを推進していくためには，当該技術の仕様は国や業界の違いに関係無く統一させておく必要がある。RFID の場合，仕様統一を進める組織に GS1（Global Standard One）と呼ばれるコンソーシアムがあり，世界中から 100 万社を超える多くの企業が加盟する機関で運営されている。この中は製造企業もいれば，物流企業や流通企業など，さまざまな業種の企業によって構成されている。後に詳述するように，GS1 では国や地域の枠を越え，さらには業種や業界の壁を越えた状況で技術開発が進められているのである。当然のことながら，参加する企業はそれぞれの価値観や戦略的な思惑の中で活動している。

　かつて馬越（2010）は，経営の拠点が複雑に分かれるグローバル経営においては，異なる経営環境においても共通する「普遍的視点」と，環境によって異なる「文化相対的視点」のバランスを取ることが異文化経営にとって重要であると述べていたが，同じことがここでも当てはまる。RFID の普及について利用者側（ここでは RFID を導入する企業側）は，何れの企業であっても当該技術の利便性を向上させるという点では普遍的視点が求められるだろうが，一方で例えばチップにどのようなデータをどのように格納するかといった実践的な部分においては，利用者にとってそれまで使い慣れた方法を求めるなど，利用者が属す国や業界の違いによって要求仕様が異なることも少なくない。こうしたバランスをとることが GS1 には求められることとなる。

　このような国際的な異業種連携によるイノベーションは，これまでの異文化経営にはなかった新たな難しさを提示するものと言える。本章が注目したいのは，こうした難しさを越えるために GS1 がとった施策である。その施策とは，GS1 で利用する技術（知財），あるいは GS1 で開発される技術（知財）はすべてロイヤリティフリー（無償化）で進めるという原則だった。一般に，技術を開発した企業が，その技術のロイヤリティで収入をあげることは少なくないが，GS1 ではそれが認められていない。実は，こうした知財の無償化という施策は，GS1 だけではなく近年似たような状況下で進められるイノベーション活動において増えてきている。

　なぜこうしたケースが増えてきているのか，これについて本章では GS1 の取り組みを手がかりにしながら，そのメカニズムについて深く探っていくこと

を目的としている。以下，次節において，まずこれまでのイノベーション戦略研究においてどこまで明らかにされているかについて整理し，第3節において国際的な異業種連携をうまく進めている GS1 の取り組みについて詳しく見ていく。その後，第4節において無償化はどのように進められているのかその実態についてまとめ，その内容をもとに第5節においてイノベーションの無償化の意味を考察することにする。

2. 既存のイノベーション戦略研究について

　今日，異業種連携自体は珍しいものではない。例えば，最近ではソニーとホンダが連携して EV を開発し，2025 年の受注開始に向けた動向などが話題になっている。この連携は日本企業同士による連携だが，海外企業との異業種連携も珍しくない。同じ自動車関連の連携で言えば，トヨタが 2016 年にマイクロソフトとの提携を発表し話題になったことがあった。その連携では，いわゆる「コネクテッドカー」の開発を目指すことが発表された。

　このように，相手が特定された企業間による異業種連携はこれまでにも見られるのだが，本章では先に触れた GS1 のような不特定多数の企業が集まって進められる国際的な異業種連携に注目することとなる。国境を越え（国際化），業界の壁を越え（業際化），さらには参加する企業が不特定多数となる連携では，その運営の仕方は他の一般的な企業間連携とはまったく異なると言って良いだろう。実際，こうした複雑な連携は 2000 年代に入って増えてきている。デジタル化の進展がその背景にあるためである。

　90 年代の後半にはデジタル化によってインターネットへの接続が進められるようになっていくが，一般の生活者にとって携帯電話など身近な機器によるネット接続が実感できるようになっていくのが 2000 年代に入ってからのことである。モノのインターネットと言われる IoT（Internet of Things）の概念が出されたのが 1999 年だった（Davenport & Sarma, 2014）。

　その後，IoT 関連技術もさまざまな企業から出されることから，ますます IT 主導の競争が展開されるようになるなど，企業のイノベーション戦略にも影響を及ぼすこととなっていく（Porter & Heppelmann, 2014）。

　イノベーション戦略研究においても，こうした環境変化を捉えた研究が多く出されるようになった。だが，実は国際化と業際化が同時に進む状況を捉え，さらには不特定多数の企業によって進められるイノベーション戦略に関する研究はまだ少ないのが実状である。

　図13-1は企業間連携を類型化したものである。ヨコ軸は連携先企業の国籍による分類で，同一国内企業だけで進められる連携か国際的な関係のもとで進められる連携かによって分けており，タテ軸は連携先企業が同じ業種か否かによって分けている。要するに，どこ（国内企業か海外企業か）の誰（同一業者か異業種企業か）と組んだのかについて整理するとこうなる，という図である。

　先に挙げたソニー・ホンダの連携はAに位置づけられ，トヨタとマイクロソフトの連携はDということとなる。本章が対象とする領域もDとなるが，本章の議論ではGS1のように不特定多数の企業によって進められるという特徴がこれに重なることとなる。先にも触れたように，IoT関連技術などでは不特定多数企業によるD型のケースは増えているが，イノベーション戦略研究ではそのことを踏まえた研究は少ない。

　なぜなら，これまで多くのイノベーション戦略に関する研究は，ある程度業界が特定された中で論じられることが前提となっていたためである。その前提

図13-1　企業間連携の類型

出所：筆者作成。

の下，ネットワーク外部性を通じた波及効果やロックイン効果等に関する研究（Farrell & Saloner, 1986；Basen & Farrell, 1994；Shapiro & Varian, 1998；Shapiro, 2000；Jakobs, 2005），あるいはある特定技術や製品における標準化（デファクトスタンダード）や，標準化を通じて得られる規模の経済性に注目する研究などが発展していった（山田，1993；新宅他，2000；竹田他，2001）。これらは，先に示した図13-1の「B」や「C」の中で進められた連携に関する研究内容となっている。一方で，独自技術をもとにした企業の戦略行動についての研究（Wegberg, 2006；Warne, 2005；小川，2009；Uchida, 2015）や知財の占有可能性についての研究（Simcoe, 2006；Kajiura, 2010）等も見られるようになるが，これもやはり業界が特定された中で議論が進められている。また，2010年以降になると，イノベーションが国境を越えるばかりで無く，業種や業態を越えた広がり（Armann & Cantwell, 2012；安本・真鍋，2017）を前提としているものも見られるようになっていく。これらの研究では同図の「C」から「D」へ移行するプロセスを前提にしたものとなっている。

　以上のようなこれまでの研究に対し，本章で見ていきたいのは，国際化と業際化が同時に，かつ不特定多数の企業で進められるといったイノベーションということとなる。これ以降，本章ではこの点に集中して取り組んでいく。

　そこで次節において，不特定多数の企業によって進められるD型のイノベーションの事例としてGS1を見ていくことにしよう。

3．GS1の取り組み

(1)　GS1の役割

　GS1は，各国の流通コード体系を国際的に標準化し，それらの管理運営を進める国際機関となっている。例えば，私たちが購入する商品にはバーコードがついているが，アマゾンなどで海外から購入する商品には長さや形状の異なる複数のバーコードが貼られていることに気づくことがある。バーコードは世界で100種類もあると言われるくらい，国や業界によっては使い分けられることが多いのだが，効率化させる上でGS1が標準仕様を策定している。

図 13-2　識別コードの一例

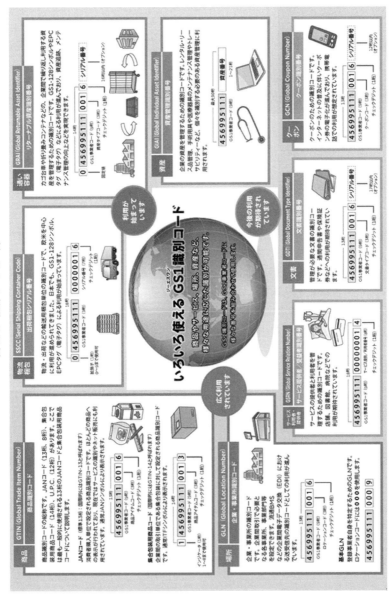

出所：GS1 Japan が公表する識別コードパンフレット, 3 頁 (https://www.gs1jp.org/standard/identify/pdf/gs1_panf.pdf)。

　図13-2は，GS1が策定する識別コードを紹介しているものだ。識別コードとは，バーコードの下に並んでいる数字のことだが，その数字には用途に応じて特定の意味が与えられている。その内容を示しているのが図13-2ということになる。

　特に，多くの企業が国際化していることを考えると，一つの商品が製造業者から物流業者，卸売業者，そして小売業者へと，国境を越え，業種や業界を越えた事業者を経由することによって成り立つグローバルサプライチェーンの効率化が大きな課題となってくる。このことを考えると，GS1の取り組みは，国際化と業際化が同じタイミングで進むことによって起こりうる問題の解消が目指されていると捉えることができる。

　このGS1はブリュッセルに本部を置き，世界110カ国に支部機関が設置されている。日本ではGS1 Japanの名称の下，GS1に加盟する日本企業に対しGS1で策定された標準の普及や推進などが進められている。

　こうしたGS1の取り組みによって，商品の流通はかなり効率化が進められているのではあるが，バーコードの場合はそれ自体，一つ一つバーコードを読み取る作業が求められることから，効率化を妨げる要因も含まれている。これを一気に解消するのがRFIDとなっている。

(2)　RFIDの機能

　RFIDは，1999年にマサチューセッツ工科大学に設置されたAUTO-IDセンターで開発されたのだが，その際，RFIDはIoTに欠かせないアイテムとして捉えられていた（Davenport & Sarma, 2014）。

　図13-3はユニクロの商品タグに埋め込まれたRFIDタグである。左右同じものだが，右側のように光に透かすと中にRFIDがあるのが分かる。RFIDにはいくつか種類があり，内部にバッテリーを備えず，リーダー機器からの電波を動力源として動くタイプ（パッシブタグ）と，RFIDにバッテリーを備えたタイプ（アクティブタグ）がある。通信距離は短くなるが，低コスト化や小型化に優れているため，一般にパッシブタグが普及している。図13-3もパッシブタグである。

　こうしたRFIDタグのついた商品であれば，バーコードのように一つずつ読

図 13-3　ユニクロの RFID タグ

出所：筆者作成。

み込まなくても一度にすべての商品を読み込むことができる。また，会計が終わると，支払いが完了した旨の情報がチップに書き込まれるため，そのまま店外に持ち出しても警報が鳴らないようになっている。

　このように，複数の情報を一度に読み込み，さらに新たな情報も加えることが瞬時にできることが RFID の最大の特徴である。バーコードでは不可能な技術的処理が，RFID では一瞬でできてしまう。特に，無数のコンテナが流れてくるような物流の現場において，あるいは倉庫の中で大量に積み上げられた在庫を管理する上で，RFID によってどこに何があるかが瞬時に見分けられることとなる。

⑶　RFID の標準化

　こうした RFID も，使い勝手を向上させるためには，チップの中にどのような情報をどのように格納するか，といったことを決めなくてはならず，GS1 において標準仕様を策定する活動が進められている[2]。RFID は，その特長からバーコード以上の効果が期待されている技術ではあるのだが，タグ自体のコストの問題もあるため，バーコードほど普及していないのも事実である。そのため，GS1 においてさまざまな立場のユーザーが使いやすい技術を開発し，その技術の標準化を通じて普及拡大が目指されている。この考え方が，先に示した

図13-1のD型によるイノベーションを検討する上での示唆を提示するものと
考えている。

　GS1における標準化プロセスの最大の特徴は，徹底したユーザー主導である
ということである。もちろん，開発された技術がユーザーに採用されなければ
普及も難しくなることを考えると，ユーザーの意向を無視することはできない
はずである。当該技術の組み込まれた製品の普及にせよ，特許料収入にせよ，
ユーザーの採用があって初めて収益化につながるためである。

　しかしながら，この考え方は技術を開発した企業側（あるいは権利を持つラ
イセンサー側）を中心とした捉え方となっている。当然のことながら，事業戦
略上，この考え方は大切ではあるが，かつてのデファクトスタンダードを巡る
競争がそうであったように，開発者側の想定する範囲内に技術用途が特定され
ることが少なくない。その結果，規格の乱立といった事態に発展しかねない状
態になってしまう。

　例えば，かつてDVDが誕生した際，その用途として長時間映像の記録が想
定されていた。開発していたのは，ソニーや東芝を中心に限られた企業によっ
て進められていたが，主に長時間映像の記録という用途の中，開発者の論理
による競争が展開された。その結果，再生専用の規格としてのDVD-Video，
DVD-ROM，一度だけ書き込み可能な規格としてDVD-R，DVD+R，複数回
の書き込みが可能な規格としてDVD-RW，DVD+RW，DVD-RAMといった
規格が乱立してしまった。これらの規格は開発した企業側の戦略的思惑が優先
されるため，相互に互換性はなかった。そのため，一般のユーザーにとっては
使い勝手の悪い状態の中で開発が続けられていたのである。DVDという名称
は，Digital Versatile Disc（デジタル多用途ディスク）ではあったのだが，実
際には用途は限られてしまっていたため，今日ではあまり利用される機会は無
くなってしまっている。

　技術を普及させ，また長期間にわたって持続させるためには，こうしたリス
クを避けなくてはならず，そのためにGS1では加盟企業がユーザーであると
いう前提の下，GS1で開発される技術がいかに利用されやすくなるかという想
定の中で運営が行われている。特に，国際的かつ業際的な企業によって構成さ
れている機関であるため，さまざまな場所やさまざまな状況でのユーザーニー

ズに対応可能な技術であることが重視されているのである。

　そのため，技術を持つ特定の企業が主導的に開発を進めることができないよう GS1 ではルール化されている。具体的には，最初にユーザー側から要望が出され，それに基づいて標準化プロセスが始められるというプロセスとなっている。また，その時点で技術を持つ企業側からの主張は除外されるという取り決めもある。技術を持つ企業が既に保有する技術をもとに将来の標準化を目指そうという動きを制限するためである（内田，2018）。

　また，GS1 で開発された技術は，GS1 に加盟する企業は無償で利用できるようルールが制定されている。具体的には，知財の取り扱いについてルール化する IPR ポリシー（intellectual property rights policy）が定められており，それによると GS1 で新たに開発された技術だけでなく，当該技術を所有していた企業も，GS1 の中ではロイヤリティフリー（royalty free，以下 RF）による実施許諾が求められることになっている[3]。

　つまり，技術を有す企業は，その権利をもとに特許料収入をあげるためのビジネスモデルをつくりあげることは，この GS1 では認められておらず，あくまでユーザー主導で進められているのである。

　先に，DVD の規格乱立について述べたが，開発者の論理で進められるビジネスの場合，開発者同士の競争により思うように普及が進まないことも少なくない[4]。図 13-1 の D 型の中でのイノベーションを促進する場合には，こうした GS1 の取り組みから示唆を得ることができるのである。

　実際，先にも触れたように，今日普及が進む IoT 製品で採用される技術には，D 型を前提とするイノベーションが求められるようになってきている。そのような中で生み出される技術は，実は RF で進められるケースが増えてきている。このことについて，次節で詳細にみていくことにしよう。

4.　無償化の実態

　図 13-1 の D 型を前提としたイノベーション活動を代表するものとして挙げられるのが IoT 関連技術の領域である。IoT 技術の場合，インターネットを介してさまざまな機器が接続されることに意味があるが，単に接続されるとは

言ってもそこには多くの課題がある。

　例えば，さまざまなデバイス間で接続するためには，共通したプロトコルを決めなくてはならないし，またそれだけでなく，各 IoT デバイス間で接続されることによって実現されるサービスの信頼性の担保，さらには確実な相互運用性とともに安全な通信も実現されなくてはならない。それを，さまざまな国や地域の企業が，さまざまな業界で実装できるような技術であることが求められる。このような国際的にも，業際的にも対応することを可能にするための有効な施策として挙げられるのが，GS1 で見られたユーザー主導なイノベーションということになるのである。

　実際，IoT 関連技術を開発する代表的な機関の一つに OCF（Open Connectivity Foundation）と呼ばれるコンソーシアムがあるが，ここでも RF での運営を原則とすることを同機関の IPR ポリシーに明記されている。

　この OCF は，もともとインテルやサムスンなどが中心となって運営していた OIC（Open Interconnect Consortium）に，マイクロソフトやクアルコムなどを加え，2016 年に設立されたコンソーシアムである。現在は，世界中から IT 企業，家電メーカー，住宅設備メーカー，不動産開発業者，コンサルティングファームなどの異業種企業が 500 社以上集まって運営されている。ここで開発された技術は，メンバー企業は無償で利用できることが，IPR ポリシーで決められているのである。事実，同機関の公式 Web サイトのトップページにおいて，メンバー主導（member-driven）で進められることが冒頭で明記されている[5]。こうした傾向が，国際的かつ業際的な技術開発コンソーシアムで増加してきているのである。

　かつて，筆者はこの OCF のような図 13-1 の D 型に位置づけられるコンソーシアムにおいては，どのように知財が管理されているかを把握すべく調査したことがあったが，調査をした 61 のコンソーシアムの中で，51 コンソーシアムが RF をもとに進めていることが分かった[6]。中核技術を無償化することを通じた技術開発が，その結果から感じられる。

　では，このことが意味することは何か。本章最後はそのことについて整理することにする。

5. 無償化の意味

　本章がここまで見てきているように，中核技術の無償化は，すべての技術開発において言えることではない。それを確認するために，今一度，図13-1を思い出してみたい。

　図13-1の4つのタイプでそれぞれイノベーションを目指すとした場合，開発者が想定するイノベーションの普及範囲をイメージしたものが図13-4である。自社だけで開発できる技術もあれば，他社との連携によって開発される技術もあるはずだが，いずれにしろ技術はイノベーションプロセスを通じて開発されることを左右それぞれの図の下部で示し，それがどこで普及されるかをそれぞれの図の上部で示している。

　そして，この図の左側が図13-1のA型からC型までの内容に対応しているのであるが，イノベーションプロセスを経た技術はいずれも地域的な範囲（A型，B型），もしくは技術が使われる事業の範囲（B型，C型）が特定されることを示している。この場合，開発者は技術用途を特定できるため，開発者の論理で事業プランを立てることが可能となる。これがこれまで一般的に進められてきた競争戦略の前提である。

　ところが，本章で見てきたような技術の場合，イノベーションの段階から図

図13-4　イノベーションの普及範囲

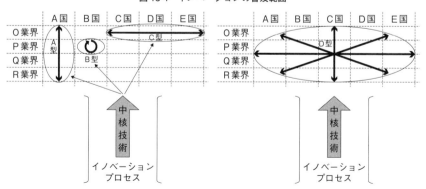

出所：Uchida（2019），p. 86をもとに一部修正。

13-4 の右側で示すように，全範囲を想定しなくてはならないことを意味する。つまり，「どこの誰が使うか想定しにくい状況に対応しなくてはならないイノベーション」ということになる。当然のことながら，利用者にとって使いにくい技術であれば採用されないことも十分にあり得ることとなるだろう。RF で進められるイノベーションであるということは，開発者側の論理を抑制し，ユーザー側の意向が優先されるという意味がここに見出せる。

　以上から言えることは何か。それは，異業種連携にもとづくイノベーション，換言すれば異文化空間に対応可能なイノベーションでは，ユーザーオリエンテッドな事業運営が求められることとなり，その際にカギを握るのが「イノベーションの無償化」ということなのである。

6.　今後の展望

　本章ではこれまで異業種連携に基づくイノベーションについて，そのカギを握るのがイノベーションの無償化であることを述べてきた。だがこの場合，ユーザー側にとってはありがたいが，イノベーターはどこにモチベーションを見出せるのかという点についても触れておきたい。

　GS1 で RFID タグの基幹技術を持つ企業に米インピンジ社がある。同社はGS1 に対して当該技術の無償実施許諾に応じている。したがって，この技術がいくら普及しても，そこから特許料収入は入らない。だが，無償化された技術と関連する周辺領域での事業は可能となる。

　実際，同社では RFID タグを読み取ったり書き込んだりするリーダー・ライター機器は世界的に定評がある。今後ますます RFID が普及するにしたがって，同社製品に関する事業の将来性には期待が寄せられている。また，同社では RFID を導入する企業に対するソリューション事業も手がけており，こうしたことも RFID タグを熟知していることが寄与するものと考えられる。

　国際化と業際化が同時に進む環境において確認されるイノベーションの無償化は，イノベーターの収益機会を無くすことではない。無償化をもとに，新たなビジネスモデルを開発できるかどうかが試される事業環境ということになるだろう。

［謝辞］
　本章の執筆においては，GS1 Japan ソリューション第 2 部部長の浅野耕児様に対して行われたヒアリングに拠るところが大きくなっております。この度の浅野様のご協力に対し，ここに記して御礼申し上げます。

［注］
1　本稿は JSPS 科研費「基盤研究 C」（18K01833, 20K01866, 22K01702）の助成を受けて進められた研究成果の一部である。
2　正確には GS1 の下部組織に位置づけられている GS1 EPCglobal という組織で進められている。
3　実際には GS1 の IPR ポリシー（GS1 では「IP ポリシー」と呼ばれている）では，表向きはRAND ライセンス（Reasonable And Non-Discriminatory，合理的かつ非差別的な実施許諾）も認められているのではあるが，GS1 に対する筆者のヒアリングでは仮にそのような企業が出現した場合には RF に切り替えるよう粘り強く説得し，要請に応じられない場合には当該技術を迂回して標準化が進められるとのことだった。なお，この内容については内田（2018）で詳述されている。
4　ここに記載されていることに加え，技術特許の絡む競争の場合，ある程度普及が進んだあとになって権利を持つ企業が現れ，法外な使用料を請求すると言った「ホールドアップ」問題もみられたことがあった。こうしたリスクを回避する上でも，GS1 では IPR ポリシーを通じ，当該技術の無償提供が求められている。
5　OCF の公式 Web サイトは次を参照。https://openconnectivity.org/
6　この調査の内容については Uchida（2019）に詳述しているが，調査対象先としては一般社団法人情報通信技術委員会（Telecommunication Technology Committee, TTC）の発行する報告書（2017 年版）に掲載されているコンソーシアムに設定した。同報告書は，毎年，IoT 関連をはじめ，世界のアクティブな情報通信関連の技術開発コンソーシアムを紹介している。なお，近年の状況も把握すべく，あらためて 2022 年版を使って調べてみたが，同様に RF が多く見られたことを付記する。

［参考文献］
Armann, E., & Cantwell, J. (eds.) (2012). *Innovative Firms in Emerging Market Countries*. Oxford University Press.
Besen, S. M., & Farrell, J. (1994). Choosing How to Compete: Strategies and Tactics in Standardization. *Journal of Economic Perspectives*, 8 (2), 117-131.
Davenport, T. H., & Sarma, S. E. (2014), Setting Standards for the Internet of Things. *Harvard Business Review*, 92 (11) (November 2014), 64-88.
Farrell, J., & Saloner, G. (1986). Standardization, Compatibility, and Innovation. *RAND Journal of Economics*, 16, 70-83.
GS1 Website（https://www.gs1jp.org/standard/identify/pdf/gs1_panf.pdf, 2023 年 9 月 18 日アクセス）
Jakobs, K. (ed.) (2000). *Information Technology Standards and Standardization: A Global Perspective*. Idea Group Publishing.
Jakobs, K. (ed.) (2005). *Advanced Topics in Information Technology Standards and Standardization Research* (Vol. 1). Idea Group Publishing.
Kajiura, M. (2010). The Strategic Consortia Movement in Standardization. *International Journal of Manufacturing and Management*, 21 (3/4), 324-339.
Porter, M. E., & Heppelmann, J. E. (2014). How Smart, Connected Products Are Transforming

Competition. *Harvard Business Review*, 92 (11) (November 2014), 64-88.

Shapiro, C., & Varian, H. R. (1998). *Information Rules: A Strategic Guide to the Network Economy.* Harvard Business School Press.

Shapiro, C. (2000). Navigating the Patent Thicket: Cross Licenses, Patent Pools, and Standard-Setting. Working Paper No CPC00-11. University of California at Berkeley.

Simcoe, T. S. (2006). Open Standard and Intellectual Property Rights. in Chesbrough, H., Venheaverbeke, W., & West, J. (eds.). *Open Innovation, Researching a New Paradigm.* Oxford University Press. (PRTM監訳, 長尾高弘訳 [2008] 『オープンイノベーション』英治出版。)

Uchida, Y. (2019). International Standardization of the New Technology Paradigm: A Strategy for Royalty-Free Intellectual Property. in Cantwell, J., & Hayashi, T. (eds.). *Paradigm Shift in Technologies and Innovation Systems.* Springer, 73-103.

Uchida, Y. (2015). He Relationship Between Technology and Diffusion Process, Journal of Business and Economics. *Academy of International Business and Economics*, 15 (1).

Warne, A. G. (2005). Block Alliances and the Formation of Standards in the ITC Industry. in Jakobs, K. (ed.). *Advanced Topics in Information Technology Standards and Standardization Research.* Idea Group Publishing, 50-70.

Wegberg, M. V. (2006). Standardization and competing consortia: The trade-off between speed and compatibility. *Journal of IT Standards & Standardization Research*, 2 (2), 18-33.

内田康郎 (2018)「IoTの進展にみる技術の業際化：国際ビジネスの業際化とそのメカニズムについて」『世界経済評論』2018年11-12月号，国際貿易投資研究所，84-92頁。

小川紘一 (2009)『国際標準化と事業戦略』白桃書房。

新宅純二郎・許斐義信・柴田高編 (2000)『デファクトスタンダードの本質』有斐閣。

竹田志郎・内田康郎・梶浦雅己 (2001)『国際標準と戦略提携』中央経済社。

馬越恵美子 (2010)「異文化経営とその社会的使命」，馬越恵美子・桑名義晴編著『異文化経営の世界』，3-20頁，白桃書房。

安本雅典・真鍋誠司 (2017)『オープン化戦略：境界を越えるイノベーション』有斐閣。

山田英夫 (1993)『競争優位の規格戦略』ダイヤモンド社。

あとがきに代えて：異文化経営学会の歩み

1. 設立の経緯

(1) 設立の趣旨

　グローバリゼーションは，ビジネスのみならず，社会の隅々にまで広がりつつある。今後は，多国籍企業によるグローバルビジネスの展開というマクロ的な流れ以上に，情報技術の普及により，国を越えて人々が瞬時に交流するという，ミクロのグローバリゼーションが進展すると予想される。その反面，文明の衝突と言われるように，国や民族や宗教や地域の間や，個人の間で，文化がぶつかりあい摩擦を生んでいることも事実である。

　経営に目をむければ，20世紀末にはアングロサクソン的経営が競争力をもち，各国の経営手法が米国中心のいわゆるグローバル・スタンダードに収斂していく傾向が見られた。しかし新世紀の到来とともに，米国の大企業数社が破綻し，経営トップの不祥事が白日の下にさらされ，米国型経営の神話はもはや風前の灯火である。また1980年代に一世を風靡した日本的経営もいまや過去の遺物となっている。一方この間，中国は世界の工場と称されるまでに発展し，台湾，韓国，シンガポールなどの躍進もめざましいものがある。

　このような状況にあって，アジアに位置しながら，欧米企業と肩をならべるまでに発展した日本企業はますます，国際化の歩を進めている。すでに，海外に現地法人を設立するのみならず，本社のトップに外国人を迎えたり，本社そのものを海外に移転したりする試みが始まっている。また，海外に進出した企業には異文化経営に関する豊富な事例があり，海外現地法人という異文化の最前線で苦労を重ねた先人のエピソードも数多くある。さらに，日本企業の生産現場で培われたノウハウも海外の工場に移植され，活かされている。

　しかし残念なことに，これらの経験知は断片的なものとして存在し，社会的

に共有されるまでにいたっていない。それだけでなく，これまでの経験知を〈異文化経営論〉として系統的に研究し蓄積し，発信することを目的に活動している組織も，今のところ存在していない。ここに本学会発足の意義がある。

　本学会は，様々な国籍や言語や文化的背景の人々が織り成す〈異文化経営〉の事例研究を系統的に行い，経験知を形式知に転換することで得られた知識や知恵を，後世に継承することを使命としたい。また，国内外の人的交流を図り，かつ新たな理論的な枠組みを提唱することも目指す。なお文化に関しては，これを広義に捉え，国，地域，企業，組織，個人等の様々な視点を尊重しながらマネジメントとの関連から捉えたいと考える。

　異文化経営学会は，その名が示すごとく，国籍，ジェンダー，年齢等の属性を超えた学会であり，多様性が生み出すシナジー効果をねらっている。さらに，海外の論説を一方的に取り入れる受身の姿勢ではなく，積極的に海外に向けて意見を発表する，日本発信型かつ，双方向型のコミュニケーションを図りたいと願っている。

　異文化経営こそ企業経営の要諦である，との確信をもって，欧米中心でなく，アジアを含む，全世界的視点で，〈理論と実践と心〉を中心に，同様の問題意識をもつ方々と手を携えて，よりよい日本と世界のために，知の結集をはかってきたい。また将来においては，日本およびグローバル社会に向けての政策提言をも視野に入れて活動したい。

　以上は，2003年3月11日に設立した異文化経営学会（設立当初は研究会）の趣旨であり，設立発起人は馬越恵美子，林倬史，谷口洋志，高橋俊一である。

　その当時の世界状況に照らしてしたためた文章であるが，20年を経た現在でも通用するのではないかと思われる。

⑵　設立の経緯

　異文化経営学会に設立にあたっては，現会長の馬越の個人的な経験が大きく関与しているため，その経緯を開示することをお許しいただきたい。長年，同時通訳として異文化の狭間で仕事をしてきた馬越は，人は文化的背景によって

その行動や言動が左右されることを目の当たりにし，さらに，大学院で経済
学と経営学を学び，文化と経営を融合させた「異文化経営論」に行き当たっ
た。調査を進める過程で，異なる文化を強調するのではなく，共通性を追求し
て効率のよいベストプラクティスこそビジネスに有効であるとの確証を得た馬
越は，21世紀には異文化経営論は不要ではないかと思うに至った。ところが
2001年9月にサンフランシスコ講和条約50周年記念のミッションの一員とし
て渡米し，各地で講演などを行っていた最中の9月11日に同時多発テロに遭
遇。異文化のフロンティアはまだまだ広がっていることに気づき，異文化経営
論の重要性を再確認した。帰国後，さらにその思いを強くし，さらには2002
年に桜美林大学に教授として転職し，同時に立教大学で非常勤講師として1年
限りの約束で異文化経営論を教えた。その授業を受講していたのが当時，立教
大学大学院の修士課程で異文化経営論を専攻していた高橋俊一（現事務局長・
立正大学准教授）である。1年の授業を終える最終日，受講生の紹介で味の素
で海外勤務を経験していた実務家を呼んで話を聴いた。生きた異文化経営の話
は大変新鮮であった。1月をもって立教における馬越の授業は終わりとなった
が，2月になり，高橋からぜひ，会いたいとの申し出があり，ポエムという池
袋の喫茶店で会った。そこで，異文化経営論の勉強を続けたいとの提案があ
り，馬越は「それなら研究会を作ろう」と即答した。2003年2月11日，真冬
の寒い日であったが，心に赤々と灯りがともったことを今でも覚えている。

　それから1カ月後の3月11日，上述の4名の発起人の他，30名余りの賛同
者を得て，異文化経営研究会が発足した。設立総会は立教大学で行った。ちな
みに，発起人の林倬史は当時，立教大学教授（現在，名誉教授，当学会フェ
ロー）で異文化経営論に詳しく，高橋の指導教授であり，馬越の授業をとるよ
うに勧めてくれた。谷口洋志は当時，中央大学教授（現在，名誉教授，当学会
フェロー）で様々な学会の理事を務めており規約などの策定に尽力してもらっ
た。こうして，異文化経営研究会という小さな船が大海原に向かって航海をは
じめた。当時としては珍しいことだが，船長は女性であった。

⑶　異文化経営学会の軌跡と展開

①　新しい工夫

　まず手始めに，ホームページを作ることにした。若手の高橋が速やかにホームページを作成した。また，入会審査の簡素化を図り，ワードファイルの送信により申し込みができるようにした。捺印と郵送が常であった当時としては画期的なことであった。さらには理事会のメーリングリストを作り，理事会は研究会の折の対面開催以外は，オンラインで電磁的に行うこととした。また活動の案内も会員のメーリングリストを使って行うこととした。この結果，他の学会に比べて，事務作業とコストを最小限に抑えることができた。また研究会に関しても，年1回の持ち回りではなく，年3回，首都圏を中心に行うこととした。また研究者のみならず実務家にも門戸を広げ，双方のコラボレーションを諮った。毎回の研究会には研究者の発表とともに実務家の講演も必ず行うようにした。

②　学会としての地位の確立

　2005年には異文化経営研究会から異文化経営学会に名称を改め，その後，経営関連学会協議会のメンバーとなり，日本学術会議の協力学術研究団体の認定も受けることができた。さらには日本経済学会連合にも加盟をし，今日に至っている。また，2010年3月には，設立5周年記念出版として『異文化経営論の世界：その理論と実践』を白桃書房より上梓し，会員数も300名に迫る規模となった（現在は400名を超えている）。なお，学会誌『異文化経営研究』も発刊し，2023年末には第20号の発刊となる。

③　学会賞

　会員の研究意欲を高めるため，学会賞を設立することになった。異文化経営学会は研究者のみならず，実務家も多数会員となっている。中には実務家から研究者に転身した人も少なからずいる。学会賞は通常，論文と著書が対象となるため，どうしても研究者しか受賞できないことがほとんどである。そこで，実務家にも受賞チャンスを広げるため，学会賞は論文の部と著書の部だけでな

く，発表の部も設けることにした。これにより実務家会員のモティベーション
を大きく上げたのみならず，会員の発表能力の向上に資することができたので
はないかと思う。毎年，発表の構成と内容とプレゼンは当然のことながら，会
場を一番沸かした発表，聴く人の心に一番刺さった発表が受賞対象となる。な
お受賞対象者には年齢制限はまったくない。

④　地域部会

　さて，このころ東京を中心とした研究会だけではなく，地方でも展開をしよ
うという動きになった。手始めに，2013年3月に九州部会が産声をあげ，そ
の後，中部部会，関西部会と次々と地域部会が誕生した。さらには，他学会で
は中部か関西に含まれることが多い北陸地域について，独立した部会を作ろう
ということになり，北陸部会が発足した。それぞれの地域に根差した研究の発
表や地元の実務家や著名人の講演，さらにはそれぞれの文化を楽しむ企画も加
わり，学会活動はますます活発になっていった。地域部会の設立に伴い，東京
を中心とした年3回の研究会は，研究大会と名称を改め，春秋の年2回，開催
することとなった。

⑤　インターナショナルセッション

　日本での学会活動は通常，日本語で行われているが，ビジネスの共通語に
なりつつある英語のみで行う，インターナショナルセッションを常設し，年2
回，英語だけで研究会を行うこととした。言語が違うと出席者の顔ぶれも異な
り，議論がさらに活発化し，もともとあまりなかった学会内の上下関係がさら
にフラットになり，リラックスした雰囲気でセッションが行われるようになっ
た。また最近はオンラインにより海外より参加する人も増えつつある。

⑥　機能部会

　地域別だけではなく，機能別の部会を設立してはどうか，との申し出が理事
からあり，あらたに，国際人的資源部会（IHRM部会）を創設し，これを皮
切りに，ダイバーシティとガバナンスを組み合わせたダイバーシティ＆ガバナ
ンス部会（DG部会）も創設した。両テーマとも，異文化経営論には重要であ

り，それぞれにテーマについて深掘りができてきている。

⑦　アーリーステージリサーチセッション（ESR セッション）

　上述のとおり，異文化経営学会は研究者と実務家の両方が会員になっており，実務家の中には大学教員を目指したり，論文を執筆したりしたいと願っている人も少なからずいる。そこでまだ研究の初期段階であっても発表をして，コメンテーターや出席者から多くのコメントやアドバイスをもらえる新たなセッションを設けた。発表は短く，コメントや質疑の時間を多くとるセッションである。このセッションに参加することを通じて，研究者の道を切り開いていくことができれば，との願いがこもったセッションである。

⑧　パーパスの制定

　企業ではパーパス経営が叫ばれてきたが，学会でパーパスを明記することで，より鮮明に目指すところがわかるようになるとの思いから，パーパスを制定した。

異文化経営学会のパーパス

　「私たちはインクルーシブで活発な学会活動を通じて，文化，国籍，言語，ジェンダー，宗教，年齢，障害などのあらゆる枠を越え，すべての人が生き生きと活躍する社会を創出し，豊かで平和な社会と人々の幸せを目指します。」

　"Through inclusive and active academic activities, we aim to contribute to the creation of a more peaceful, happy, and prosperous society where everyone can play an active role, regardless of culture, nationality, race, language, gender identity, sexual orientation, religion, age, or disability."

　これは学会のパーパスであるが，日本のみならず，世界が，このパーパスが目指す世界になっていくようにとの祈りが込められている。

⑨　ZOOM とハイフレックス対応

　2020 年 3 月，未曽有のコロナ禍に突入したが，すぐに対策を練り，6 月の中部部会から ZOOM による開催に踏み切った。その後，対面とオンラインのハイフレックス（ハイブリッド）に切り替え，現在は徐々に対面のみに移行している。3 年余りのコロナ禍にもかかわらず，学会活動を止めることなく，遂行できたのも，役員，会員，全員の知恵と決意と参加意思の賜物である。この間，学会紹介の動画も作成し，高い評価を受けた。

⑩　ロゴマークの制定

　設立 20 周年を記念して，学会のロゴマークを制定することとした。広報委員会を中心に，デザイナーと何回も打ち合わせをして出来上がったものが，本書の表紙を飾っているロゴである。ロゴマークのコンセプトであるが，このロゴは人類・地球・宇宙および知恵（金）と慈悲（赤）を表わし，あらゆる枠を越えてすべての人が生き生きと羽ばたく異文化経営の本質を表現している。このロゴはパーパスと呼応するものであり，異文化経営学会のシンボルとして，今後，様々なところでの使用が期待される。

⑷　登壇者と功労者

　これまで多くの研究大会，地域部会，研究会，セッションを行うことができたことも，いろいろな方々のご理解とご尽力があってのことである。会員の研究報告に加えて異文化経営学会では，主に企業経営者を中心に招聘講演をお願いしている。すべての方のお名前を記すことはできないが，研究大会で招聘講演をしてくださった方々の一部を感謝とともに紹介したい。

（順不同，所属肩書は講演当時）
奥井俊史氏（ハーレーダビッドソンジャパン㈱代表取締役）
新原浩朗氏（経済産業省製造産業局課長）
常盤文克氏（前花王㈱社長）
塙　義一氏（日産自動車㈱名誉会長）
桂木明夫氏（リーマン・ブラザーズ証券㈱在日代表）

東久保和雄氏（㈱資生堂執行役員研究開発担当）

渡伸一郎氏（コーンズ・アンド・カンパニー・リミテッド代表取締役社長）

行天豊雄氏（国際通貨研究所理事長）

秋葉忠利氏（広島大学教授，前広島市長）

千野皓司氏（映画監督，『THWAY―血の絆』監督）

淡輪敬三氏（タワーズワトソン㈱代表取締役）

藤澤秀敏氏（NHK 解説委員）

岩田喜美枝氏（㈱資生堂顧問・21 世紀職業財団会長）

土田　哲氏（有人宇宙システム㈱ ISS プログラムサブマネージャ）

須藤正彦氏（弁護士・前最高裁判所判事）

藤崎一郎氏（前駐米日本大使・日米協会会長）

林　　望氏（作家・国文学者）

渋澤　健氏（コモンズ投信㈱会長，渋沢栄一記念財団理事）

川村　隆氏（㈱日立製作所相談役）

野波健蔵氏（千葉大学特別教授・㈱自律制御システム研究所代表取締役）

佐々木常夫氏（㈱佐々木常夫マネージメント・リサーチ代表取締役）

田川博巳氏（㈱ジェイティービー代表取締役会長）

島田晴雄氏（慶應義塾大学名誉教授）

伊藤邦雄氏（一橋大学大学院商学研究科特任教授，一橋大学 CFO 教育研究センター長）

堀　哲朗氏（東京エレクトロン㈱代表取締役専務執行役員・CFO）

栃尾雅也氏（味の素㈱専務執行役員取締役 法務，コーポレート統括）

藤田順三氏（元ブリスベン総領事・前ウガンダ駐箚特命全権大使）

浦野光人氏（㈱ニチレイ元代表取締役会長）

出井伸之氏（クオンタムリープ㈱代表取締役 ファウンダー＆ CEO・元ソニー CEO）

中谷康夫氏（㈱日立物流代表執行役社長・取締役）

矢野博丈氏（㈱大創産業ダイソー創業者）

松本和也氏（㈱マツモトメソッド代表取締役）

矢野和男氏（㈱ハピネスプラネット代表取締役 CEO，㈱日立製作所フェロー）

川名浩一氏（ルブリスト㈱代表取締役，元日揮㈱代表取締役社長）

宮原博昭氏（㈱学研ホールディングス代表取締役社長）

　最後になるが，発起人，歴代および現在の理事・監事・幹事に心より御礼申し上げる。また，日本在外企業協会や国際ビジネス研究センターをはじめ様々な形でご支援いただいているすべての方々に深く感謝申し上げる。異文化経営という新しい分野の学会に賛同してくださった会員の皆様にも心より感謝申し上げたい。みなさまのお力がなければ20周年を迎えることはできなかった。これからも20年，30年と，よりよい日本，よりよい世界，そしてすべての方が充実して幸せな人生を送ることができるよう，その一助となるべく，みなさまと手を携えて邁進していきたい。

異文化経営学会会長，桜美林大学名誉教授

馬越恵美子

226

索　引

執筆者紹介

(執筆順，＊は 20 周年記念出版プロジェクトチーム，＊＊は編者)

矢野 和男（やの・かずお）　　　　　　　　　　　　　　　　　　　　（第 1 章）
株式会社日立製作所フェロー／株式会社ハピネスプラネット代表取締役
主要著作：『予測不能の時代：データが明かす新たな生き方・企業そして幸せ』草思社，2021 年
　　　　　『データの見えざる手：ウエアラブルセンサが明かす人間・組織・社会の法則』草思社，2014 年

髙橋 俊一（たかはし・としかず）　　　　　　　　　　　　　　　　　（第 2 章）
立正大学経営学部准教授
主要著作：「移民起業家によるグローバルイノベーションに関する研究 (2) ～在タイ日本人移民起業家の事例～」『立正経営論集』第 56 巻第 1 号，2023 年 9 月
　　　　　「移民起業家によるグローバルイノベーションに関する研究 (1) ～対象とする移民起業の定義とパイロット調査～」『立正経営論集』第 55 巻第 2 号，2023 年 3 月

寺﨑 新一郎（てらさき・しんいちろう）　　　　　　　　　　　　　　（第 3 章）
立命館大学経営学部准教授
主要著作：『インタビュー調査法の基礎：ロングインタビューの理論と実践』千倉書房，2022 年
　　　　　『多文化社会の消費者認知構造：グローバル化とカントリー・バイアス』早稲田大学出版部，2021 年（異文化経営学会賞（著書の部），日本商業学会奨励賞，2022 年；日本マーケティング学会「日本マーケティング本 大賞 2021」準大賞，2021 年）

＊＊馬越 恵美子（まごし・えみこ）　　　　　　　　（はしがき，第 4 章，あとがきに代えて）
異文化経営学会会長・桜美林大学名誉教授
主要著作："Diversity management and the effects on employees' organizational commitment: Evidence from Japan and Korea" *Journal of World Business*, Volume 44, No. 1. 2009（国際ビジネス研究学会 2009 年度学会賞（論文の部）受賞）
　　　　　『異文化経営論の展開』学文社，2000 年（戦略経営協会 2000 年度アンゾフ・アウォード特別文献賞受賞）

松田 千恵子（まつだ・ちえこ）　　　　　　　　　　　　　　　　　　（第 5 章）
東京都立大学大学院経営学研究科教授
主要著作：『サステナブル経営とコーポレートガバナンスの進化』日経 BP 社，2021 年（経営倫理学会 2022 年度学会賞（水谷雅一賞）受賞）
　　　　　『グループ経営入門　第 4 版』税務経理協会，2019 年

古沢 昌之（ふるさわ・まさゆき）　　　　　　　　　　　　　　　　　（第 6 章）
近畿大学経営学部教授
主要著作：『「現地採用日本人」の研究―在中国日系進出企業における SIEs（self-initiated expatriates）の実相と人的資源管理―』文眞堂，2020 年（多国籍企業学会第 11 回学会賞（入江猪太郎賞）受賞，2020 年；国際ビジネス研究学会 2020 年度学会賞（単行本の部）受賞，2020 年）
　　　　　『グローバル人的資源管理論―「規範的統合」と「制度的統合」による人材マネジメント―』白桃書房，2008 年（日本公認会計士協会第 37 回学術賞―MCS 賞受賞，2009 年；多国籍企業学会第 1 回学会賞受賞，2010 年）

古川 千歳（ふるかわ・ちとせ）　　　　　　　　　　　　　　　　　　（第7章）
　　愛知大学経営学部准教授
　　主要著作："Dynamics of a critical problem-solving project team and creativity in a multiple-
　　　　　　project environment" *Team Performance Management*, Vol. 22, 1/2. 2016（多国
　　　　　　籍企業学会第7回学会賞（論文の部）受賞, 2016年）
　　　　　　「比較分析：グローバルソフトウエアサポート組織の機能別多国籍チームにおける
　　　　　　集団意識とダイバーシティ認識」『国際ビジネス研究』第4巻2号, 2012年

平林 信隆（ひらばやし・のぶたか）　　　　　　　　　　　　　　　　　（第8章）
　　共栄大学国際経営学部教授
　　主要著作：『世界水準のホスピタリティ：組織行動学から見た理論と実践』（編著）デザイン
　　　　　　エッグ社, 2022年（グローバルビジネス学会2022年度学会賞受賞）
　　　　　　『多文化理解と異文化コミュニケーション：多国籍学生チームと共に学んだ理論と
　　　　　　実践』創成社, 2019年

薄上 二郎（うすがみ・じろう）　　　　　　　　　　　　　　　　　　（第9章）
　　青山学院大学経営学部教授
　　主要著作：『地域ブランドのグローバル・デザイン』白桃書房, 2020年
　　　　　　『テキスト経営学入門—研究方法論から企業のグローバル展開まで—（第2版）』
　　　　　　中央経済社, 2010年

＊池上 重輔（いけがみ・じゅうすけ）　　　　　　　　　　　　　　　　（第10章）
　　早稲田大学ビジネススクール教授
　　主要著作：『インバウンド・ルネッサンス　日本再生』（編著）日本経済新聞社, 2021年
　　　　　　『シチュエーショナル・ストラテジー』中央経済社, 2016年

＊鈴木 仁里（すずき・にさと）　　　　　　　　　　　　　　　　　　（第11章）
　　明治大学商学部専任講師
　　主要著作：『新版　国際マーケティング講義』（共著）同文舘出版, 2024年
　　　　　　『国際マーケティング・ケイパビリティ：戦略計画から実行能力へ』（共著）同文
　　　　　　舘出版, 2019年

＊古川 裕康（ふるかわ・ひろやす）　　　　　　　　　　　　　　　　（第12章）
　　明治大学経営学部専任准教授
　　主要著作：『グローバル・マーケティング論』文眞堂, 2021年
　　　　　　『グローバル・ブランド・イメージ戦略：異なる文化圏ごとにマーケティングの最
　　　　　　適化を探る』白桃書房, 2016年（異文化経営学会第5回学会賞受賞, 2017年；
　　　　　　多国籍企業学会第8回研究奨励賞受賞, 2017年；日本流通学会第21回学会奨励
　　　　　　賞受賞, 2017年）

＊＊内田 康郎（うちだ・やすろう）　　　　　　　　　　　　　　（はしがき, 第13章）
　　兵庫県立大学大学院社会科学研究科教授
　　主要著作：「知財の無償化と国際ビジネスの業際化」浅川和宏・伊田昌弘・臼井哲也・内田康
　　　　　　郎監修／多国籍企業学会著『未来の多国籍企業：市場の変化から戦略の革新、そ
　　　　　　して理論の進化』文眞堂, 2020年
　　　　　　"International Standardization of the New Technology Paradigm: A Strategy for
　　　　　　Royalty-Free Intellectual Property" in John Cantwell, & Takabumi Hayashi
　　　　　　(eds.). *Paradigm Shift in Technologies and Innovation Systems*. Springer. 2019

編著者紹介

馬越 恵美子（まごし・えみこ）
異文化経営学会会長・桜美林大学名誉教授

内田 康郎（うちだ・やすろう）
兵庫県立大学大学院社会科学研究科教授

異文化経営学会

https://www.ibunkakeiei.com/

生まれ変わる日本
——多様性が活きる社会へ——

2024 年 3 月 31 日　第 1 版第 1 刷発行　　　　　　　　検印省略

編著者	馬 越 恵 美 子
	内 田 康 郎
著　者	異 文 化 経 営 学 会
発行者	前 野　　　隆
発行所	株式会社 文 眞 堂

東京都新宿区早稲田鶴巻町 533
電 話　03（3202）8480
ＦＡＸ　03（3203）2638
https://www.bunshin-do.co.jp/
〒162-0041 振替00120-2-96437

印刷・モリモト印刷　製本・高地製本所

ISBN978-4-8309-5250-0　C3034